Claudia Plöttner

Von denen lernen, denen es gelingt!

Empowerment als Strategie
zur Entwicklung selbstregulierter Konsumpraktiken
psychotroper Substanzen

Studien zur qualitativen Drogenforschung
und akzeptierenden Drogenarbeit

Band 50

Herausgeber

Institut zur Förderung qualitativer Drogenforschung,
akzeptierender Drogenarbeit und rationaler Drogenpolitik
INDRO e.V.

ISSN 1435-7828

Claudia Plöttner

Von denen lernen, denen es gelingt!

Empowerment als Strategie zur Entwicklung selbstregulierter Konsumpraktiken psychotroper Substanzen

VWB – Verlag für Wissenschaft und Bildung
2026

Anschrift:
INDRO e.V.
Bremer Platz 18–22 • 48155 Münster
Tel.: 0251/60123 • Fax: 9251/666580
E-mail: indroev@t-online.de
Internet: www.indro-online.de

Das vorliegende Buch ist aus einer Dissertation hervorgegangen, die im Jahre 2023 im Rahmen eines Promotionsverfahrens an der Philosophischen Fakultät III – Erziehungswissenschaften – der Martin-Luther-Universität Halle-Wittenberg eingereicht und angenommen worden ist.

ISBN 978-3-86135-264-8

Verlag und Vertrieb:
VWB – Verlag für Wissenschaft und Bildung
Rolf Aglaster
Postfach 10 01 80 • 52001 Aachen
Tel: +49-241-538 095 57 • Fax: +49-241-538 095 58
aachen@vwb-verlag.de • www.vwb-verlag.de

Abbildungen:
Cover-Abbildung: © David Heinecke (ba_photo_met)

Vorwort des Herausgebers

Als wir 1993 mit dem ersten Band unserer Buchreihe *Studien zur qualitativen Drogenforschung und akzeptierenden Drogenarbeit* starteten, war keineswegs vorhersehbar, wie erfolgreich sich diese sozialwissenschaftlich-orientierte Reihe in den Folgejahren entwickeln sollte: Bis 2014 konnten insgesamt 49 Titel veröffentlicht werden! Bedingt durch eine Umstrukturierung des Verlages (neuer Eigentümer, neuer Firmensitz) konnte ein 50. Jubiläumsband bisher nicht veröffentlicht werden. Wir freuen uns deshalb, dass es nun gelungen ist, dies mit der hier vorliegenden qualitativ-explorativen Untersuchung von Dr. Claudia Plöttner nachholen und damit zudem die Studienreihe wieder neu beleben und fortsetzen zu können.

Ganz besonders freuen wir uns darüber, dass die Autorin einen Forschungsbereich aufgreift, der – mit wenigen Ausnahmen – in den vergangenen vier Jahrzehnten von Drogenforschung, Drogenhilfe und Drogenpolitik nahezu sträflich vernachlässigt worden ist: selbstregulierter und sozial-integrierter bzw. kontrollierter Konsum psychotroper Substanzen. Erstaunlich, denn die uns bisher zur Verfügung stehenden Forschungsdaten – sowohl hinsichtlich des Gebrauchs legalisierter als auch illegalisierter Substanzen – legen den Schluss nahe, dass die Zahl an erfolgreich sozial-integriert und selbstkontrolliert Substanzkonsum praktizierenden Menschen bedeutend höher anzusiedeln ist als diejenige an (leicht von Drogenforschenden und Drogenhilfe erreichbaren) Konsumierenden mit ausgebildetem Abhängigkeitsstatus. Claudia Plöttner stößt in die oben skizzierte Forschungslücke und macht diese Menschen unter Einsatz qualitativer Forschungsinstrumentarien nicht nur „sichtbar", sondern zeigt auf, unter welchen Bedingungen selbstregulierte Konsumpraktiken entwickelt und dauerhaft aufrechterhalten werden können und welche Konsequenzen aus diesen Erkenntnissen für eine humane und betroffenenorientierte Drogenpolitik, Drogenforschung und Drogenhilfe zu ziehen sind.

Abschließend gilt es Dank zu sagen: Dem VWB –Verlag für Wissenschaft und Bildung für die (Wieder-)Aufnahme der Studienreihe in sein Verlagsprogramm und vor allem auch den vielen engagierten Autoren und Autorinnen – von denen mittlerweile einige diesen Dank leider nicht mehr entgegennehmen können –, ohne deren teils leidenschaftliche Mitwirkung unsere „kleine Erfolgsgeschichte“ nicht möglich gewesen wäre. Ihre wissenschaftlichen wie praxisbezogenen Arbeiten, die größtenteils nicht an Aktualität verloren haben, haben maßgeblich dazu beigetragen, qualitative Drogenforschung zu fördern und die Umsetzung akzeptanzorientierter Drogenhilfekonzepte zu befeuern.

Ralf Gerlach
Ehrenvorsitzender INDRO e.V.
Münster, den 20.11.2025

Inhaltsverzeichnis

Abbildungen

Tabellen

Abkürzungsverzeichnis

BtMG	Betäubungsmittelgesetz
bzw.	beziehungsweise
d. h.	das heisst
DMT	DiMethyl-Tryptamin
DOM	DiMethoxy-Metamphetamin
DSM	Diagnostisches und Statistisches Manual (psych. Störungen)
EMCDDA	European Monitoring Centre for Drugs and Drug Addiction
e. B.	erwachsenen Bevölkerung
EK	Erstkonsum
i. s.	im Sinn
LSD	Lysergsäure-Diethyl-Amid
ICD-10	International Classification of Diseases
MDMA	Methylen-Dioxy-Methyl-Amphetamin (‚Exstasy')
THC	Tetra-Hydro-Cannabinol
uvs.	unverständlich
ugs.	umgangssprachlich
VWB	Veränderter Wachbewusstseinszustand
WHO	World Health Organisation

1 Einleitung

Der Konsum von psychotropen Substanzen in der heutigen Gesellschaft wird von unterschiedlichen wissenschaftlichen Disziplinen untersucht. Es wird durch vielfältige theoretische Diskurse versucht, dieses Phänomen einzuordnen, wobei auf Grundlage bestehender Forschungsergebnisse geeignete Erklärungsmodelle entwickelt und fortgeschrieben werden.

Das zugrunde liegende Forschungsinteresse, das zur Entwicklung der vorliegenden Studie führte, rührt aus einer in den vergangenen Jahrzehnten wiederkehrenden Irritation: – einer als Bruch- und Leerstellen wahrgenommenen Fragestellung –, die bei der Bildung eines gedanklich kohärenten Gesamtbildes des Konsums psychotroper Substanzen auftrat.

Mit einer Untersuchungsperspektive, die auf das Erfahrungswissen von Konsumierenden psychotroper Substanzen außerhalb justizieller oder medizinischer-psychiatrischer Kontexte richtet, soll mit dieser Arbeit die Perspektive erweitert und ein bisher wenig beleuchteter Bereich der sozial-integrierten Konsumpraktiken psychotroper Substanzen untersucht werden. Hierbei wird der Konsum psychotroper Substanzen als eine Praktik des sozialen Handelns verstanden: „Sie [die Praktik] ist eine sozial geregelte, typisierte, routinisierte Form des körperlichen Verhaltens (einschließlich des zeichenverwendenden Verhaltens) und umfasst darin spezifische Formen des impliziten Wissens, des Know-how, des Interpretierens, der Motivation und der Emotion“ (Reckwitz 2021: 186).

Im Fokus dieses Diskurses stehen die lebensweltlichen Erfahrungen der Konsumierenden. Ziel ist es, die Komplexität der Praktiken und Ausprägungen des selbstregulierten Konsums psychotroper Substanzen zu analysieren. Der Erkenntnisgewinn liegt in der forschungsleitenden explorativen Intention: von denen zu lernen, die sozial-integrierte Konsumpraktiken entwickelt haben und praktizieren.

Die (Forschungs-)Wahrnehmung richtet sich bisher hauptsächlich auf die Ränder und Extrempole des Konsumspektrums: die Abstinenz und die Abhängigkeitsstörung. Die gewonnenen Erkenntnisse werden dabei oft in nahezu schablonenhaft anmutenden Wahrnehmungskonstruktionen reproduziert und suggerieren deren Anwendbarkeit auf das gesamte Spektrum des Konsums psychotroper Substanzen.

Für eine Gesellschaft, die durch Pluralisierung, Individualisierung und Singularisierung geprägte ist und gleichzeitig eine Anerkennung von Unterschiedlichkeit und Vielfältigkeit in Lebensentwürfen und Entwicklungsverläufen propagiert, wirkt ein Verständnis, das kaum über den Dualismus, „kein Konsum – gesund“ und „Konsum – (zumindest potenziell) abhängig/krank“ hinausgehet, jedoch irritierend und unterkomplex.

Konsumpraktiken, die zwischen diesen Wahrnehmungspolen praktiziert werden, bilden die Lebensrealität der Mehrheit der Konsumierenden psychotroper Substanzen – legaler oder illegalisierter – ab. Sie bleiben jedoch in einem wissenschaftlichen Dunkelfeld und werden als Erfahrungswissen der Konsumierenden ausgeblendet (vgl. Amendt 2000: 294).

Die Wahrnehmungskonstruktion des Konsums psychotroper Substanzen als soziales Problem führt dazu, dass „[m]ithilfe von Definitions-, Dramatisierungs- und Verfestigungsprozessen und unterstützt von (Massen-)Medien und Experten soziale Probleme konstruiert und als Wissen in der Öffentlichkeit verankert werden" (vgl. Kloppe 2004, zit. n. Schetsche & Schmied-Knittel 2019: 281).

Die forschungsleitenden Fragestellungen werden in einer salutogenetischen[1], auf Ressourcen und Handlungskompetenzen orientierten Forschungsperspektive folgendermaßen formuliert:

- Wie entwickeln Konsumierende psychotroper Substanzen einen selbstregulierten und sozial-integrierten bzw. kontrollierten Konsum?
- Wie erfolgen Lernerfahrungen und Wissensvermittlung im Umgang mit dem Konsum psychotroper Substanzen?
- Welche Einflüsse zeigen milieu- und szenespezifische Hintergründe auf die Entwicklung von sozial-integrierten Konsumpraktiken?
- Wie kann vorhandenes (Erfahrungs-)Wissen für andere Konsumierende zugänglicher gestaltet werden?

In der vorliegenden Arbeit stehen die individuellen Entwicklungen und Erfahrungen von Konsumierenden im Mittelpunkt.

Die explorativ gewonnenen Erkenntnisse über die Vielfältigkeit individueller Konsumentwicklungsverläufe bilden die Grundlage für eine Diskussion, deren Ziel eine auf emanzipatorischem Empowerment ausgerichteten Strategie zur Förderung des selbstregulierten Konsums psychotroper Substanzen ist. Der von Salomon (1976) konzipierte Empowerment-Ansatz (Selbstbefähigung/-bemächtigung) zielt auf die Stärkung der Autonomie und die Abkehr von defizitorientierten Denkmustern ab (vgl. Herriger 2002: 70).

1.1 Problemaufriss

Im Zentrum der vorliegenden Arbeit stehen Konsumpraktiken mit – insbesondere illegalisierter – psychotropen Substanzen, die zwischen dem einmaligen Probierkonsum

1. Aaron Antonovsky (1987) entwickelte das Konzept der Salutogenese, in dessen Fokus die Frage steht: Wie gelingt es Menschen auch in extremen Belastungssituationen handlungsfähig und unabhängig und folglich gesund zu bleiben?

und der Entwicklung von abhängiger Konsumpraktiken zu finden sind. Rechtliche Rahmenbedingungen und Sanktionierungsrisiken innerhalb einer Gesellschaft strukturieren auch den Rahmen für die Aneignung notwendiger Lernerfahrungen und die Entwicklung von Handlungskompetenzen, die im Zusammenhang mit der jeweiligen Konsumpraktik notwendig sind.

So weist u.a. BARSCH (1996: 97) darauf hin: „Illegalität verhindert einen raschen und umfassenden Austausch des sozialen Wissens und der gesammelten Erfahrungen zum Umgang mit bisher nicht gekannten Drogen über zeit- und regionalspezifische subkulturelle Bezüge hinaus. In der Folge werden in den jeweils konkreten subkulturellen Zusammenhängen bestimmte Risiken nicht oder zu spät erkannt und die Fähigkeiten zu einem Risikomanagement nur in einem begrenzten sozialen Raum gefördert."

In der gesamtgesellschaftlichen Wahrnehmung bildet sich der Konsum – insbesondere – psychotroper Substanzen vorranging als soziales Problem, verbunden mit dessen Sanktionierung bei Auffälligkeiten im öffentlichen sozialen Raum ab: z.B. Devianz[2], medizinische Notfälle, Kontakte zum Suchthilfesystem und Verkehrsvergehen. Dieses auf Auffälligkeiten und Normverletzungen basierende Jedermannswissen[3] über den Konsum psychotroper Substanzen führt zu einem verzerrten Bild, indem eine automatische Verknüpfung mit problematischem Verhalten assoziiert wird.

Formen eines selbstregulierten, kontrollierten und sozial-integrierten Konsums psychotroper Substanzen werden in dieser Wahrnehmungskonstruktion entweder nicht sichtbar oder werden lediglich als eine Art Vorstufe bzw. Übergangsphase interpretiert (vgl. SCHMIDT-SEMISCH 2010: 155). Die hohe Stabilität dieser Problemkonstruktion führt FROHNENBERG (2000: 75) auf die autopoietische Struktur von Systemen und deren Selbstreferentialität und operationale Geschlossenheit zurück. „Wenn eine Beobachtung nicht ins Paradigma passt, ändern wir nicht das Paradigma, sondern wir unterdrücken die ‚unmögliche Tatsache'. Das Paradigma wirkt wie ein Filter, wie ein Innensystem, das alles Fremdartige ausfiltert und ausmerzt" (MUNTER 2002, zit. n. KOLER 2014: 155).

Mit dem entstandenen „Suchtkonzept", das einem „eindimensionale[n] Krankheitsbild folgt, einem spezifischen Verlaufsdenken, das – wie im ‚normalen' Krankheitsmodell – direkt, sozial und gesundheitlich abwärtsgerichtet ist" (SCHNEIDER 2000: 16), werden alle beobachteten Phänomene dieser Deutungsmatrix unterwor-

2. Devianz – beschreibt abweichendes Verhalten, welches in konventionelle, provozierende, problematische und Kriminalität typisiert werden kann. (vgl. DOLLINGER & RAITHEL 2006: 11 ff.)

3. Mit dem „Jedermannswissen" beschreiben BERGER & LUCKMANN (2012) jenen Wissenskomplex, der im Alltag die notwendigen Normrationen vorhält, um innerhalb einer kulturellen Wirklichkeitskonstruktion kommunizieren und handeln zu können. Sie verstehen dies als einen "dialektischen Prozess", der Mensch ist gleichzeitig das Produkt und der Produzent einer kulturellen Wirklichkeit. (vgl. KORTE 2007: 22ff.)

fen. Dies ist aus zwei Gründen erstaunlich: Zum einen hat die Menschheit, wie es SCHEERER (1995: 5) zu Recht formuliert, „während fast ihrer gesamten Geschichte in einer ‚Welt ohne Sucht' gelebt – in einem Zustand und einer Selbstwahrnehmung, die sich erst im Zeitalter der Aufklärung und Industrialisierung radikal änderten und zur ‚Entdeckung', wenn nicht sogar … zur ‚Erfindung' der Sucht führten." Zum anderen konstatiert SCHMIDT-SEMISCH (2010: 143), dass „die Begriffe bzw. Diagnosen ‚Sucht' und ‚Abhängigkeit' heute keineswegs etwas Einheitliches bezeichnen." Wird der „Gebrauch stets als Missbrauch gedeutet und gleichsam zum ‚Indiz für den (zumindest potentiellen) Beginn einer Suchtkarriere'" (*ebd.*: 155), werden bestehende differenzierte Konsumformen unsichtbar gemacht oder überlagert.

Das bestehende Konsumspektrum bzw. -kontinuum psychoaktiver Substanzen wird auf einmaligem Probierkonsum und abhängige Konsummustern verengt. Die dazwischenliegenden Konsumformen und -muster werden nur punktuell aufgezeigt oder beschrieben, da die wissenschaftliche Perspektive sich auf die Extrempole konzentriert. Die hierdurch verursachte Be- und Einschränkung in der Analyse des komplexen sozialen Phänomens des Konsums psychotroper Substanzen liegt in Folgendem: „Die Mehrheit aller Konsumenten und Konsumentinnen von legalen wie von illegalen Drogen nimmt sozial-integriert und selbstbestimmt am gesellschaftlichen Leben teil und ist auf keines der Versorgungssysteme angewiesen" (AMENDT 2000: 294). Daher stellt sich die Frage, welche Entwicklungs- und Verlaufsformen in den sozial-integrierten Konsummustern vorliegen und wie Stabilisierungs- bzw. Ausstiegsprozesse erfolgen (vgl. WEBER & SCHNEIDER 1997).

Diese Arbeit richtet sich deshalb auf die sozial-integrierten Konsumpraktik angewendeten Handlungskompetenzen und Ressourcen von Konsumierenden psychotroper Substanzen. Sie analysiert die Aneignungsprozesse und Lernerfahrungen unter besonderer Berücksichtigung von milieu- und szenespezifischen Internalisierungsprozessen.

Für die Bearbeitung dieser Thematik wurde der Begriff der psychotropen Substanzen gewählt, der als Oberbegriff für psychoaktiv wirkende Stoffe eingesetzt wird. Die Verwendung von Begriffen wie Betäubungsmittel, Rauschgift, Rauschmittel, Suchtmittel und legale/illegale Drogen beinhaltet auf unterschiedlichste Weise wirkspezifische bzw. inhaltsprägende, meist jedoch negativ konnotierte Interpretationen. Psychotrop wirkende Substanzen sind für sich weder „gut" noch „böse". Erst durch gesellschaftliche Zuschreibungen (vgl. NOLTE 1996: 118) und mediale Darstellungen (vgl. SCHNEIDER 2006: 36) erfahren sie entsprechende Wertungen.

Eine weitere Herausforderung sind die in den unterschiedlichen rechtlichen Normen (SIPP *et al.* 2021) und juristischen Bewertungen im Umgang mit psychotropen Substanzen. Diese beeinflussen nicht nur den Zugang zu illegalisierten Substanzen, sondern auch die Informationsbeschaffung und die Möglichkeiten des Informations- und Erfahrungsaustausches. Diese Faktoren, die Kommunikation und das Handeln beeinflussen, erfordern entsprechende Kompensationsleistungen, u. a. für eine zielgerichtete Informationsgewinnung. Dies gilt auch für die legalen psychotropen Substanzen Alkohol und Tabak, da die meisten Ersterfahrungen in einem Alter stattfinden, in dem noch kein regulärer Zugang möglich sein sollte.[4] Die notwendige Kompensationsleistung erfolgt hier häufig über soziale Kontakte zu älteren Freunden bzw. Bekannten.

Für die Informationsgewinnung zur Wirkungsweise und zu weiteren, für die Konsumpraktiken notwendigen Informationen wird von einer ähnlichen Entwicklung ausgegangen. Folglich verliert die strukturierende Unterscheidung zwischen legal und illegalisiert bei der Entwicklung von Handlungsstrategien und deren Bedingungsgefügen an vorstrukturierender Bedeutung.

Das dieser Arbeit zugrunde liegende praxeologische Verständnis – mit der Zielausrichtung einer auf Emanzipation und Empowerment basierenden Kommunikationsstrategie zur Unterstützung von selbstreguliertem, sozial-integriertem Konsums psychotroper Substanzen – berücksichtigt die unterschiedlichen Sanktionierungsebenen. Diese werden im Kontext der gesellschaftlichen Norm- und Wertestrukturen mitgedacht. Eine umfassende substanzspezifische rechtliche Einordnung erfolgt demzufolge nicht.

1.2 Aufbau der Arbeit

Für ein explorativ angelegtes Forschungsdesign zur Beschreibung der Entwicklung selbstregulierter Konsumpraktiken psychotroper Substanzen bot die Reflexive Grounded Theory mit ihrer auf Erkenntnisarbeit ausgerichteten, [selbst-/]reflexiven theoriegenerierende Offenheit den methodologischen Rahmen. Dieser zirkuläre Arbeitsansatz ermöglicht es, aus einer ersten Forschungsidee einen Forschungsablauf zu entwickeln, der die Phasen der Datenerhebung, Analyse und Theoriebildung durch wiederholte Bezugnahme methodologisch integriert, kontinuierlich überprüft und verdichtet (vgl. Breuer *et al.* 2019).

In Kapitel 2 erfolgt eine theoretische Auseinandersetzung mit verschiedenen Aspekten des sozialen Phänomens „Konsum psychotroper Substanzen“ und der damit verbundenen Konsumpraktiken innerhalb des Spektrums zwischen Abstinenz und Abhängigkeit. Aufbauend auf den unterschiedlichen soziologischen Theorien und Erklärungsansätzen wird das Informationsverhalten vor dem Hintergrund von Herkunftsmilieu, Bildungshabitus, Sozialisationsinstanzen und Subkulturen bzw. Sub-/Teilsystemen analysiert. Die gewonnenen Erkenntnisse werden anschließend aus

4. Regelungen im Jugendschutzgesetz (JuSchG) https://www.gesetze-im-internet.de/juschg/BJNR273000002.html.

systemtheoretischer Perspektive betrachtet, wobei insbesondere Informations- und Kommunikationsstrategien untersucht werden, die die funktionale Integrationsleistung der Konsumerfahrungen stärken können. beleuchtet.

Auf dieser Basis werden Handlungsmuster und Strategien aus bestehenden Studien zum sozial-integrierten bzw. kontrollierten Konsum psychotroper Substanzen sowie Arbeiten zur Selbstheilung Abhängigkeitsstörungen zusammengeführt und für die zu bearbeitende Thematik in Forschungshypothesen überführt, die der empirischen Untersuchung zugrunde liegen.

Kapitel 3 stellt die empirische Studie vor, die die Entwicklung selbstregulierter Konsumpraktiken von Konsumierenden mit mehrjährigen Konsumerfahrungen von psychotropen Substanzen untersucht, die weder polizeilich noch medizinisch oder sozialtherapeutisch institutionell auffällig geworden sind. Das entwickelte Erhebungsinstrument ermöglicht die Generierung von soziografischen Daten, Angaben zum Konsum psychotroper Substanzen und schließt mit offenen Interviews, in denen die Befragten von der Entwicklung ihrer Konsumpraktiken mit psychotropen Substanzen, Veränderungsprozessen und Handlungsmustern zur Selbstregulation berichten. Im Zentrum der Befragung stehen die Erfahrungen und Lernprozesse sowie die Rahmenbedingungen, unter denen diese stattgefunden haben (vgl. Flick 2000).

Für die Datenerhebung wurde das qualitative Interview gewählt, da es tiefere Einblicke in die Sinnzusammenhänge und die Bedeutungssysteme der Befragten ermöglicht (vgl. Flick 2000). Die Befragungen orientieren sich an einem auf den Prinzipien des fokussierten Interviews (Witzel/Reiter 2012) basierenden Interviewleitfaden, welcher eine thematische Fokussierung der Befragungen sicherstellt (vgl. Kuckartz & Rädiker 2021: 28). Die Aufbereitung und Auswertung der Daten erfolgt unter Verwendung der Software MAXQDA (vgl. Rädiker & Kuckartz 2019).

Kapitel 4 präsentiert die Ergebnisse, die im Rahmen der handlungsleitenden Fragestellungen erörtert werden. Für die Entwicklung einer emanzipatorischen, auf Empowerment basierenden Kommunikationsstrategie, die selbstregulierte und sozialintegrierte Konsumpraktiken psychotroper Substanzen stärkt, wird die systemtheoretische Perspektive für aufschlussreich gehalten: „Angesichts der operativen Geschlossenheit autopoietischer Systeme ist klar, dass sich diese nur selber ‚empowern' können, dass sie allein auf der Basis bisheriger Entwicklung (ihrer Strukturen) neue Lösungen finden können – Lösungen, die durch sie selbst und ihre Umwelt wohlwollender beobachtet (bewertet) werden als die bisherigen" (Hafen 2013: 194). Aus der Perspektive können Lern- und Handlungskompetenzentwicklungen unter Berücksichtigung milieu- und szenespezifischer Kommunikationsstrategien angeregt und anschlussfähige Informationen bereitgestellt werden.

Kapitel 5 widmet sich handlungsorientierten Perspektiven zur Weiterentwicklung von Möglichkeiten, selbstregulierte Konsumpraktiken zu stärken. Die vorliegende Arbeit leistet damit einen Beitrag zur Weiterentwicklung der sozialwissenschaftlichen Auseinandersetzung mit dem Phänomen des Konsums psychotroper Substanzen in seinem gesamten Spektrum. Eine Auseinandersetzung mit den Entwicklungsverläufen und der daraus gewonnenen Einsichten selbstregulierter Konsumpraktiken ermöglicht eine erkenntnisgenerierende Analyse von Ressourcen und Möglichkeiten, die im Erfahrungswissen sozial-integrierter Konsumierender psychotroper Substanzen vorhandenen sind.

2 Soziologischer Bezugsrahmen

Der Konsum psychotroper Substanzen ist ein Phänomen, das in nahezu allen Kulturen, Regionen und über alle Jahrhunderte hinweg beschrieben wurde: „Seit Kunde von Menschen auf dieser Erde zu uns gelangt ist, so auch die, dass sie Stoffe aufnehmen, die nicht Nahrungs- oder Sättigungsstoffe waren, sondern bewusst dem Zwecke dienen sollten, für eine gewisse Zeit einen Zustand von Behagen, von erhöhtem, subjektiv angenehmen Wohlbefinden hervorzurufen“ (LEWIN 1980: 7).

Bei der Auseinandersetzung mit unterschiedlichen kulturhistorischen Einordnungen des Konsums psychotroper Substanzen zeigt sich kein einheitliches Bild im gesellschaftlichen Umgang. Der Konsum unterlag und unterliegt – je nach Zeit und kulturellem Kontext – unterschiedlichen Werten und Normen sowie Denk- und Deutungsmustern, die zudem einer kulturkreisspezifischen und zeitgeschichtlichen Einordnung bedürfen. Eine analytische Bearbeitung dieses komplexen sozialen Phänomens kann daher nicht losgelöst von gesellschaftlichen Strukturen erfolgen.

Mit der Veröffentlichung ihrer dreibändigen Publikation „Rausch und Realität“ legten VÖGLER & WELCK (1982) ein Grundlagenwerk vor, in welchem die unterschiedlichsten Aspekte des Konsums psychotroper Substanzen in verschiedenen kulturhistorischen Kontexten von unterschiedlichen Autoren behandelt werden. Sie trugen damit maßgeblich zu einer Erweiterung der Wahrnehmung einer kulturellen Bedeutung des Konsums psychotroper Substanzen bei: „Jede Kultur, jedes Zeitalter hat ‚die‘ Droge, die zu ihm paßt“ (VÖGLER 1982: 40).

Die kulturhistorische Bedeutung der Konsumpraktiken psychotroper Substanzen und deren kulturelle Einbettung, in gesellschaftliche Kontexte sowie Denk- und Deutungsmuster beschreibt exemplarisch SPODE (1993). Er beleuchtet die Entwicklung von Trinksitten und kollektiver Berauschung sowie den religiösen, medizinischen und gesellschaftlichen Wandel im Umgang mit Alkohol über die Jahrhunderte hinweg. „Das Paradigma der Trunksucht, die Zuordnung des Trinkenmüssens zum Irrsinn war lange umstritten geblieben. (...) Erst um die Jahrhundertwende setzte die Medizin – wobei die der Abstinenz verpflichtete Psychiatrie die treibende Kraft war – das Krankheitsmodell, und damit zugleich ihren Anspruch auf Erklärung und Behandlung der Trunksucht gegen das ältere, moralisch-ethische Alkoholwissen durch“ (*ebd.*: 252).

Durch die Herausarbeitung der kulturgeschichtlichen Veränderungen[5] in Bezug auf die Sichtweise von Rauschzuständen und die gesellschaftlichen Hintergründe, die zu einer Entwicklung des Krankheitsmodells führten, weist er auf die traditiona-

5. Für substanzspezifische Auseinandersetzungen mit gesellschaftshistorischen Zusammenhängen wird beispielhaft auf RIDDER (2000) zu Heroin, PIEPER (2002) zu Speed, TRACHSEL & RICHARD zu psyche-

len Bezugspunkte hin und ermöglicht eine Einordnung des aktuellen Umgangs mit dem Konsum psychotroper Substanzen. „Möglichst paßgenau eingefügt zwischen erwünschter Enthemmung und ihrer nach Zeit, Ort und Gradation gezogenen Grenzen ist der kontrollierte Kontrollverlust – ohne noch durch die festen Rituale des Gelages gesteuert zu sein – eine recht schwierige Übung geworden: ‚Der den Rausch sucht, der wandelt auf einem schmalen Grad'" (*ebd.*; 279 f.).

Ausgehend von der Feststellung, dass der Konsum psychotroper Substanzen nicht losgelöst von gesellschaftlichen Kontexten betrachtet werden kann, bedarf es zu Beginn dieser Arbeit einer gesellschaftsstrukturellen Einordnung, die die heutige postindustrielle bzw. spätmoderne Gesellschaft und ihren Wandel skizziert.

2.1 Gesellschaftstheoretischer Bezugsrahmen

Das Phänomens des Konsums psychotroper Substanzen kann nicht unabhängig von seiner gesellschaftlichen Einbettung verstanden werden. Eine Analyse erfordert daher die Berücksichtigung zentraler gesellschaftstheoretischer Perspektiven. „Wilhelm Jerusalem, ein früher Vertreter der Wissenssoziologie, drückte dies in einer Arbeit aus dem Jahre 1909 so aus: Der moderne, in einer sozial differenzierten und individualisierten Gesellschaft lebende Mensch zeigte Erkenntnisleistungen nicht nur nach sozialen Vorgaben, er lebe nicht nur in typisierten Arrangements, sondern setzte sich aktiv mit den Wissens- und Bedeutungsformen, mit denen er konfrontiert ist, auseinander" (Dollinger 2005: 149).

Soziologische Theorien beschreiben modellhaft dieses Spannungsfeld und entwickeln Erklärungsansätze für gesellschaftliche Dynamiken. Wichtige Vertreter der Verhaltens- und Handlungstheorie sind Homanns (1961), Opp (1972), Weber (1964), Parsons (1937), Colmann & Esser (1996) sowie Habermanns (1968). Interpretative Paradigmen werden durch Mead (1934), Blumer (1973), Schütz (1932) und Berger & Luckmann (1966) geprägt, Garfinkel (1973) trug Ethnomethodologie bei. Für die soziale Systemtheorie stehen Parsons (1951), Merton (1968) und Luhmann (1984), während kritisch-emanzipatorische Gesellschaftstheorien von Marx & Engels (1867), Durkheim (1961), Adorno & Horkheimer (1969), Giddens (1979), Elias (1970) und Bourdieu (1979) vertreten werden (vgl. Schäfers 2013).

Im Bereich der Lebensstilforschung sind u. a. Beck (1986), Bourdieu (1998); Lüdtke (Lüdtke 1989, 1990, 2001), Müller (1989, 1992), Schulze (1990, 1992), Sobel (1981) und Vester (1992) zentrale Vertreter. Für die soziologische Ungleichheitsforschung und deren Auswirkung auf die Gesundheit und Bildung sind insbesondere

delischer Chemie (2000), zu Cannabis Treeck (2000) sowie zur Mythologie psychoaktiver Pflanzen auf Samorini (2016) verwiesen.

die Arbeiten von Hradil (2000); Geissler (2017) und Vester (2012), für deren Auswirkungen auf Gesundheit und Bildung Hradil (2000, 2013); Vester (2004, 2009, 2012); Richter & Hurrelmann (2009); Raithel (2004); Bremer (2007) und Grundmann (2006; 2013) relevant. Diese theoretischen Konzepte bilden die Grundlage des analytischen Rahmens der UntersuchuMenschen leben und handeln in ihren sozialen Bezügen, die sich wechselseitig bedingenden. Soziologische Analysen untersuchen diese Zusammenhänge und ermöglichen hierbei differenzierte Perspektiven auf gesellschaftliche Wirkmechanismen und deren Reproduktionsbedingungen. Mit dem Übergang von der frühindustriellen zur modernen Gesellschaft wandelten sich auch die gesellschaftlichen Differenzierungsformen. An die Stelle ständischer Herkunft trat zunehmend die soziale Positionierung entlang ökonomischer Verhältnisse, was zur Ausbildung von Klassen- und Schichtstrukturen führte (vgl. u. a. Lüdtke 1989; Schulze 1992; Beck 1986; Hradil 2000). Diese Differenzierungen bilden bis heute den Hintergrund für soziale Ungleichheit und prägen sowohl Lebensstile als auch Gesundheitsverhalten – und damit auch Konsumpraktiken psychotroper Substanzen.

2.1.1 Risikogesellschaft und Individualisierung

In seinem Buch „Risikogesellschaft“ analysiert Beck (1986) zentrale Aspekte des gesellschaftlichen Strukturwandels in der Bundesrepublik. Mit der Pluralisierung der Lebensformen und der Individualisierung beschreibt er Prozesse, die in ihren Auswirkungen das bestehende Hierarchiemodell sozialer Klassen[6] (Schichten)[7] unterlaufen (vgl. *ebd.*: 122). Diese Auflösungsprozesse hinsichtlich strikter Grenzen und klarer, eindeutiger und alleiniger Zugehörigkeit von Individuen zu einer gesellschaftlichen Gruppe und ihren eindeutigen Abgrenzungen bedingen zudem eine Individualisierung von sozialen Risiken. „In der Konsequenz schlagen gesellschaftliche Probleme unmittelbar um in psychische Dispositionen: in persönliches Ungenügen, Schuldgefühle, Ängste, Konflikte und Neurosen“ (*ebd.*: 158).

Um diese Risiken zu bewältigen, ist das Individuum angesichts der Auflösung traditionaler Bindungen auf die Herausbildung sekundärer Instanzen und Institutionen angewiesen. Dies führt zu einer fragmentierten, entscheidungsabhängigen Le-

6. Soziale Klassen nach Max Weber: “Ihre verschiedenen Elemente: die über spezifische Marktchancen vermittelnde materielle Lage, die Wirksamkeit von Tradition und ‘spätständischen’ Lebensstilen und das gelebte Bewußtsein dieser Einheit in gemeinschaftlichen Bedingungen und Kontaktnetzen”(Beck 1986: 137).

7. Der Schichtbegriff wird von Beck als ‘liberalisierter” Klassenbegriff. bzw. einen Übergangsbegriff gesehen (ebd.: 140ff).

bensführung – der sogenannten „Bastelbiografie“[8] (Gross 1985). Beck verweist auf die besondere Herausforderung: „Für den einzelnen sind die ihn determinierenden institutionellen Lagen nicht mehr nur als Ereignisse und Verhältnisse, die über ihn hereinbrechen, sondern mindestens auch Konsequenzen der von ihm selbst getroffenen Entscheidungen, die er als solche sehen und verarbeiten muß“ (Beck 1986: 218). Neben der wachsenden Zahl an Möglichkeiten einer selbstständigen Biografiegestaltung wird vor dem Hintergrund der medialen Globalisierung von Beck prognostiziert: „Mehr noch: die Weltgesellschaft wird Teil der Biografie, auch wenn diese Dauerüberforderung nur durch das Gegenteil: Weghören, Simplifizieren, Abstumpfen zu ertragen ist“ (*ebd.*: 218).

Hradil (2000) ergänzt diese Perspektive, indem er auf die Veränderung der Verhältnisse zwischen Struktur und Handeln sowie Lage und Bewusstsein hinweist. Die Individualisierung führt seiner Ansicht nach zu einer Pluralisierung von sozialen Milieus und Lebensstilen: „Die gesellschaftlichen Individualisierungsschübe führen zur Entstehung immer neuer sozialer Formationen und Identitäten“ (*ebd.*: 92). Er sieht in der Individualisierungsthese einen Gegenpol zur Habitustheorie von Bourdieu, da „den einzelnen Gesellschaftsmitgliedern gar nichts anderes übrig bleibe, als ihre Lebensführung selbst in die Hand zu nehmen“ (*ebd.*: 92).

Hradil stellt insbesondere den Stellenwert für die Selbstdefinition und das Alltagshandeln durch Milieuzugehörigkeit (psychologisch „tiefsitzende“ Wertehaltung, die eine milieutypischen Mentalität hervorbringt) und Lebensstil (verfügbare Ressourcen, aktuelle Lebensziele, momentane Lebensformen und persönliche Entscheidungen) heraus (vgl. *ebd.*: 92). Für Hradil strukturiert sich die moderne Gesellschaft entlang vier miteinander verflochtener Dimensionen: soziale Lage[9], soziales Milieu[10], Subkultur[11] und Lebensstil[12] aus (Hradil 2000: 416ff).

8. „Dies bedeutet: durch institutionelle und lebensgeschichtliche Vorgaben entstehen Bausätze biographischer Kombinationsmöglichkeiten“ (Beck 1986: 217).

9. „Soziale Lage” beschreibt die Gesamtheit gruppentypischer Ressourcen wie Geld und Macht oder Wohnbedingungen sowie potenziell einschränkende Zwänge, soziale Vorurteile und Risiken (vgl. Dollinger & Raithel 2006: 119).

10. „Soziales Milieu” beschreibt eine Verschränkung objektiver und subjektiver Faktoren, die sich über bereitstehende Handlungsvoraussetzungen zu genutzten Handlungsmitteln verdichten (vgl. *ebd.*: 119).

11. Subkultur: die Beeinflussung von Verhaltensweisen aufgrund latent-subjektiver Handlungsziele innerhalb soziokultureller Gruppierungen (vgl. *ebd.*: 119).

12. Lebensstile generieren subjektive Verhaltensregelmäßigkeiten über die Manifestation von Entscheidungs-, Wahl- und Routinisierungsprozessen dieser Faktoren (vgl. *ebd.*: 119).

2.1.2 Erlebnisgesellschaft und Singularisierung

Mit seiner kultursoziologischen Gesellschaftsanalyse der Erlebnisgesellschaft beschreibt SCHULZE (1992) eine grundlegende Verschiebung in der Beziehung zwischen Individuen und Gütern: Weg vom Gebrauchswert der Produkte zu einem Erlebniswert. Diese Entwicklung führt zu einer Neuorientierung über einen subjektiven Erlebnisdrang hin zu einer erlebnisorientierten Handlungssteuerung in der Gesellschaft (vgl. *ebd.*: 13).

In Anlehnung MATURANA (1987) und LUHMANN (1990) versteht SCHULZE Erlebnisse als Prozess der Verarbeitung: „Erlebnisse sind nicht Eindrücke, sondern Vorgänge der Verarbeitung. (…) In der Alltagsvorstellung wird Erlebnisorientierung als Absicht verstanden, etwas zu haben; nun erweist sie sich als Absicht, jemand zu sein" (SCHULZE 1992: 46). In seinem Verständnis handelt es sich bei Erlebnissen um Verknüpfungsprozesse von Körper und Bewusstsein, wobei SCHULZE einer Aufhebung des Begriffs „Subjekt" durch die Systembegriffe: Leben – Bewusstsein – Kommunikation nicht folgt, da er die ontologische Bedeutungstradition als zu stark geprägt betrachtet (vgl. *ebd.*: 49).

Die Individualisierung führt nach SCHULZE zu „neuen Gemeinsamkeiten" und entwickelt soziale Milieus entlang der Komponenten: Rückgang traditionaler Sozialzusammenhänge, Zunahme von Optionen, Vervielfältigung von Existenzformen und -stilen sowie Verlust der emotionalen Balance (*ebd.*: 75ff). In den fünf Milieus: Selbstverwirklichung, Unterhaltung, Harmonie, Integration und Niveau weist er auf die immer stärker werdende Subjektzentrierung und eine damit einhergehende Veränderung der Semantik hin, die dem Spannungsfeld des semantischen Raums über die Polaritäten „Einfachheit versus Komplexität, Ordnung versus Spontanität" ausgebildet werden (vgl. *ebd.*: 255). Innerhalb dieses Milieugefüges beschreibt SCHULZE eine vertikale Altersgrenze, die sich als strukturbildend erweist und über die Prozesse von gesellschaftlicher Strukturierung des Lebenslaufs, endogene Lebenszykluseffekte und Generationsbildung etabliert (vgl. *ebd.*: 368ff).

RECKWITZ (2019, 2022) beschreibt in seiner gesellschaftstheoretischen Arbeit ein Modell zur Gegenwartsgesellschaft in der Spätmoderne, deren Entwicklung an der klassischen bzw. der industriellen Moderne anschließt und sich über Singularitäten („doing singularity"), Hyperkultur und Polarisierungen darstellt (vgl. RECKWITZ 2019, 2022: 51, 109). Die postindustrielle Ökonomie mit der Entwicklung aus einer Industrieerwerbs- in eine Dienstleistungsgesellschaft, die Folgen der Bildungsexpansion und der Wertewandel führen seiner Analyse nach zu einer Ausdifferenzierung der Mittelklasse. Es entsteht eine neue Drei-Klassen-Struktur[13] der spätmodernen Gesell-

13. Er verwendet bewusst „wieder" den Begriff der Klasse, da Auf- und Abwertungen innerhalb der Sozialstruktur mit Macht und Herrschaftsmechanismen einhergehen (vgl. ebd.: 67), „Präziser müsste

schaft mit einer kleinen Oberklasse, einer neuen Mittelklasse, der alten Mitteklasse[14] (geschrumpft) und der neuen Unterklasse/prekären Klasse. Der kulturelle Wertewandel in der Spätmoderne wird in einer Abkehr von der Logik des Allgemeinen zu einer Logik des Besonderen (Singularität)[15] beschrieben (vgl. Reckwitz 2021: 46). „Kurzum: Während die Logik des Allgemeinen mit Prozessen gesellschaftlicher Rationalisierung und Versachlichung zusammenhängt, ist die Logik des Singulären mit Prozessen gesellschaftlicher Kulturalisierung und Affektintensivierung verknüpft" (vgl. *ebd.*: 17). In seiner Arbeit differenziert er Klassen[16] über ihre Ressourcen aus und dies in einer Fortentwicklung der von Bourdieu (1998) beschriebenen Kapitalarten (ökonomisches, kulturelles und soziales und ergänzend sozial-räumliches und psychisch-physisches Kapital). Dieser Wandel der Sozialstruktur wird in der Entwicklung seit den 1980 Jahren verortet. Die beschriebene Entwicklung wird u. a. in den Veränderungen aufgrund der Bildungsexpansion mit einem Anstieg an Hochschulabsolventen und dem damit einhergehenden Prestigeverlust der einfachen und mittleren Bildungsabschlüsse gesehen. Reckwitz (2019: 90) führt die von ihm festgestellte Bildungspolarisierung vor dem Hintergrund des kulturellen Kapitals aus. Diese Kapitalartensegmentierung wirkt sich in besonderer Weise auf die Erosion der „klassischen" Mittelschicht aus. „Die neue Mittelklasse ist die kulturelle, ökonomische und politisch einflussreichste Gruppe der spätmodernen Gesellschaft" (*ebd.*: 90). „Das Streben nach Selbstentfaltung prägt das gesamte Alltagsleben der neuen Mittelklasse" (*ebd.*: 92). Somit bestimmt diese den gesellschaftlichen Diskurs bzw. das Streben nach Singularisierung (Einzigartigkeit) und Valorisierung/Kulturalisierung (Wertgebung). In seiner komplexen Analyse der Gesellschaftsstruktur werden Prozesse der Auf- und Entwertung aufgezeigt, die eine Anwendung auf die Auswirkungen der Singularisierung auf Mikro- und Alltagspraktiken ermöglichen. Er zeigt die Wandlung in der Gestaltung von Lebensformen in der Spätmoderne, in welcher eine Kuratierung[17] der Lebensgestaltung als Leitbild für eine performative Selbstentfaltung gilt. Die sich hieraus

---

man von einem 3-plus-1-Klassenmodell sprechen" (ebd.: 71).

14. Im Ausgangspunkt der Gesellschaft der breiten Mitte verweist Reckwitz auf das ‚Haus-Modell' von Ralf Dahrendorf, der Sozialstruktur der BRD 1965. (ebd., S.75).

15. „Bei Singularitäten handelt es sich um Entitäten, die innerhalb sozialer Praktiken als besondere wahrgenommen werden und bewertet, fabriziert und behandelt werden. Singularitäten sind das Ergebnis von sozial-kulturellen Prozessen der Singularisierung. Sie kommen innerhalb einer sozialen Logik des Besonderen zur Geltung" (Reckwitz 2021: 50f)..

16. „Klassen sind mehr als sozialstatische Einkommensschichten und auch mehr als alltägliche Lebensstile. Klassen sind kulturelle, ökonomische und politische Gebilde zugleich" (Reckwitz 2019: 67).

17. Mit Kuratierung beschreibt Reckwitz (2021: 295) eine Haltung in Anlehnung an die Arbeit eines Kurators: „Der Kurator erfindet nicht von Grund auf Neues, er stellt klug zusammen" und überträgt dieses Bild auf die Lebensstile der Spätmoderne, welche sich in einem Spannungsfeld zwischen passivem Konsum und aktiver Praxis ausprägen.

ergebende hohe Fluidität der Lebensformen geht mit einer hohen Enttäuschungsanfälligkeit einher.

In seiner Gesellschaftsanalyse reflektiert der Autor die unterschiedlichen Differenzierungen und Polarisierungen und zeigt damit die Dimensionen der Spannungsverhältnisse auf, über die sich die Lebensformen segmentieren. Vor dem Hintergrund der anzustrebenden Selbstverwirklichung wird das Subjekt mit seinen stetig weiterdifferenzierenden Entwicklungsmöglichkeiten nahezu ohne Beschränkungen vorangetrieben. Dieses Steigerungsszenario wird von RECKWITZ (2019: 275) als eine Deregulierungs- und Überdynamisierungskrise beschrieben. Ausgehend von dieser pointierten Darstellung werden die Herausforderungen innerhalb der Lebenskuration stetig steigen. Der Autor sieht in einer auf Singularisierung ausgerichteten Erziehung[18] eine zunehmende Polarisierung von akademischer Mittelklasse und neuer Unterklasse – und in ihrer Gesamtheit die Spätmoderne als einen Enttäuschungsgenerator mit „kaum kulturelle[n] Ressourcen zur Enttäuschungstoleranz und -bewältigung“ (RECKWITZ 2022: 347). Die aufgezeigten Entwicklungen können durchaus als umfangreiches und sich stetig erweiterndes Feld für Konsumpraktiken zur Affekt- und Alltagsregulierung angenommen werden. Psychotrope Substanzen mit ihren vielfältigen und über neue chemische Entwicklungen immer ausdifferenzierteren Wirkprofilen bieten hierfür ein erhebliches Potenzial. Eine auf gelingende Konsumpraktiken ausgerichtete Untersuchung sowie die Ermöglichung einer lebens- und alltagspraktischen Integration der Erkenntnisse in die unterschiedlichen gesellschaftlichen Kontexte scheint vor diesem Hintergrund notwendig zu sein.

2.1.3 Lebensstile

Der Begriff des Lebensstils ist in der Soziologie weder einheitlich noch auf die jüngere Forschung beschränkt. Vielmehr handelt es sich um eine wiederentdeckte Kategorie sozialer Differenzierung, deren Wurzeln bis in die Anfänge des 20. Jahrhunderts reichen (KONIETZKA 1995; MÜLLER 1989). Lebensstile lassen sich als Muster der Lebensführung verstehen, die auf der Kombination von Ressourcen, Wertorientierungen und Alltagspraxen beruhen. Sie sind Ausdruck sowohl individueller Präferenz als auch sozialer Zugehörigkeit.

KONIETZKA (1995) betont die Pluralisierung von Lebensstilen und plädiert für eine differenzierbare Analyse, die diese Vielfalt nicht nur als Prämisse, sondern als eigenständige Dimension sozialer Ungleichheit begreift. Empirisch zeigen sich Lebensstilunterschiede in enger Verbindung zu Alter, Lebensführung und soziokulturelle Orien-

18. „Die spätmoderne Erziehungspraxis ist ein Singularisierungsprogramm des Kindes“ (RECKWITZ 2022: 331).

tierung, insbesondere in der Lebensphase der Postadoleszenz, die einen erweiterten Möglichkeitsraum sozialer Positionierung eröffnet. Er resümiert abschließend eine Problematik der konzeptionellen Ebene, in der Lebensstile und ihre Trägergruppen einer wechselseitigen Zurückgebundenheit unterliegen (vgl. *ebd.*: 261).

Die in der Untersuchung aufgezeigten Zusammenhänge von Lebensformen, Wertorientierung und Lebensstilen zeigen einen starken Einfluss der Dimensionen Alter, Lebensführung (insbesondere die nicht familialen Lebensformen) und die Innen-außen-Orientierung bei der Ausprägung von Lebensstilstilisierung. Verwiesen wird damit auf eine Pluralisierung von Lebensstilen, die eng verbunden mit der Lebensphase der Postadoleszenz steht. Hieraus wird ein für die gesamte Lebensspanne generierter Möglichkeitsbereich einer Position innerhalb der Sozialstruktur abgeleitet und die Gleichzeitigkeit von unterschiedlichen Ausformungen aufgezeigt.

Schulze (1992) sieht Lebensstile als Ausdruck der Erlebnisgesellschaft. Die „[e]rlebnisrationale Beeinflussung des eigenen Innenlebens durch Situationsmanagement wird zum zentralen Thema“ (*ebd.*: 52) in der Erlebnisgesellschaft. In seiner Anschlussthese zur Individualisierung von Beck analysiert er deren ordnungserzeugende Nachwirkungen „Wie erzwungene Gemeinsamkeit eine Individualisierungstendenz erzeugt, so die Entgrenzung des Lebens eine Bereitschaft zur Gemeinsamkeit“ (*ebd.*: 78). Über die entwickelten alltagsästhetischen Schemata[19]und elementaren Erlebnismuster[20] bildet sich die Milieudifferenzierung in diesem Modell aus.

Lüdtke (1989: 42) beschreibt Lebensstile[21] als Präferenzmuster und Verhaltensweisen, die unter den spezifischen Bedingungen und sozioökonomischen Umständen auf der Grundlage der Anwendung erworbener Handlungskompetenzen entstehen. Lebensstile schließen seines Erachtens drei wesentliche Funktionen ein: „Sie beinhalten Routinen der Alltagspraxis und erleichtern dadurch die allgemeine Orientierung, insbesondere in neuen Situationen und bei der Koordinierung unterschiedlicher Situationen. (…) Sie sind daher Ausdruck sozialer Integration nach innen bzw. sozialer Unterscheidung nach außen. Sie vermitteln zwischen personaler und sozialer Identität, steuern die Entwicklung von Netzwerken und damit sozialer Differenzierung und Integration auf der Mikro- und Mesoebene der Sozialstruktur“ (Lüdtke 2001: 19).

---

19. „Alltagsästhetische Schemata kodieren kollektive Bedeutungsmuster für große Zeichengruppen: Sie legen erstens fest, was normalerweise zusammengehört, statten zweitens die als ähnlich definierten Zeichen mit zeichenübergreifenden Bedeutungen aus und erheben drittens beides zur sozialen Konvention“ (Schulze 1992: 128).

20. Erlebnismusterdimensionen; Denkmuster: Einfachheit vs. Komplexität und Handlungsmuster: Ordnung vs. Spontanität (vgl. ebd.: 255).

21. „Max Weber (1956: 226f) hat den Begriff gewissermaßen ‚enthistorisiert‘: Nach ihm sind Stände durch Grad und Art ihrer Privilegierung durch soziale Wertschätzung (‚Ehre‘) und durch Gemeinsamkeit der Lebensführung (Lebensstil) gekennzeichnet, die sich durch Monopolanspruch und soziale Schließung nach außen dokumentiert“ (Lüdtke 1989: 21).

LÜDTKES handlungstheoretischer Lebensstilansatz entwickelt, ausgehend von den vier theoretischen Lebensorganisationsdimensionen – sozioökonomische Situation, Kompetenz, Performanz und Motivation – eine Klassifikation, die über den Indikator Performanz und die Verknüpfung mittels Relationsketten mit den Determinanten (sozioökonomische Situation, Kompetenz und Motivation) in Beziehung setzt. In den 12 Lebensstilgruppen zeigen sich für Lüdtke die „traditionalistischen" und die „innovativen" Lebensstile, welche auf den sozialen Wandel fördernd bzw. verlangsamend wirken. Dieser performanzorientierte Lebensstilansatz zeigt über die Integration der Präferenzentwicklung nach SCHERBORN (1985) und den Constrained-Choice-Ansatz[22] einen Erklärungsansatz für die Konzeptionierung von Lebensstilen auf individueller und kollektiver Ebene. LÜDTKE beschreibt Lebensstile als eine „unverwechselbare Struktur und Form eines subjektiv sinnvollen, erprobten Kontextes der Lebensorganisation (mit den Komponenten Ziel bzw. Motivationen, Symbole, Partner, Verhaltensmuster) eines privaten Haushalts ..., den dieser mit einem Kollektiv teilt und dessen Mitglieder deswegen einander als sozial ähnlich wahrnehmen und bewerten" (SCHERBORN 1985: 40). In der Lebensstiltheorie von LÜDTKE (1989) wird die Phase der Lebensstilformierung wie auch bei KONIETZKA (1995) nach der Postadoleszenz verortet, da für die Entwicklung der individuellen Muster der expressiven Performanz die Möglichkeiten der Nutzung der ökonomischen, symbolischen, kognitiven und motivationalen Ressourcen bzw. die exklusiven Gruppennormen der Lebensweise gestaltet werden können (KONIETZKA 1995: 53f). Das Verhältnis und der Umfang der unterschiedlichen Ressourcen wirken sich auf die Herausbildung der Lebensstile aus und ermöglichen über die theoretischen Lebensstildimensionen Orientierungsrichtung, Innovationspotenzial, Ziel- und Aktionsraum, Ästhetik und Distinktion. Die individuellen Herausforderungen werden in der These „Menschen streben nach persönlicher Identität, die sich im Einklang mit sozialen Bezügen befindet", und: „Je fortgeschrittener die Lebensstilentwicklung im Erwachsenenalter ist, desto unwahrscheinlicher und krisenhafter wird eine grundlegende Stilveränderung" (*ebd.*: 51 u. 73) verortet. Schlussfolgernd können Lebensstilentwicklungen als sensible Prozesse verstanden werden, in deren aufeinander bezogenen Wechselwirkungen eine Annäherung des Individuums und seines Umfeldes erfolgt. Lebensstile als strukturgebende Bezüge ermöglichen die Erhöhung von Handlungssicherheit im Alltag, wirken sich identitätsstabilisierend aus und ermöglichen dem Individuum den Austausch mit anderen.

22. Der Constrained-Choice-Ansatz (FRANZ 1986) beschreibt, dass eine Handlungsentscheidung zweifach gefiltert erfolgt. Zum einen über die Reduzierung der ausführbaren Alternativen über strukturelle und Umwelt-Faktoren, zum anderen über präferenzgesteuerte individuelle Entscheidungsprozesse (vgl. LÜDTKE 1989: 56f).

Bourdieu (1998) entwickelt in seiner Arbeit „Die feinen Unterschiede“ einen sozialen Raum, in dem über die Volumina von Kapitalarten[23] ein mehrdimensionales Koordinatensystem eine Positionierung der sozialen Lage räumlich dargestellt werden kann. Über das Verhältnis von ökonomischem, kulturellem und sozialem Kapital wird die Stellung im Raum, der sozialen Position und der Lebensstile ermöglicht (Bourdieu 2016: 10ff). Lebensstile konstituieren sich nach Bourdieu als „klassifizierbare Praxisformen und Werke und deren Unterscheidung und Bewertung der Formen und Produkte (Geschmack)“ (*ebd.*: 278). Die zugrunde liegende strukturierende Funktion wird mit dem inkorporierenden Konstrukt des Habitus konzipiert.

Bourdieu sieht in der Konstruktion des Habitus eine strukturierende und eine strukturierte Gestaltung, deren Wechselwirkung mit der sozialen Lage über die Operation der Differenz agiert. „Die Lebensstile bilden also systematische Produkte des Habitus, die in ihren Wechselbeziehungen entsprechend den Schemata des Habitus wahrgenommene Systeme gesellschaftliche qualifizierter Merkmale (wie ‚distinguiert‘, ‚vulgär‘) konstituieren“ (*ebd.*: 281). Der Habitus wird als einheitsstiftendes Erzeugungsprinzip aller Formen von Praxis angesehen, der dem Lebensstil zugrunde liegt und „fern jeder bewussten Abstimmung auch auf die Praxisformen aller übrigen Angehörigen derselben Klasse objektiv abgestimmt [ist]“ (*ebd.*: 281). Der Habitus stellt sich als ein über die Wahrnehmung, das Denken und die Vorstellungen handlungsstrukturierendes und strukturbildendes inkorporiertes Muster dar.

Eine weitere Segmentierung gesellschaftlicher Strukturen orientiert sich die Subkulturforschung auf ein innerhalb von Kulturen existierende Teilgruppen, deren Werte- und Normensystem sich von der dominierenden Kultur unterscheidet. Grundsätzlich können Subkulturen bezüglich ihres Konfliktverhaltens gegenüber der dominierenden Kultur unterschieden werden. Eine „komplementäre Subkultur“ bildet ihr eigenes normatives Wertesystem aufgrund ihrer besonderen sozialen Lage heraus, ohne in Konflikt mit der dominierenden Kultur zu kommen.

Im Gegensatz zur „Contra-Kultur“, deren normative Werte im Widerspruch zur dominierenden Kultur stehen, ohne diese verändern zu wollen, steht in einer „Gegen-Kultur“, das Normensystem in direkter Opposition zur dominierenden Kultur und ist auf deren Veränderung ausgerichtet (vgl. Vaskovics 1989). Gemeinsam ist subkulturellen Verhaltensweisen inklusive abweichendes Verhalten, das sie erst gelernt, dann eingeübt, in „Karrieren überführt und gruppendynamisch stabilisiert werden“ müssen (Sutherland 1939, zit. n. Vaskovics 1989: 15). Solchen sich über zeitintensive Wie-

23. Kapitalarten sind „primär ökonomisches Kapital (in seinen diversen Arten), dann kulturelles und soziales Kapital, schließlich noch symbolisches Kapital als wahrgenommene und als legitim anerkannte Form der drei vorangegangenen Kapitalarten (gemeinhin als Prestige, Renommee, usw. bezeichnet“ (Bourdieu 2016: 11).

derholungsprozesse konstituierenden Subkulturen stehen lose Netzwerke und Szenen als fluide Vergesellschaftungsformen gegenüber.

WERSE (2007) argumentiert in Bezug auf die Verwendung des Begriffs Subkulturen als jugendspezifische Vergemeinschaftungsformen damit, dass in der heutigen Gesellschaft kaum mehr von Eindeutigkeit bezüglich einer herrschenden und elitären Kultur ausgegangen werden kann und daher mit „sub" als „unterhalb" verortete kulturelle Ebene und klar abzutrennende Segmente mit einer Gleichartigkeit in Einstellungsmustern bzw. sozialer Herkunft kaum mehr beschrieben werden (vgl. *ebd.*: 37). „Szenen werden im Sinne dieses Modells als ‚wolkige Formationen' bezeichnet: Aus der Ferne scheinen die Ränder scharf zu sein und eine klare Gestalt zu ergeben. Je mehr man sich ihnen jedoch nähert, desto stärker verliert sich dieser Eindruck" (HITZLER *et al.* 2001, zit. n. WERSE 2007: 55).

Szenen werden von HITZLER & NIEDERBACHER (2010) verstanden als Vergemeinschaftungen einer unbestimmten Anzahl von Beteiligten innerhalb eines lockeren Netzwerkes. Sie weisen auf das Vorhandensein eines zentralen Themas hin, um welches sich die Aktivitäten der Beteiligten bewegen, und die Struktureigenschaften hervorbringen, welche die Zugehörigkeit realisiert (vgl. *ebd.*: 16). In diesem Verständnis strukturieren sie sich über öffentliche und mediale Szeneaktivitäten, die den Szenegängern als Interaktionsräume dienen, und rekrutieren die Organisationszeneelite aus langjährigen Szenegängern mit szenerelevanten themenspezifischen Kompetenzen (vgl. *ebd.*: 190).

Szenen in ihrer existenziell begrenzten Reichweite vermitteln keine übergreifenden Gewissheiten zu unterschiedlichen Lebensbereichen und Lebenssituationen oder fordern entsprechende Verbindlichkeiten ein. In ihrer offenen Struktur bieten sie einen ergänzenden bzw. akzentuierenden Beitrag zur Lebensstilentfaltung und eröffnen Erfahrungsräume und bisweilen „Sinnwelten" schaffende Funktionen. Szenen strukturieren sich über die Zugehörigkeit und eine von außen wahrnehmbare Erkennbarkeit (vgl. *ebd.*: 12).

Insgesamt lässt sich festhalten, dass Lebensstile sowohl Ausdruck individueller Gestaltungsräume als auch Resultat sozialkultureller Rahmenbedingungen sind. Sie wirken identitätsstabilisierend, erhöhen Handlungssicherheit im Alltag und ermöglichen soziale Vernetzung, wobei sie in unterschiedlichen theoretischen Ansätzen – von ressourcenorientierten bis zu habitusgeprägten Modellen – jeweils unterschiedliche Akzente erfahren.

2.2 Sozialisationstheoretische Perspektive

Sozialisation beschreibt den komplexen Prozess, durch den ein Individuum seine Persönlichkeit, Handlungskompetenzen und soziale Fähigkeiten entwickelt. Zentral ist dabei die Wechselwirkung zwischen den äußeren Umweltbedingungen und den inneren Lern- und Entwicklungsprozessen. Die Umwelt liefert Reize, Anreize und Grenzen, die das Lernen und die Identitätsbildung prägen, während das Individuum auf diese Impulse reagiert, sie verarbeitet und daraus eigene Strategien und Handlungsmuster entwickelt. Die individuelle Strukturentwicklung erfolgt dabei innerhalb unterschiedlicher sinnorientierter Praxisfelder bzw. Systeme. „Das Bild von sich selbst ist eine innere Konzeption der Gesamtheit der Vorstellungen, Einstellungen, Urteile etc., die ein Mensch in Bezug auf die eigenen Handlungsmöglichkeiten besitzt“ (Degkwitz 2005: 75).

Hurrelmann (2006) konzipiert in seinem sozialisationstheoretischen Ansatz die Persönlichkeitsentwicklung als ein dynamisches Zusammenspiel von Anlage und Umwelt. Dabei wird die „produktive Realitätsverarbeitung“ beschreiben, der die kontinuierliche Auseinandersetzung des Individuums mit einem verschränkten Bezugnahmen aus der wechselseitigen Verschränkung innerer Realitäten (Körper und Psyche) und äußerer Realitäten (soziale und physische Umwelt) umfasst (vgl. Erhardt *et al.*, 2008: 435). In diesem Rahmen werden die Fähigkeit, Anforderungen und Herausforderungen der Umwelt zu erkennen, zu bewerten und angemessen zu handeln entwickelt. Sozialisation ist demnach nicht nur Anpassung, sondern wechselseitig auch aktive Gestaltung von Lebensrealitäten.

Bourdieu (1998) verortet die soziale Position im Raum und der damit verbundene Habitus stehen in einem wechselseitigen Bezug. Bourdieus Konzept des sozialen Raumes bietet eine Möglichkeit, die Einflüsse von sozialer Lage und Lebensstilen analytisch darzustellen. So können objektive Faktoren ökonomisches, kulturelles und soziales Kapital als auch Ausdrucksformen, wie Geschmack, Lebensstil und Alltagspraxis, berücksichtigt werden (vgl. *ebd.*: 212f). Der Geschmack fungiert dabei als „praktischer Operator“ für die Umwandlung der physischen in symbolische Ordnung steht (vgl. *ebd.*: 284f). Er wird zu einem zentralen Unterscheidungsmerkmal und Ausdruck eines konsistenten Lebensstils. Diese „Stilisierung des Lebens“ durchdringt sämtliche Lebensbereiche und priorisiert die Form gegenüber der Funktion. Bourdieu illustriert dies anhand der Sprache: „Im Kontext der Sprache ist es der Gegensatz zwischen dem Drauflos-Reden der breiten Schichten der Bevölkerung und der hochgradig zensierten Sprache der bourgeoisen Kreise […]“ (*ebd.*: 288).

Das Zusammenspiel unterschiedlicher Kapitalarten bestimmt die Positionen eines Individuums innerhalb des sozialen Raumes. Diese Positionierung zeigt sich in milieuspezifischen Ausdrucksformen im Lebensalltag als Lebensstil und prägt die Wahrnehmung, Handlungsformen, Normen und Strategien. Das hieraus resultierende System von Wahrnehmungs-, Denk- und Handlungsmustern beschreibt Bourdieu (*ebd.*: 281) als Habitus, der als inkorporierte Hintergrundstruktur wirkt und insbesondere in alltäglichen Abläufen eine stabile Handlungsfähigkeit ermöglicht, da Entscheidungen nicht kontinuierlich durch bewusste Abwägung erfolgen müssen.

Die Genese des Habitus basiert auf komplexen Lern-[24] und Anpassungsprozessen[25], die fortlaufend in Erfahrungsschemata eingeschrieben werden (vgl. GRUNDMANN 2006: 57f). Diese habitualisierten Muster gestalten und reproduzieren den Lebensstil innerhalb des sozialen Raumes bzw. Feldes. „Der Habitus ist nicht nur strukturierende, die Praxis wie deren Wahrnehmung organisierende Struktur, sondern auch strukturierte Struktur: das Prinzip der Teilung in logische Klassen, das der Wahrnehmung der sozialen Welt zugrunde liegt, ist seinerseits Produkt der Verinnerlichung der Teilung in soziale Klassen" (BOURDIEU 1998: 279).

2.2.1 Bildungs- und Lernhabitus

HERZBERG (2005: 13f) entwickelt unter Bezugnahme auf die in der Rezeption BOURDIEUS (LIEBAU 1987) beschriebene „Stufenabfolge der Entwicklung des Habitus", das Konzept des biographischen Lernhabitus. In der ein primär erworbener Habitus des Kindes im familialen Umfeld geprägt wird und es darüber hinaus Kompetenzen bezieht, die unter entsprechenden Voraussetzungen über sekundär und tertiäre Sozialisationsinstanzen zum Erwerb des Habitus beitragen. „Durch die reflexible Bezugnahme auf die eigenen biographischen Sinnressourcen und das damit verbundene Potenzial an ‚ungelebtem Leben' (VON WEIZSÄCKER) können nun jedoch transitorische Bildungsprozesse (vgl. ALHEIT 1993) in Gang gesetzt werden, die eine Veränderung der Strukturlogik bewirken können und sich in einer neuen Strebung einer Person, z.B. einem handlungsaktiveren Umgang mit den eigenen Lern- und Bildungsprozessen ausdrücken. Der zugrundeliegende Habitus kann auf diesem Weg eine Veränderung erfahren" (HERZBERG 2005: 15). Mit dem Konzept des biografischen Lernhabitus wird die aktive Konstruktionsleistung des Lernenden neben dem Vergesellschaftungsaspekt herausgestellt. Über die Analysekriterien Bildungsaspirationen, biografische Lern- und Verarbeitungsstrategien, Deutungshoheit, Wertorientierungen und biografische Reflexivität wird in dieser Studie die These der Förderung von Lernhabitusmetamorphosen durch innovative Konzepte des lebenslangen Lernens aufgestellt, deren Förderung durch Reflexionsräume und Schlüsselqualifikationen eine „Biographizität" ermöglichen kann (vgl. *ebd.*: 15).

---

24. „Dabei ist in der erwachsenenpädagogischen Forschung seit den grundlegenden Arbeiten vom E. Erikson (1966) anerkannt, dass die gesamte Lebensspanne kontinuierliche und kumulative, aber auch überraschende und diskontinuierliche Lernprozesse aufweisen kann" (BARZ 2000: 336).

25. Diese lebensweltliche Erfahrungsgenese wird in der kognitiven Lerntheorie von BANDURA & WALTER (1963; BANDURA 2001) mit Erfahrungen der Handlungswirksamkeit beschrieben (vgl. GRUNDMANN 2006: 57).

Die soziale Position wirkt sich auf den Erwerb kognitiver und körperlicher Schemata aus, welche die Einstellung zu Wissensformen beeinflussen. Dies zeigen Lave & Wenger (1991) anhand der „Situiertheit" des Lernens, in der ein, in alltäglicher Handlungspraxis erworbenes intuitives Wissen als implizites Wissen existiert und in schulischen Lernprozessen nicht aufgegriffen, sondern eher abgewertet wird bzw. „... eher als Fehler oder Mogelei eingestuft und abgetan würde" (Bremer 2007:267). Ebenso verweisen Roazzi & Bryant (1992) auf die Differenz von kontextgebundenem Wissen (der unteren sozialen Klassen) und in der Schule erwartetem dekontextualisiertem Lernen (Mittelschicht) (vgl. Bremer 2007:268). Bremer schlussfolgert: „Für die Pädagogik bedeutet die Orientierung am Habitus des Lernenden zunächst eine Sensibilisierung: Es ist nicht alles möglich" (vgl. *ebd.*:253).

2.2.2 Milieuspezifische Handlungsbefähigung

Grundmann (1998, 2006, 2010, 2013) versteht Handlungsbefähigung[26] als kognitive, dispositionale und kulturelle Ressource zur Lebensbewältigung. Dieses Konzept leitet er aus Sewells (1992) Konstrukt des „virtuellen Wissens" ab, in dem individuelle Handlungsressourcen innerhalb struktureller Rahmenbedingungen für eine sozialstrukturelle Entwicklung, etwa wie Statuserhalt oder sozialer Aufstieg, genutzt werden (vgl. Grundmann 2006:59).

Der Zusammenhang zwischen Handlungsbefähigung und sozialem Milieu wird über Vermittlungsprozesse, lebensweltliche Erfahrungen, sozialen Beziehungen sowie der Bewertungen von Handlungsoptionen und Opportunitätsstrukturen. Hierbei werden Erkenntnisgewinnung sowie die Aneignung des sozialen Handlungswissens hergestellt. Verfestigte Handlungsstrukturen in sozialen Milieus entstehen durch einen Abgleich der eigenen Handlungsmöglichkeiten mit den in der Herkunftsfamilie bzw. unmittelbaren Lebenswelt verfügbaren Handlungsressourcen (vgl. *ebd.*: 57ff).

Grundmann betont eine milieuspezifische, pragmatische Handlungsorientierung, bei der objektive und subjektive Ressourcen wahrgenommen, bewertet und für zukünftige Handlungen genutzt werden. Diese Orientierung berücksichtigt sowohl situative Rahmenbedingungen als auch Reaktionsmuster und Anpassungsprozesse an

26. „Handlungsbefähigung zur Lebensführung. Die Kompetenzen, stabile und befriedigende Partnerschafts- und Freundschaftsbeziehungen einzugehen, biographische und berufliche Risikopassagen zu meistern, in denen weitreichende Entscheidungen getroffen und möglicherweise tiefgreifende Krisen und Frustrationen verarbeitet werden müssen, sind elementare Bestandteile dieser Handlungsbefähigung" (Grundmann *et al.* 2013:57).

Bezugspersonen im Kontext des Rollenhandelns[27] (vgl. *ebd.*: 66). Innerhalb eines Milieus entwickeln sich sedimentierte Erfahrungs- und Lebenswelten, die Bildungsprozesse nicht nur in formaler, sondern auch in sozialmoralischer Hinsicht rahmen. Dazu zählen Kompetenzen zur Orientierung am herkunftsspezifischen Wissensvorrat, zur Gestaltung sozialer Beziehungen sowie zur Entwicklung von Handlungskompetenzen, die primär auf die Anerkennungsstrukturen des Herkunftskontextes bezogen sind. So werden „[n]icht nur die kognitive Entwicklung, die zur Erfüllung von spezifischen Leistungsanforderungen in der Schule benötigt wird, sondern auch die Entwicklung von sozialmoralischen Kompetenzen, die unabdingbar sind zur Orientierung am herkunftsspezifischen Wissensvorrat sowie zur Initiierung, Gestaltung und Aufrechterhaltung von Freundschafts- und Partnerschaftsbeziehungen sowie die Entwicklung von Handlungskompetenzen, die primär auf die Anerkennungsstrukturen des Herkunftskontextes gerichtet ist, ... als Bildungsprozesse begriffen" (*ebd.*: 52).

Auf Basis dieser Überlegungen differenziert Grundmann (vgl. Grundmann *et al.* 2004: 142) verschiedene Bildungsmilieus, die hinsichtlich Sozialisationsbedingungen, Lebenspraxis, Bildungsorientierung und Passung zu institutionellen Bildungsanforderungen variieren (vgl. Dravenau 2006: 231):

- Bildungsfernes Bildungsmilieu (einfache Arbeiter und ungelernte Angestellte): Häuslich orientiertes Freizeitverhalten, verwandtschaftsbasierte Netzwerke, alltagspragmatische Bildungsorientierung; niedrige Kompetenzentwicklung, geringe Bildungsaspirationen, niedriger Schulerfolg; unbeaufsichtigte, selbstgestaltete Freizeitorientierung.
- Bildungspragmatisches Bildungsmilieu (Handwerker und einfache Angestellte): Moderate Aufstiegsorientierung, gemeinschaftliche Freizeitaktivitäten, ausgewogene Erziehungspraxis; mittlere Kompetenzentwicklung, mittlerer Schulerfolg, moderate Bildungsorientierungen; unbeaufsichtigte, selbstgestaltete Freizeitorientierung.
- Technisch-bildungsmotiviertes Bildungsmilieu (Angestellte im gehobenen Verwaltungs- und Dienstleistungsbereich): Ausgeprägte Aufstiegsorientierung der Eltern, ambitioniertes Bildungsverständnis, pädagogisch motivierte Freizeitaktivitäten, ambivalenten Erziehungsstil; mittlere Kompetenzentwicklung, mittlerer Schulerfolg, mittlerer akademische Bildungsorientierung, sportlichen Freizeitorientierung.
- Akademisches Bildungsmilieu (Rechtsanwälte, Ärzte, Professoren): Netzwerkorientierung der Eltern, selbstbezogenes akademisches Bildungsverständnis, verbal

27. Rollenhandeln versteht Krappmann als eine über das individualisierte Auftreten hinausgehende strukturelle Notwendigkeit, um über eine zu wahrende Ich-Identität mit anderen in Interaktionsbeziehungen zu treten (vgl. Krappmann 1973: 114).

unterstützende Erziehungspraxis; hohe Kompetenzentwicklung, hoher Schulerfolg, akademische Bildungsorientierung, intellektuelle Freizeitorientierung.

Diese Milieus unterscheiden sich deutlich in Bildungs- und Freizeitorientierung sowie im Umgang mit sozialen Netzwerken, was sich unmittelbar auf die Entwicklung individueller Handlungsbefähigung auswirkt. Damit zeigt sich eine enge Verbindung zwischen im Herkunftsmilieu erworbenen habitualisierten Strukturen und weiteren Bildungsprozessen (vgl. Grundmann 2006: 52).

Becker & Lauterbach (2013) unterstreichen, dass Bildungsungleichheit maßgeblich durch die Herkunftsfamilie geprägt wird, insbesondere durch ungleiche Ausstattung mit ökonomischem, kulturellem und sozialem Kapital. Sie verweisen zugleich auf ein noch unzureichendes Verständnis der zirkulären Prozesse innerhalb der Sozialisation (vgl. Hurrelmann 2010), insbesondere in Bezug auf Kommunikations- und Interaktionsmuster sowie die Entwicklung von Aspirationen, Strategien und Familientraditionen. Die fehlende Passung zwischen lebensweltlich erworbenem und institutionell gefordertem Wissen verstärkt die Reproduktion von Bildungsungleichheit (vgl. Becker & Lauterbach 2013: 35). Dies gipfelt darin, dass „[f]ür Bildungsaufsteiger die höhere Bildung insofern zum ‚Fluch' wird , als ... sie Handlungsrationalitäten verlieren" (*ebd.*: 37). Da das Bildungssystem wenig Mechanismen zur Integration beider Wissensformen bietet, bleibt diese Anpassungsleistung weitgehend dem Individuum überlassen.

Grundmann *et al.* (2013) konstatieren, dass im institutionalisierten und professionalisierten Bildungssystem Lebens- und Erfahrungswelten ausgeblendet werden. Die „[l]ebensweltliche[n] Bildungsprozesse, die jenseits der Logiken institutionell-schulischen Lernens situiert sind und in Familien, Freundschaftsbeziehungen und Peergroups verlaufen, münden in eine allgemeine Handlungsbefähigung zur Lebensführung" (*ebd.*: 57). Beispielhaft verweist Grundmann auf die Zukunftseinstellung, wo sich langfristige Planung und durch einen investiven Charakter orientierte institutionelle Bildungsstrategie sowie eine geringe Erwartungshaltung und schwache Planbarkeit von Unterschichtsmilieus gegenüberstehen. Die Intensität bei der Kollision beider Bildungsinhalte erzeugt ein Spannungsverhältnis, welches sich zum Erhalt eines positiven Selbstbildes über die Ablehnung von Fremdstigmatisierung zur Aufrechterhaltung der eigenen „Handlungsmächtigkeit" ausprägen kann (vgl. *ebd.*: 63ff).

2.2.3 Gesundheitsrelevante Lebensstile

Das kulturelle Kapital im Sinne von Bourdieu (1982, 1998) wird in neueren Arbeiten im Bereich der sozialen Produktion und Reproduktion gesundheitlicher Ungleichheit stärker in den Fokus genommen. Abel, Abraham & Sommerhalder (2009: 197) konstatieren, „dass das kulturelle Kapital neben dem ökonomischen und dem sozialen Kapital eine dritte und genuine Form des gesundheitlichen Kapitals darstellt," das kulturelles Kapital – neben dem ökonomischen und dem sozialen Kapital – eine weitere eigenständige Form, die des gesundheitlichen Kapitals beinhaltet. Über die Wechselwirkung von Habitus und Lebensstil im Sinne von Feedbackprozessen (Cockerham 2005) beeinflussen sich die dem Habitus zugrunde liegenden Wahrnehmungs-, Bewertungs-, Handlungsschemata mit gesundheitsrelevanten Lebensstilen gegenseitig. Gesundheitsrelevante Werte, Wahrnehmungen und Verhaltensnormen prägen somit das Gesundheitshandeln. Die Autoren betonen, dass sozio-kulturell geprägten Gesundheitsressourcen: Wissen, Wahrnehmung, Werthaltung, Einstellung und Verhaltensrepertoire, die Möglichkeiten von gesundheitsrelevanten Handlungsspielräumen erweitern können, und verweisen auf den Bedarf vertiefender theoretischer und empirischer Forschung (vgl. Abel *et al.* 2009).

Hradil (2009) plädiert in diesem Zusammenhang für eine kontextbezogene Betrachtung gesundheitsbezogener Praktiken und hebt hervor, dass „aus soziologischer Sicht die einzelnen gesundheitsrelevanten Verhaltensvariablen (Rauchen, Bewegung, Drogen etc.) allein noch keinen Lebensstil ausmachen. Sie können jedoch Bestandteil eines Gesundheitslebensstils insgesamt sein. Er plädiert für eine auf Lebensstilkontexten orientierte Analyse und die auf Lebensstile bezogene Sichtweise gesundheitsrelevanter Verhaltensweisen. (vgl. *ebd.*: 52).

Eine weiterführende Typologie von gesundheitsrelevanten Lebenslagen entwickelt Röding (2018) auf Basis einer explorativen Analyse. Sie knüpft an die Drei-Typen-Klassifikation von Lüschen & Niemann (1995) an, differenziert diese in mehrere Subtypen aus, die als Weiterentwicklung verstanden werden soll.

- Gesundheitspraktiker stellen mit 50–60 % die Mehrheit der erwachsenen Bevölkerung (e. B.) dar und sind weitgehend altersunabhängig vertreten. Besonders in bildungsfernen Milieus zeigt sich hierbei eine spezifische Gesundheitskultur, gekennzeichnet durch ausgewogene Ernährung, selten Alkohol, in der Regel Nichtraucher. Gesundheitsförderung wird dabei bevorzugt kostengünstig und ohne hohen Aufwand umgesetzt.
- Interventionisten (30 % der e. B.) verfolgen eine präventive und gesundheitssteigernd ausgerichtete Alltagsführung. Subtypen unterscheiden sich hinsichtlich Alter und Ausprägung. Der Haupttypus ist überwiegend weiblich, im bildungsbürgerlichen Milieu verankert und übernimmt – im Sinne von Graham (1985) – häufig die Rolle der „Gesundheitsarbeitenden" innerhalb der Familien. Weitere Subtypen treten vor allem ab dem 40. bzw. 50. Lebensjahr auf und werden als alters- und gesundheitsbedingt interpretiert.
- Gesundheitsnihilisten (17 % der e. B.) sind meist männlich, verfügen über einen mittleren Bildungsabschluss und betrachten Gesundheit nicht als alltägliche Handlungsaufgabe. Der jüngere Subtypen (um das 20. Lebensjahr) weist ein von Franzkowiak (1986) herausgearbeitetes Risikoverhalten auf, während der ältere

Subtyp (um das 50. Lebensjahr) überwiegend durch problematischen Alkoholkonsum geprägt ist. Dieser Lebensstil zeigt sich nicht über die fünfte Lebensdekade hinaus, was auf erhöhte Mortalität oder eine gesundheitlich bedingte Verhaltensänderung hindeutet. Die Ergebnisse verdeutlichen den Zusammenhang zwischen gesundheitsrelevanten Verhaltensweisen und Lebensstilen sowie milieuspezifisch habitualisierten Handlungsmustern (vgl. Röding 2018: 299f).

Vor dem Hintergrund der aufgezeigten Zusammenhänge lässt sich festhalten, dass gesundheitsrelevante Lebensstile im Sinne Bourdieus (1982, 1998) und Cockerhams (2005) nicht als isolierte Verhaltensmuster zu verstehen sind, sondern als Ausdruck eines milieuspezifisch geprägten Habitus, der in Wechselwirkung mit ökonomischem, sozialem und kulturellem Kapital steht. Diese habitualisierten Wahrnehmungs-, Bewertungs- und Handlungsschemata strukturieren nicht nur den Umgang mit gesundheitsbezogenen Chancen und Risiken, sondern präfigurieren auch die Strategien, mit denen Individuen auf gesellschaftliche und biographische Herausforderungen reagieren. Der Konsum psychotroper Substanzen lässt sich vor diesem Hintergrund als kulturell eigebettete Praxis begreifen, die in enger Wechselwirkung zu den jeweiligen gesellschaftlichen Segmenten und deren spezifischen Ressourcen- und Deutungsmuster geprägt wird.

2.3 Systemtheoretische Perspektive

Der Begriff der Systemtheorie umschreibt einen überaus vielschichtigen Komplex von Theorien und Ansätzen, deren Ursprünge und Weiterentwicklungen in verschiedenen wissenschaftlichen Disziplinen zu finden ist. Für die Sozialwissenschaften sind insbesondere Arbeiten der konstruktivistischen und systemtheoretischen Denkweise zentral, darunter die strukturfunktionalistische Systemtheorie (Parson 1951, 1979), soziale Systemtheorie (Luhmann 1984), Biologie (Manturana & Varela 1984; Manturana 1996), Spieltheorie (Bateson 1955), systemische Familientherapie (Sterlin 1982, Minuchin 1977, Selvini-Palazoli 1999, Watzlawick 1988, Satir 1975), Präventions- und Interventionstheorie (Willke 1999, Hafen 2007) und Drogenforschung (Becker 1963, 2019, Zinberg 1984, Herwig-Lempp 1991; Kolte 2005; Korte 2007).

2.3.4 Soziale Systemtheorie

Die soziale Systemtheorie hat ihre Anfänge in den handlungstheoretischen Arbeiten von Parson (1951, 1979), der den Funktionsbegriff einführte und die Leitfrage stellte: „Welche funktionalen Leistungen müssen vom System erbracht werden, damit dieses System mit seinen gegebenen Strukturen erhalten bleibt?“ (Willke 1996: 5). Auf diesen strukturfunktionalen Ansatz folgten weitere Entwicklungen zur Analyse der Wirkweise von Systemen.

Der strukturfunktionale Ansatz stellte die System-Umwelt-Theorie heraus und beschreibt die Systembildung als notwendige Ausdifferenzierung, um die Überkomplexität der Umwelt im Rahmen menschlicher Aufmerksamkeitskapazität zu reduzieren (vgl. *ebd.*: 6). LUHMANN (1969, zit. n. MAY 2009: 108) fasst dies zusammen: „Ein soziales System reduziert mithin die äußere Komplexität seiner Umwelt auf bestimmte oder doch bestimmbare, ausgewählte Handlungsmöglichkeiten und kann dadurch zwischenmenschliches Handeln sinnhaft orientieren. Das ist seine Funktion."

Während der system-funktionale und der funktional-genetische Ansatz die internen Prozesse von Systemen in den Blick nehmen, lieferte die Entwicklung des Konzepts der Selbstreferenz[28] und der Autopoiesis[29] das Verständnis komplexer psychischer und sozialer Systeme (vgl. MATURANA & VARELA 1984; WILLKE 1996: 5ff).

LUHMANN entwickelte auf dieser Basis eine umfassende Theorie zur Beschreibung gesellschaftlicher Prozesse (Supertheorie[30]), in der die innere Ausdifferenzierung von Systemen bis hin zu sozialen und psychischen Teilsystemen modelliert wird (LUHMANN 1987: 30). Systeme werden hierbei als gedankliche Modelle verstanden, mit deren Hilfe sich gesellschaftliche Wirklichkeit beschreiben lässt.

Die von LUHMANN stark fokussierte Kommunikation als kleinste Analyseeinheit führte zu Kritik an einer vermeintlichen „Subjektfeindlichkeit" der Theorie. Dem entgegen RODRIGUES & TORRES (2007: 101) argumentieren: „Diesbezüglich ist es wichtig, darauf hinzuweisen, dass in LUHMANNS Theorie dem Menschen all seine Komplexität zuerkannt und er nicht darauf reduziert wird, sich als ein Element des Systems der Autopoiesis diesem unterwerfen zu müssen. Darüber hinaus können die Kommunikationen nicht ohne die psychischen Systeme stattfinden, an die sie strukturell gekoppelt sind. Die Kommunikation konstituiert das Emergenzniveau des Sozialen, so wie dies für die Zelle bezüglich des Biologischen gilt."

Dic hohe Komplexität der LUHMANNschen Theorie ermöglicht ihre Anwendung auf unterschiedlichste Fragestellungen. WILLKE (1996) betont: „Die moderne Systemtheorie hat sich zum expansivsten Paradigma in allen Sozialwissenschaften entwickelt, weil in unserer hochkomplexen und zugleich hochorganisierten Umwelt nur solche

28. „Der Begriff Selbstreferenz bezeichnet die Einheit, die ein Element, ein Prozeß, ein System, für sich selbst ist" (LUHMANN 1987: 58).

29. „Autopoiesis ist ein rekursives, daher symmetrisches, daher nicht hierarchisches Geschehen. Alle Regulierung wird selbst reguliert, alle Kontrollen werden selbst kontrolliert" (LUHMANN 1987: 654).

30. „Supertheorien sind Theorien mit universalistischen (und das heißt auch: sich selbst und die Gegner einbeziehenden) Ansprüchen[7]. (...) Systemtheorie ist eine besonders eindrucksvolle Supertheorie" (LUHMANN 1987: 19).

analytischen Konzepte erfolgversprechend sein können, die ihrerseits eine entsprechende Eigenkomplexität besitzen“ (vgl. *ebd.*: 11).

In systemtheoretischen Denkmodellen liegt der Ursprung jeder Erkenntnis in der Beobachtung[31] durch den Beobachter. „Am Anfang waren Beobachter, die sich beim Beobachten selbst hervorbrachten“ (Ludewig 2009: 57). Mit Beobachtung wird die Wahrnehmung einer Differenz beschrieben, denn es können nur Unterschiede beobachtet werden, was die Grundlage des Erkennens ist. „Alles Tun ist Erkennen, und alles Erkennen ist Tun“ (Manturana & Varela 1984, zit. n. Ludewig 2009: 28). Mit diesem Theorem erfolgt eine Abkehr von einer von außen beschreibbaren und allgemeingültigen Objektivität und die Hinwendung zu einem Verständnis von Wirklichkeitskonstruktionen, die durch das System des Beobachters wahrgenommen und demnach interpretativ sind. „Das, was wir als Wirklichkeit erleben, ist unsere Konstruktion, ist unsere Auffassung von Wirklichkeit“ (Herwig-Lempp 1994: 146) – und: „Menschen konstruieren – im Rahmen natürlicher Dispositionen (Wirklichkeit erster Ordnung) – eine kulturelle Wirklichkeit; diese Konstruktion beeinflußt nun das Handeln – also Wollen und Wirken – derjenigen, die diese Konstruktion erschaffen haben“ (Berger & Luckmann 1991, zit. n. Nolte 1998: 33).

Aus dieser Perspektive beschreibt Herwig-Lempp (1994: 87): „Daraus folgt, daß ich mir das Verhalten des anderen nicht mehr aus dem Nichtfunktionieren normaler Funktionen erkläre, sondern unterstelle, daß er seine ‚guten Gründe‘ dafür haben wird, sich so zu verhalten, wie er sich verhält: Er wählt unter den ihm erkennbaren Alternativen die für ihn Beste aus.“ Diese Sichtweise erfordert eine veränderte Haltung des Beobachters: „Das System operiert, wie es operiert und jede dieser Optionen stellt in ihrer Gegenwart die einzige Möglichkeit dar, die sich aus der Geschichte (den Strukturen) des Systems ergibt“ (Hafen 2013: 195). Hieraus resultierend führt ein systemischer Denkansatz im Sozialen zu einer Herausbildung systemischer Haltungen, die die systemischen Beratungs- und Therapiekonzepte determinieren (vgl. u. a. Schlippe & Schweitzer 2003; Schwing & Fryszer 2018).

Mit dem Konzept der Autopoiesis von Manturana & Varela (1984) zur Beschreibung der Selbstorganisation von Systemen werden diese als autonom agierend konzipiert. Somit bildet, informiert oder motiviert ein System sich selbst, und Umwelteinflüsse wirken lediglich als Irritationen. Die Reaktionen auf solche Einflüsse werden ausschließlich durch systeminterne Operationen bestimmt (vgl. u. a. Herwig-Lempp 1994; Hafen 2013). Systeme existieren demnach als System-Umwelt-Differenz und

31. Mit dem zentralen Element der Beobachtung werden Operationen des Systems und das Ergebnis der Operation beschrieben. Unterschieden werden die Beobachtungen erster und zweiter Ordnung. Eine Beobachtung erster Ordnung beschreibt einen Unterschied, i. S. – Was – und in der Beobachtung zweiter Ordnung, wird die Beobachtung der Beobachtung beschrieben, i. S. – Wie – beschrieben. „Das Sehen selbst kann sich nicht sehen; es sieht immer nur, was sie sieht“ (Hafen 2013: 14f).

„… sind aber keine materiellen, räumlich ausgedehnten Dinge, sondern Differenzen, die sich durch die Verkettung von Operationen ergeben und entsprechend flüchtig sind. Systeme sind damit weder Subjekte noch Objekte, sondern – um eine Formulierung von Fuchs (2001b: 14) aufzunehmen – ‚Unjekte', die nicht fassbar sind" (Hafen 2013: 20).

Luhmann (1994) unterscheidet Systeme in Maschinen, Organismen, psychische Systeme und soziale Systeme, letztere wiederum in Interaktionen, Organisationen[32] und Gesellschaften differenziert werden (vgl. Hafen 2005: 134f). Soziale Systeme definieren sich über Sinnzusammenhängen von Handlungen und grenzen sich über Prozesse der Selbstselektion von ihrer Umwelt ab (vgl. Kiss 1990: 33). Jedes personale System (Mensch, Subjekt, Individuum) ist in verschiedene soziale Systeme eingebunden, die sich als relevante Umwelt darstellen (vgl. Hafen 2013: 73), und strukturiert sich über systemspezifische Operationen. „Als Gegenstand von Fremdbeobachtungen und Erwartungen versteht sich das sich selbst beobachtende Einzelbewußtsein als Einheit und zugleich als Differenz, indem es abwägen muß, ob seine Autopoiesis es ermöglicht, die vorgestellten fremden Erwartungen sprachlich oder handlungsmäßig zu erfüllen oder zu enttäuschen" (Kiss 1990: 96f).

Funktions- und Interaktionssysteme gestalten sich in diesem Verständnis über ihre Zweck- oder Interessenlage. Gruppenidentität bei Jugendlichen bildet sich auf den Ebenen der sozialen Bindung, der Normierung von Verhaltenserwartungen sowie der Reduktion von Unsicherheit im Bereich der persönlichen Beziehungen und Lebensstile aus (vgl. Hafen 2013: 50).

2.3.5 Gesundheitsförderung

Hafen (2005, 2013, 2014) analysiert die Funktionssysteme Gesundheitsförderung und Prävention aus systemtheoretischer Perspektive und entwickelt eine systemische Präventionstheorie, die er im Sinne einer Reflexionstheorie versteht.

Soziale Systeme werden als selbstorganisierte und selbststrukturierte Abfolge von Kommunikation verstanden, deren inneren komplexen und zirkulären kommunikativen Prozesse als Strukturierungsgrundlage dienen. Informationsverarbeitung erfolgt bei allen Systemen über diese inneren Deutungsstrukturen und begrenzt damit die Möglichkeiten der neu aufzunehmenden Informationen bzw. Mitteilungen. Diese über

32. „Organisationen zeichnen sich nach Luhmann (2000: 222ff) durch drei Formen von Entscheidungsprämissen aus, also durch Strukturen, welche alle weiteren Entscheidungen mitprägen, ohne sie einzeln festzulegen: Entscheidungsprogramme, Kommunikationswege und Personalentscheidungen" (Hafen 2013: 43).

die Filterfunktion[33] begrenzte Transferoption wird über den Begriff der Anschlussfähigkeit abgebildet. Was aus den in der Umwelt angebotenen Informationen bzw. Mitteilungen von einem System verwendet wird und wie das System mit ihnen weiter verfährt, bestimmt das System selbst (vgl. Hafen 2013: 59f).

Daraus folgt: „Psychische Systeme können durch verhaltenspräventive Aktivitäten weder gezielt irritiert, informiert, motiviert oder sonst wie kausal beeinflußt werden, vielmehr irritieren, informieren und motivieren sie sich selbst. Verhaltensprävention kann demnach nur versuchen, Anlass für diese Eigeninitiation zu bieten“ (*ebd.*: 166).

Funktionssysteme strukturieren ihre Operationen über einen binären Code, etwa das Gesundheitssystem über gesund/krank. Kommunikation wird nur in diesem Code-Kontext als bedeutsam wahrgenommen. Aufgrund ihrer auf Selbsterhalt gerichtete Dynamik neigen soziale Systeme dazu, fortlaufend neue Krankheiten zu definieren und diese entweder zu behandeln oder präventiv zu vermeiden (vgl. *ebd.*: 242ff). Die Reichweite präventiver Interventionen ist dabei begrenzt, da personale Systeme selbst bestimmen, ob ein Umweltfaktor relevant ist und ob strukturelle Anpassungen erfolgen.

Luhmann (1987: 203f) beschreibt Kommunikation als eine Einheit aus Information, Mitteilung und Verstehen, deren Anschlussfähigkeit von Annahme oder Ablehnung abhängt. Eine gelungene Kommunikation wird somit durch die zu Adressierenden bestimmt: „… es ist der andere, der sieht, hört und versteht, was er sieht, hört und versteht …“ (Ludewig 2009: 43). Mit diesem Verständnis von Kommunikationsprozessen verändert sich die Perspektive auf die Möglichkeiten und Grenzen, die Sendern und Empfängern in einer Kommunikation zur Verfügung stehen. Wenn der Empfänger eine Information/Mitteilung gemäß seiner Ausdifferenzierung über seine Deutungsmuster/-strukturen „interpretiert“, dann wird er im Kommunikationsprozess zum handelnden Subjekt.

Dieser fragile Kommunikationsprozess reduziert seine enormen Möglichkeiten des Scheiterns über die Ausbildung von Erwartungsstrukturen[34]. „Jede Handlung des einen reduziert für den anderen Komplexität, stiftet somit Sinn und bekommt daher strukturbildende Bedeutung“ (*ebd.* 42).

Watzlawick (1988: 129) betont: „Wie es zu diesen Auswahlkriterien, zur Ausbildung dieses ‚Filters‘ kommt, was für ‚wichtig‘ gilt, ist aber selbst auch nicht das Resultat rationaler Entscheidungen, sondern das unberechenbare Ergebnis einer Myriade

33. „Ganz unmöglich ist es aber, diese Wahrnehmungen in ihrer Gesamtheit der Verarbeitung durch die höheren Hirnzentren zuzuführen und damit zur Grundlage von bewußten Entscheidungen zu machen. Dafür ist eine drastische Auswahl nötig, die diese Informationsmenge auf ein praktisch verwendbares Minimum reduziert; ein Filter, sozusagen, der nur das Wichtige durchläßt und uns so vor totaler Handlungsunfähigkeit durch Informationsüberflutung schützt“(Watzlawick 1988: 129).

34. „Sich wiederholende Handlungsweisen bzw. Handlungsmuster lassen Erwartungsstrukturen entstehen; sie bilden die Struktur kommunikativer Prozesse“ (Ludewig 2009: 45).

von Zufallsereignissen im Laufe der Entwicklung des Betreffenden, des Individuums oder Systems“. Informationsselektion entzieht sich daher externer Steuerung; Interventionen können demnach nur als Irritationen von der Umwelt angeboten werden, welche Anlass zu einer Eigenirritation bieten. „Für die Prävention bedeutet dies, dass sie zwar nie in die Operativität der Zielsysteme hineinoperieren kann, dass sie aber anstreben kann, zur relevanten Umwelt der Zielsysteme zu werden, um auf diese Weise (über die Fremdreferenz) die intendierten Informationsgewinne und Lernprozesse auszulösen“ (Hafen 2013: 22).

Ob Kommunikation gelingt, hängt von der Anschlussfähigkeit an bestehende Denk-, Deutungs- und Wertvorstellungen (Systemstrukturen) ab. Zielsysteme unterscheiden hinsichtlich Wissensbeständen, Erreichbarkeit, Aufmerksamkeit und Veränderungsbereitschaft (vgl. *ebd.*: 24). Nachhaltige strukturelle Veränderungen erfordern ein Zusammenspiel von Lernen und Vergessen, das über Präventionskommunikation angeregt wird. Die operative Geschlossenheit der Zielsysteme ermöglicht jedoch keinen Einblick in die systemspezifischen strukturellen Verarbeitungsprozesse (vgl. *ebd.*: 27ff).

Hafen (2013: 39) fordert: „Und es ist offensichtlich, dass sich auch Prävention und Gesundheitsförderung mit dem Verhältnis von Bewusstsein und Unbewusstem vertieft auseinandersetzen müssen – etwa im Rahmen der Theorie der individuellen Gesundheitskompetenz …, die noch (zu) stark als Theorie kognitiver Fähigkeiten und rationaler (Gesundheits-)Entscheidungen geformt ist.“ Für eine gelingende Intervention und Verhaltensänderungen sind nach seiner Schlussfolgerung Lebensphasen von umfassenden „Neubeschreibungen des Ich“ (u. a. Pubertät, Familiengründung, „midlife crisis“, Renteneintritt) von besonderem Interesse, da in diesen Phasen Veränderungen der Selbstbeschreibung im Zusammenspiel von Körper, Psyche und Sozialem erfolgen und neue Selbstbeschreibungen ermöglichen.

Die in der systemtheoretischen Perspektive skizzierten Grenzen und Möglichkeiten präventiver Interventionen verdeutlicht, dass Veränderungen gesundheitsrelevanter Verhaltensweisen nicht primär durch direkte Steuerung, sondern vor allem über die Anschlussfähigkeit an bestehende Deutungs- und Handlungsmuster der zu Adressierenden angeregt werden können.

Hafen (2013: 26f) plädiert daher für eine Ausgewogenheit von verhaltensorientierten und verhältnisorientierten Maßnahmen und Ansätzen, welche möglichst interaktiv[35] gestaltet, die soziale Systeme verändern und zu relevanten Umwelten personalen Systeme werden können.

35. „Unter der Bedingung wechselseitiger Wahrnehmbarkeit lassen sich zwar nicht so viele Personen gleichzeitig erreichen wie mit massenmedialen Prävention, dafür ergeben sich mehr Möglichkeiten, eine genauere Vorstellung davon zu gewinnen, wie die Botschaften von den einzelnen Zielpersonen aufgenommen und verarbeitet wurden, ob also – um die jeweiligen Praxisbegriffe aufzunehmen – die

Die systemtheoretische Betrachtung verdeutlicht, dass präventive Interventionen nur wirksam werden können, wenn sie an bestehende Deutungs- und Handlungsmuster anknüpfen. Im folgenden Kapitel werden daher Konsumpraktiken psychotroper Substanzen als sozial eingebettete und habitualisierte Verhaltensweisen verstanden, deren Analyse Aufschluss darüber gibt, wie Gesundheitsförderung wirksam ansetzen kann.

2.4 Konsumpraktiken psychotroper Substanzen

Der Konsum psychotroper Substanzen stellt ein komplexes soziales und kulturelles Phänomen dar, dessen Bedeutungszuschreibungen und Handlungslogiken sich in spezifischen gesellschaftlichen, kulturellen und individuellen Kontexten herausbilden. In der sozialwissenschaftlichen Auseinandersetzung wird versucht, dieses Handlungsfeld über unterschiedliche theoretische Perspektiven und modellhafte Ansätze zu erfassen. „Bisher ist es jedoch noch nicht gelungen, ein Erklärungsangebot zu entwickeln, das auf befriedigende Weise alle Aspekte dieses sehr komplexen Handelns zu einem bestimmten Modell integriert“ (Barsch 2014: 62).

Quensel (1982) regte mit dem Begriff „Gedankengefängnis“ eine Diskussion zur Veränderung der Wahrnehmung des Konsums psychotroper Substanzen an. Er zeigte auf, wie stereotype Bewertungen und fachdisziplinäre Perspektiven zu einer ausschließlich negativen Einschätzung führen, in der der Konsums psychotroper Substanzen weitgehend auf Sucht reduziert wird. „… das den Abhängigen, weithin seiner Menschenwürde entkleidet, allein von seiner Süchtigkeit her definiert und seine Vergangenheit, Gegenwart wie Zukunft als Anhäufung von Negativpunkten interpretiert“ (*ebd.*: 31). Und verweist zudem auf eine Stellungnahme von Prof. Wanke: „… ‚helfender Zwang‘ kommt initial als einzige Möglichkeit der Rettung für diejenigen in Betracht, die eine Freiheit der Selbstbestimmung im Sinne des Grundgesetzes der Bundesrepublik Deutschland nicht mehr besitzen“ (zit. nach *ebd.*: 31).

Der Konsum psychotroper Substanzen wird unterschiedlich kontextualisiert: als normabweichendes Verhalten (Dollinger 2005), als jugendtypische Erscheinung in modernen Gesellschaften (Keupp 2001) oder als problematische Form jugendlicher Lebensbewältigung (Hurrelmann & Hesse 1991) (vgl. Dollinger 2005: 151). Schmidt-Semisch & Thane (vgl. 2021: 14) betonen, dass ein salutogenetischer Ansatz, der lebensweltliche Erfahrungen integriert, den Konsum als legitimes Bedürfnis und sinnhaftes Verhalten respektiert (vgl. Schmidt-Semisch & Thane 2021: 14).

‚Informationsgewinnung‘, die ‚Abschreckung‘, das ‚Empowerment‘ etc. eher mehr oder eher weniger erfolgreich waren“ (Hafen 2013: 267).

Der Psychopharmakologe Siegel (2000: 15f) verweist darauf: „Wir sind weder die erste noch die erfahrenste Spezies, die eine Neigung zu Drogen entwickelt hat. Wir sind jedoch, nach der jahrtausendelangen Nachahmung des Verhaltens anderer Tiere, die eifrigsten und rastlosesten Entdecker des Rausches". Diese Suche nach bewusstseinsverändernden Zuständen wird von ihm als „vierter Trieb" und Primärbedürfnis des Menschen beschrieben. „Das Verlangen nach Rausch ist genauso wenig anormal wie das Verlangen nach Liebe, sozialer Anerkennung, aufregenden Erlebnissen, Macht oder jeder beliebiger anderer erworbener Motivation. (…) Der vierte Trieb, das Verlangen nach Rausch, kann ebenso wenig wie Sex, Hunger und Durst jemals unterdrückt werden" (*ebd.*: 214). Aus dieser Annahme leitet Siegel die Forderung nach der Entwicklung von sicheren pharmakologischen Substanzen, die als Medikamente und Rauschmittel zur Behandlung „menschlicher Befindlichkeiten" anerkannt werden. „Die idealen Drogen würden die erwünschten Wirkungen ohne unerwünschte Nebenwirkungen hervorrufen" (*ebd.*: 319f).

Phänomenologisch betrachtet Legnaro (2019) den Rausch in seiner Doppelgesichtigkeit: Er kann eine transzendierende, die Sozialität sprengende und andererseits eine vergemeinschaftende, stabilisierende Wirkungen auf die gesellschaftlichen Strukturen herbeiführen (vgl. Legnaro 2019: 29, siehe auch 1982, 2016). Mit einer historischen Einordnung des Umgangs mit Rauschzuständen in deren gesellschaftlichen Bezüge gelangt er zur Erkenntnis: „Die rauschhafte Entlastung auf die Zeit ist einem jeden zugebilligt, aber die Berechenbarkeit der Person und damit auch die Berechenbarkeit der sozialen Wirklichkeit muß gewahrt bleiben; man muß mit dem Rausch umgehen können. Selbstkontrolle, so läßt sich sagen, ist in der Neuzeit Europas für die psychische Verfassung erste Bürgerpflicht" (Legnaro 1982: 111) und führt weiter aus: „Nun stehen bedeutungsvolle Arbeit, sich selbstbewusst verwirklichende Identitäten, ein spannungsvoller Alltag und sofortige Wunscherfüllung im Mittelpunkt eines gelingenden Lebens" (Legnaro 2018: 34). Rausch wird zum Mittel der Erfüllung und einem veränderten Legitimationsdruck auf die dogmatische „Trias aus Drogen – Strafrecht – Herrschaft". Korte (2007) identifiziert in konstruktivistischer Herangehensweise sechs Kategorien des Rauscherlebens: Emotion, Selbstfindung, Veränderung von Wahrnehmung und Bewusstsein sowie „andere Welten" und Kontrollverlust. Aus qualitativen Interviews wurden acht übergeordnete Rauschfunktionen herausgearbeitet, die in unterschiedlicher Beziehung stehen. Es handelt sich um Bewusstseinserweiterung/Erkenntnis, Hedonismus/Lustgewinn, Entspannung/Erholung, Gruppe/Interaktion, individuelle Befreiung, Grenzerfahrung/Peak Experience/ Alltagstranszendenz, kompensatorische/selbstheilende Funktion und kreative Inspiration/erhöhte Produktivität. Diese Funktionen verdeutlichen die unterschiedlichen Rauschkonstruktionen und -wirklichkeiten und deren Beitrag bei der Schaffung von Rauschrealitäten in der gesellschaftlichen Wahrnehmung (vgl. *ebd.*: 171ff).

Jungaberle (2004: 53) konstatiert ergänzend: „Der ‚Rausch' verweigert sich in der Regel einer vollständigen semantischen (De)konstruktion und verlangt doch immer wieder nach beschreibenden Metaphern und Geschichten, sozialer und kultureller Implementation, die gelegentlich in Form ganzer weltanschaulicher Systeme auftritt". In den vergangenen Jahren wurde zudem die Perspektive auf die Möglichkeiten des Einsatzes „katalytischer" Substanzen in der Psychotherapie zur Förderung von Zuständen, die eine Veränderung im therapeutischen Prozess herbeiführen bzw. unterstützen können, erweitert (vgl. Jungaberle *et al.* 2008).

Mit diesen neueren Perspektiven auf den Konsum psychotroper Substanzen erfolgt eine Erweiterung der bisher beschriebenen Erklärungsmodelle und ermöglicht eine umfangreichere Betrachtung des Phänomens, außerhalb der jahrzehntelangen Tradition rekonstruktiver Suchtforschung. Die hierbei erhobenen Daten basieren auf der retrospektiven Betrachtung von „Suchtkarrieren" und prägten das Bild von Konsumverläufen. Andere Verlaufsformen werden hierbei ausblendet bzw. als besondere Ausnahmefälle postuliert. Mit dieser Erweiterung beginnt eine Veränderung auf die Sichtweisen des Konsums psychotroper Substanzen und bricht das Dogma einer ausschließlich auf problemgenerierendes und (zumindest zu Vorstufen) einer Abhängigkeitserkrankung führendes Risikoverhalten, sondern auch als funktional, potentiell sinnstiftende, lebensgestaltende Praxis, die in ihrer sozialen Einbettung zu analysieren ist.

2.4.1 Epidemiologische Daten

In Deutschland werden regelmäßig nationale repräsentative Studien zum Konsum psychotroper Substanzen in der Bevölkerung durchgeführt. Diese quantitativen Untersuchungen bieten ein Schlaglicht auf die Prävalenz im Umgang mit psychotropen Substanzen in unterschiedlichen Altersgruppen.

Auf Basis der Lebenszeitprävalenz[36] des Konsums illegalisierter psychotroper Substanzen in der Gesamtbevölkerung wird von 15,2 Mio. Erwachsenen[37] und etwa 481 000 Jugendlichen[38] ausgegangen, die Erfahrungen mit mindestens einer illegalisierten psychotropen Substanz gemacht haben. In der Altersgruppe der 12- bis 17-Jäh-

36. Lebenszeitprävalenz: Häufigkeit eines bestimmten Merkmals im Verlauf des Lebens (vgl. Geschwinde 2018: 1135)

37. Im Epidemiologischen Suchtsurvey (ESA) wird der Konsum psychotroper Substanzen der erwachsenen Wohnbevölkerung im Alter von 18 bis 64 Jahren seit den 1980er Jahren vom Institut für Therapieforschung München erhoben.

38. Die Bundeszentrale für gesundheitliche Aufklärung untersucht in der Drogenaffinitätsstudie (DAS) seit 1973 den Substanzkonsum bei Jugendlichen und jungen Erwachsenen in der Altersgruppe 12 bis 17 und 18 bis 25 Jahre.

rigen lag die 12-Monats-Prävalenz für den Cannabiskonsum bei 8,1 %, für andere illegalisierte Substanzen bei 1,1 %. In der Gruppe der 18- bis 64-Jährigen wurden Prävalenzraten von 7,1 % für Cannabis und 2,4 % für andere illegale psychotrope Substanzen ermittelt (vgl. SEITZ *et al.* 2019; ATZENDORF *et al.* 2019).

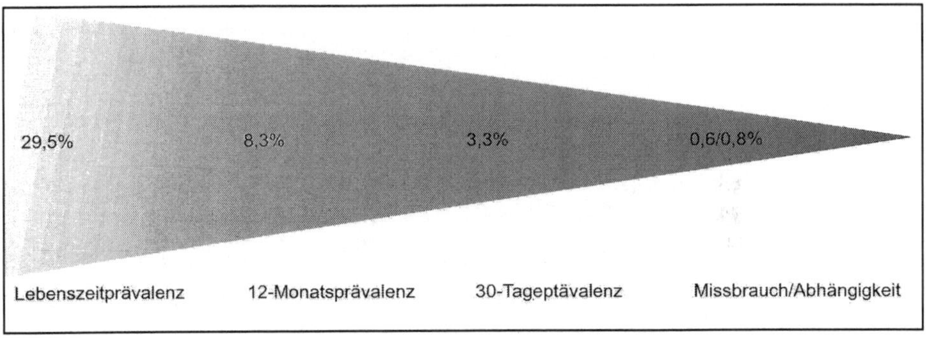

Abbildung 1: Prävalenzraten des Konsums illegaler Drogen der 18- bis 64-jährigen Allgemeinbevölkerung in Deutschland (ESA 2019)

In neueren Erhebungen werden die erhobenen Daten und Prävalenzwerte in der Bevölkerung kritischer hinterfragt bzw. es erfolgt eine „offenere" Interpretation, wie z. B.: „Da Drogenkonsumenten mit intensiveren Konsummustern in Bevölkerungsbefragungen mit hoher Wahrscheinlichkeit kaum erfasst werden, handelt es sich bei der Mehrheit der positiven Fälle weitgehend um sozial integrierte Gelegenheitskonsumenten (36). Somit ist davon auszugehen, dass die Prävalenzwerte des Konsums illegaler Drogen auf der Basis von Befragungen in der Regel unterschätzt werden" (SEITZ *et al.* 2019: 589).

Quantitative Erhebungen geben zudem keinen Aufschluss darüber, wie diese positiven Fälle ihren sozial-integrierten Konsum gestalten. Bereits WEBER & SCHNEIDER (1997) wiesen darauf hin, dass sich in der Datenlage eine kontinuierliche Differenz zwischen den Konsum-, Missbrauchs- und Abhängigkeitsraten zeigt. Dies deutet darauf hin, dass zwischen einem Probierkonsum und der Entwicklung einer Abhängigkeitsstörung für eine größere Gruppe von Konsumierenden weitere Konsummuster existieren. Daher stellt sich die Frage, welche Entwicklungen und Verläufe die Konsummuster der anderen Konsumierenden nehmen und wie Stabilisierungs- bzw. Ausstiegsprozesse erfolgen (vgl. WEBER & SCHNEIDER 1997; KRAUS & AUGUSTIN 2005; WERSE 2007).

ESTERMANN (1996) unterscheidet in seiner Veröffentlichung zur Sozialepidemiologie des Drogenkonsums zwischen erfassten und nicht erfassten Konsumierenden. „Ein Erfassungsrisiko ist jedoch nicht unbedingt an die Gebrauchsdosis geknüpft, sondern an die Umstände der Beschaffung und des Konsums sowie der konsumierten Substanz" (*ebd.*: 155). Er beschreibt eine soziale Immunität von Konsumierenden folgendermaßen: „Die Immunität ist vermittelt durch protektive Faktoren, also Merkmale, Situationen und Verhaltensweisen, die einzelne Konsumierende davor bewahren, den Instanzen sozialer Kontrolle aufzufallen, sozial marginalisiert zu werden, psychisch zu dekompensieren oder physisch zu erkranken" (*ebd.*: 20). Demnach gelingt es den meisten Konsumierenden, den Konsum psychotroper Substanzen in ihr Leben zu integrieren, ohne signifikante Beeinträchtigungen zu erfahren. Schmidt-Semisch (2020) plädiert vor diesem Hintergrund dafür, solche salutogenetisch[39] orientierte Herangehensweisen stärker in den Blick zu nehmen.

Zentrale Forschungsfragen betreffen dabei die Entwicklung und Stabilisierung von Strategien und Handlungskompetenzen im Umgang mit psychotropen Substanzen sowie die Möglichkeiten, aus diesem Erfahrungswissen wirksame und lebensweltorientierte Interventionsansätze abzuleiten.

Die epidemiologischen Daten bieten damit ein quantitatives Raster, das den Konsum psychotroper Substanzen in der Bevölkerung sichtbar macht. Sie lassen jedoch weitgehend offen, wie dieser Konsum in unterschiedlichen sozialen Kontexten gelebt, legitimiert und reguliert wird. Gerade die Vielzahl stabiler, nicht-problematischer Konsummuster, die in quantitativen Erhebungen oft unsichtbar bleiben, verweist auf die Notwendigkeit qualitativer Analysen.

2.4.2 Konsummuster psychotroper Substanzen

Für eine differenzierte Analyse von Konsummustern und Handlungsweisen im Zusammenhang mit psychotropen Substanzen ist es erforderlich, grundlegende Aspekte ihres Wirkmechanismus und ihrer sozialen Einbettung zu berücksichtigen. Psychotrope Substanzen bewirken eine Veränderung innerhalb der neurochemischen Prozesse, durch die Manipulation der Ausschüttung von Überträgerstoffen werden die Informationsübertragungsprozesse des Gehirns beeinflusst, was eine wahrnehmbare Veränderung des Bewusstseins bewirkt (Stimulation oder Beruhigung) (vgl. Degkwitz 2007: 76).

Wie Kappeler (1999) betont: „Drogenkonsum hat sehr vielfältige Gründe und ist nicht, wie psychoanalytische Ansätze annehmen, als Zeichen einer Krankheit zu verstehen. Im Gegenteil weisen die vielfältigen Gebrauchsformen und Motive auf eine kulturelle Verankerung psychoaktiver Substanzen hin: Drogenkonsum in all seiner

39. Aaron Antonovsky entwickelte das Konzept der Salutogenese, in dessen Fokus die Frage steht: Wie gelingt es Menschen auch in extremen Belastungssituationen, handlungsfähig und unabhängig und folglich gesund zu bleiben (Antonovsky 1987).

Vielfalt, ist letztlich ein kulturelles Phänomen, welchem nicht mit den Theorien und Strategien aus dem Abstinenz-Paradigma begegnet werden kann" (KAPPELER 1999, zit. nach BECKER 2003: 67f).

Die häufig anzutreffende Dreiteilung in Konsum – Missbrauch – Abhängigkeit bildet diese Vielfältigkeit nur unzureichend ab. Eine weiterführende Kartographie bieten JUNGABERLE, HEYDEN & MAJIC (2018), die in Anlehnung an FISCHERS (1971) Modell veränderter Wachbewusstseinszustände eine Einordnung der psychotropen Substanzen nach ihren Wirkungsspektren vorgenommen haben. Dieses Modell integriert unterschiedliche Wachbewusstseinszustände und ordnet ihnen spezifische Substanzwirkungen zu, wodurch die Wechselwirkungen zwischen pharmakologischer Wirkung und individueller neurochemischer Disposition abgebildet werden können. Vor dem Hintergrund der Selbstmedikamentierungshypothese[40] lässt sich damit auch ein funktional-alltagsakzessorischer Konsum psychotroper Substanzen besser verstehen, der über pathologische Konsummuster hinausgeht (vgl. JUNGABERLE, HEYDEN & MAJIC 2018: 5).

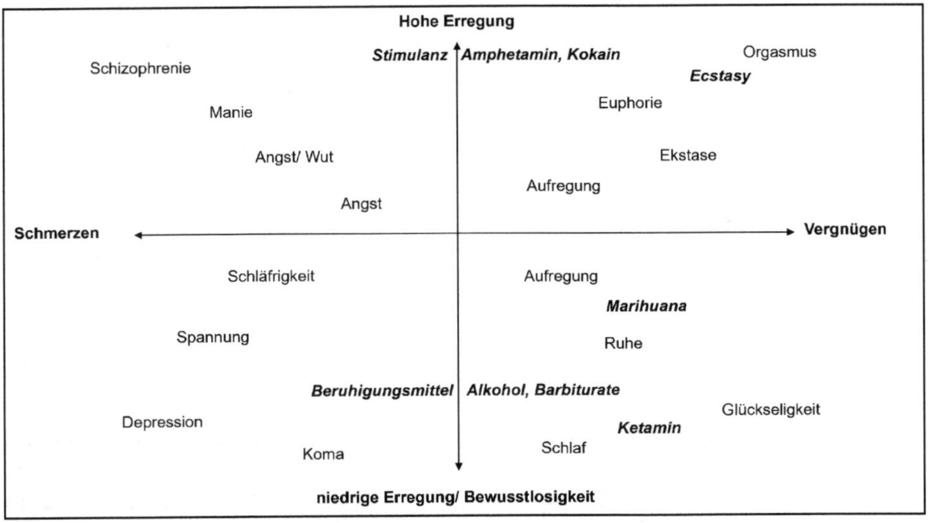

Abbildung 2: Kartografie veränderter Wachbewusstseinszustände nach FISCHER 1971 und Einordnung psychotroper Substanzen nach deren Wirkungen nach JUNGABERLE et al. 2018

40. Selbstmedikamentierungshypothese, deren bekanntester Vertreter KHANTZIAN (1985) den Konsum psychotroper Substanzen zur Symptombekämpfung, Linderung und Behandlung bei vorausgehenden psychischen und sozialen Problemen einsetzten und eine Fortsetzung des Konsums zu einer Substanzabhängigkeit führen kann (vgl. KOLER 2014: 10).

Die Abkehr von einer auf die ausschließliche pharmakologische Wirkung von psychotropen Substanzen beschränkten eindimensionalen Sichtweise begann „spätestens [durch] die Veröffentlichung des bereits im Titel programmatischen Werkes ‚Drug, Set and Setting‘. ZINBERG (1984) machte in der internationalen Forschungslandschaft die besondere Komplexität des Phänomens ‚Drogengebrauch‘“ deutlich, der „als ein prozesshaftes Geschehen zu begreifen [ist], welches sich im dynamischen Wechsel-Wirkungs-Gefüge der Trias von Person, Droge und Umwelt vollzieht“ (WERSE, KEMMESIES & MÜLLER 2005: 203).

SCHMIDT-SEMISCH (1994) führt diesbezüglich aus: „Die Art und Weise, wie Drogen konsumiert werden, aber auch die Substanzen selbst stellen somit Identitätsaspekte dar, auch wenn sie alleine konsumiert werden, denn das Image einer Substanz ist immer kulturell und sozial geprägt und der einsame Konsument stellt durch seinen Konsum die eigene Identität dar, erhält sein Selbstbild aufrecht, realisiert und/oder bestärkt es“ (*ebd.*: 84).

Eine einseitige Fokussierung auf Konsumstereotype – etwa den „Junkie“, den „Kiffer“, der „Kokser“ – birgt Risiken auf individueller und gesellschaftlicher Ebene. Zum einen führen starre Selbstzuschreibungen zu einer Reduzierung eigener Handlungsmöglichkeiten (Selbstetikettierungsthese)[41] und zur Verfestigung sozialer Rollenmuster beitragen. Gleichzeitig führen solche reduktiven Wahrnehmungsmuster in Fachöffentlichkeit und Gesellschaft zur Entstehung „blinder Flecken“, die alternative Konsumformen und deren Bedeutungen aus dem Blick geraten lassen.

2.4.3 Motivations- und Funktionsebenen

Konsumpraktiken psychotroper Substanzen lassen sich über motivationale und funktionale Ebenen differenziert darstellen. Eine grundlegende Unterscheidung formulierten bereits von SCHEERER & VOGT (1989), die zwischen zwei grundlegenden Konsummotivkomplexen unterscheiden: „dem Wunsch, aus dem Alltag auszubrechen und in eine andere Wirklichkeit einzutauchen, [zum anderen] hingegen dem Wunsch, mit den Anforderungen des Alltags zurechtzukommen. Im ersten Fall handelt es sich ... um alltagstranszendierenden Drogengebrauch, im letzteren um alltagsakzessorischen.“ (vgl. *ebd.*: 9).

Nach SCHEERER & VOGT liegt der häufigste Verwendungszweck in der Nutzung zur Alltagsbewältigung mit seinen „unterschiedlichsten Forderungen in Bezug auf Anspannung und Entspannung, Kommunikations- und Konzentrationsfähigkeit. So

41. Etikettierungsthese geht auf BECKER (1973) zurück, der die Auswirkungen von Zuschreibungsprozessen auf den sozialen Status und deren Reaktion ein entsprechendes Verhalten reproduziert. (vgl. DOLLINGER & RAITHEL 2006: 79f).

sollen Drogen denn auch mal munter, mal müde machen, mal die Geselligkeit fördern und mal die Introspektion, wobei eine Substanz häufig je nach set und setting, Dosierung und Mischungsverhältnis das eine oder andere bewirken kann" (vgl. *ebd.*: 9).

Eine weitergehende Ausdifferenzierung anlassbezogener Konsummotivationen findet sich bei KAPPELER (1991): als Medium kultischer Handlungen, als Heilmittel, als marktbezogenes Genussmittel, als spirituelles Mittel zur Erweiterung der Wahrnehmungs- und Erkenntnismöglichkeiten sowie als Mittel zur Befriedigung zwanghafter Impulse (vgl. SCHNEIDER 2000: 31).

Unter Berücksichtigung dieser grundlegenden Konsummotive im jeweiligen gesellschaftlichen Kontext ermöglicht bis heute eine differenzierte Einordnung aktueller Konsumpraktiken.

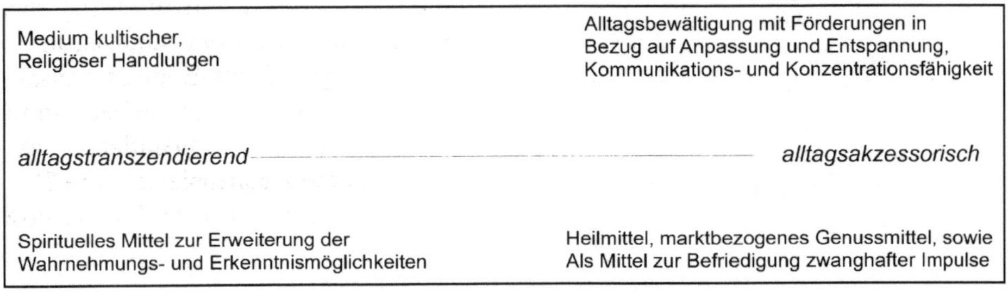

Abbildung 3: Konsummotivkomplexe zusammengetragen nach SCHEERER & VOGT 1989, KAPPELER 1991, SCHNEIDER 2000

SCHMIDT-SEMISCH & NOLTE (2000) ordnen die Konsummotive im Hinblick auf Zweck und Wirkerwartung drei übergeordnete Bereiche der Bedürfnisbefriedigung: Ernährung, Heilung und Linderung sowie Veränderung des Wachbewusstseins (vgl. *ebd.*: 12ff).

Weitere motivationale Ansätze verdeutlichen die Mehrdimensionalität des Phänomens:

- STEIN-HILBERS (2007: 37) unterscheidet zwischen (a) dem Ziel, „spezifische Stimmungen oder Gefühle zu erzeugen und/oder (b) emotionale Spannungen zu überdecken, zu verändern oder auch aufzulösen."
- SILBEREISEN & KÄSTNER (1985) betrachten den Konsum psychotroper Substanzen im Jugendalter vor dem Hintergrund von Entwicklungsaufgaben und der entwicklungsbedingten sozioökonomischen, familiären ökonomischen und personalen Sozialisation. Konsum kann hier als Demonstration des Erwachsenseins, als Zugang zur Peergroup, als gewollte Normverletzung, als Ersatzziel, als Bewältigungsstrategie und/oder als Ausdruck eines alterstypischen Lebensstils verstanden werden.

– Reuband (1982, 1991, 1994) betont das Zusammenwirken von Motivations- und Situationsfaktoren und zeigt auf, dass sozialwissenschaftliche Erklärungsansätze, die auf soziokulturellem Lernen basieren, größere Erklärungskraft besitzen als pathologische Modelle.

Hafen (2013) illustriert die Verbindung zwischen substanzspezifischen Wirkmechanismen und dem Konsummotiv: „Wie bedeutungsvoll das Motivationssystem unseres Gehirns für unser emotionales Wohlbefinden ist, zeigt sich auch daran, dass seit Urzeiten versucht wird, die ‚Wohlfühleffekte' mit Substanzen und Handlungen aller Art bewusst zu stimulieren. So steigert Kokain die Dopaminkonzentration in den Synapsen; Heroin und Morphium stimulieren die endogenen Opioide und lösen so Wohlbefinden und Schmerzfreiheit aus, Exstasy (die sogenannte Liebesdroge) beeinflusst die Oxytozin-Ausschüttung und fördert die Bereitschaft, die emotionale Zuwendung zu anderen Personen zu verstärken." beschreibt Hafen (2013: 157).

Weber & Schneider (1997) weisen darauf hin, dass in einem einzelnen Konsumvorgang unterschiedliche Motive gleichzeitig wirksam sein können. Diese Gleichzeitigkeit erfordert ein Verständnis von Motivlagen, das ihre jeweilige Gewichtung erfasst und funktional interpretiert.

Korte (2007) plädiert für eine kulturelle Neubewertung: Neben Mäßigung und Nüchternheit sollte auch das Bedürfnis nach Rausch und Exzess als legitimer Bestandteil menschlicher Erfahrung anerkannt werden. Eine offene gesellschaftliche Diskussion über die funktionalen und integralen Aspekte des Rauscherlebens könnte zu einer differenzierteren Rauschkultur beitragen (vgl. *ebd.*: 260).

2.4.4 Konsummuster zwischen Abstinenz und Abhängigkeit

Die wissenschaftliche Analyse des Konsums psychotroper Substanzen fokussiert seit Jahrzehnten vornehmlich auf die beiden Extrempole des Konsumkontinuums: Abstinenz auf der einen und Abhängigkeit auf der anderen Seite. Innerhalb dieses Rahmens wird der Probierkonsum entweder als vorübergehendes Experimentieren interpretiert oder als Einstieg in ein Muster, das in einer Abhängigkeitsstörung münden kann.

Die Suchtforschung hat, insbesondere durch retrospektive Studien, eine problemzentrierte Perspektive etabliert, die auf die Rekonstruktion der Entwicklungsverläufe von Abhängigkeitsstörungen abzielt. Diese Ausrichtung beeinflusst nicht nur die Datenerhebung und -auswertung, sondern auch die in der Prävention, Beratung und Behandlung verfolgten Interventionsstrategien. Der Fokus auf prognostizierte Abhängigkeitsentwicklungen führt jedoch zu einer selektiven Wahrnehmung der Konsumrealität: „Es sind ausschließlich die problematisch Konsumierenden, die einen Bedarf an professioneller Hilfe artikulieren und die hier vorgehaltenen Angebote auch in Anspruch nehmen. In der Wirklichkeit dieser Institutionen tauchen unproblematische Konsumenten und beispielsweise diejenigen (vgl. Wienberg & Driessen 2001), die ihre Konsumprobleme ohne therapeutische Hilfen meistern, gar nicht auf. Trotz dieses höchst eingeschränkten Erfahrungshorizontes wurde die Sinnrationalität des abstinenzorientierten Behandlungssystems in unzulässiger Weise verallgemeinert" (Barsch 2008: 95).

Sucht/Abhängigkeit als Krankheit anzuerkennen, erfolgte in Deutschland mit der Entscheidung des Bundesgerichtshofes von 1968, welche die Grundlage schuf für „das humane Zugangsrecht zu dringend benötigten Diensten, doch dient es paradoxerweise auch als Schlüsselrechtfertigung einer straforientierten Politik" (Reinarman 2005: 37). In der Folge entwickelte sich das Suchthilfesystem als Teilsystem des Gesundheitssystems, dessen Kommunikation nach Hafen (vgl. Hafen 2014: 41) auf der „Doppelcodierung" Krankheit/Gesundheit und Behandlung/Prävention basiert, womit alle Kommunikation auf Diagnose, Beseitigung und Verhinderung von Krankheiten, Wiederherstellung und Erhaltung von Gesundheit bezogen ist.

Neben einer medizinalisierten Sichtweise tritt eine juristisch geprägte Perspektive, die auf den strafrechtlichen Bestimmungen des Betäubungsmittelgesetzes (BtMG) basiert. Während der reine Konsum illegalisierter Substanzen straffrei bleibt, werden nahezu alle damit verbundenen Handlungen – Erwerb, Besitz, Handel – strafrechtlich sanktioniert. Beide Perspektiven überlagern sich, ohne aufeinander abgestimmt zu sein: Problematisch Konsumierende können längere Zeit ohne polizeiliche Auffälligkeit agieren, wohingegen Konsumierende mit einem probier- und genussorientierten sowie integrierten Konsumverhalten polizeilich auffällig werden können (vgl. Estermann 1996).

Intensiverer Konsum und damit ggf. höhere Kontaktzahlen mit anderen Konsumierenden und Kontakten zur Beschaffung der benötigten Substanzen bzw. illegalen Finanzierungsquellen erhöhen das Risiko der polizeilichen und somit justiziellen Auffälligkeit. Verstöße gegen das BtMG werden auch als Kontrolldelikte bezeichnet, da ihre Aufdeckung in erster Linie über Kontrollmaßnahmen der Polizei und nicht über Anzeigen Dritter erfolgt. Konzentriert wird sich dadurch auf die den Konsum begleitende Verstöße gegen rechtliche Bestimmungen beziehungsweise gegen gesellschaftliche Normen und Werte (vgl. Dollinger 2002). Mit dieser Zuschreibung wird „Gebrauch stets als Missbrauch gedeutet und gleichsam zum ‚Indiz für den (zumindest potenziellen) Beginn einer Suchtkarriere'" (Schmidt-Semisch 2010: 155). Damit wird das Spektrum anderer Konsum- und Gebrauchsformen vollständig ausgeblendet.

Die wissenschaftliche Perspektive richtet sich überwiegend auf die, das „Konsumkontinuum" rahmenden Phänomene und beschränkt die Komplexität des Phänomens Konsum psychotroper Substanzen (vgl. Harding 1982: 1220). Die dazwischenliegenden Konsummuster werden nur punktuell aufgezeigt oder beschrieben. Am gesellschaftlichen Umgang mit dem Konsum psychoaktiver Substanzen zeigt sich, wie unterschiedlich die Bewertungen zu verschiedenen Zeiten und unter verschiedenen kulturellen und gesellschaftlichen Einflüssen ausfallen: „… in diesem Zusammenhang kommen FREITAG & HURRELMANN (1999 [S. 8]) zu der Erkenntnis, dass die illegalen Substanzen angesichts der Normalität ihres Gebrauchs als ‚die neuen Alltagsdrogen' zu bezeichnen sind: ‚Der Begriff 'Alltagsdrogen' soll unterstreichen, wie selbstverständlich die Existenz, die Bekanntheit und die Nutzung dieser Stoffe für Jugendliche in ihrem täglichen Verhalten und insbesondere bei der Auseinandersetzung mit ihren alterstypischen Entwicklungsaufgaben ist'" (SCHABDACH 2009: 199).

Die Fokussierung auf Extremfälle wird durchaus kritisch gesehen. „Es sollte ‚eine Abwendung vom linearen oder polaren Denken hin zu einem zirkulären Verständnis individueller Drogenkonsumverläufe' (STÖVER 1999b: 13) erfolgen" (SCHABDACH 2009: 195). WEBER & SCHNEIDER (1997: 252) konstatieren: „Ein binäres System drogaler Verlaufsentwicklung gibt es nicht. Der Weg in den Drogengebrauch und aus der möglichen kompulsiven Gebrauchsphase heraus stellt eine in vielerlei Hinsicht offene und dynamische Entwicklung dar. Er ist durch kontingente Verläufe charakterisiert, die durch ein komplexes Gefüge subjektiver und milieuspezifischer Faktoren bedingt sind."

Eine trennscharfe Darstellung der verschiedenen Konsummuster kann derzeit nicht erfolgen. Über ein Kontinuum der Konsumpraktiken kann aber eine lebensweltliche Annäherung an die (bisher beobachteten) Konsummuster erfolgen und über weiterführende qualitative Forschung ergänzt bzw. ausdifferenziert werden. Dies würde zum einen den prozessualen Charakter einer Abhängigkeitsentwicklung aufgreifen (vgl. DOLLINGER 2005; WERSE 2007), ließe zum anderen aber ausreichend Spielraum für die Wahrnehmung unterschiedlichster Konsummuster (vgl. WERSE 2007: 68).

Die Variabilität von Konsummustern sind seit der Entdeckung und Beforschung von Selbstheilungen[42] in den 1960er Jahren gemäß von WINICK (1962), DREWS (1968), SCHACHTER (1982), SOBELL *et al.* (1993), DAWSON (1996), SOBELL *et al.* (1996), und aktueller SOBELL *et al.* (2000), KLINGEMANN (2001), KLINGEMANN & SOBELL (2006), BLOMQVIST (2006) sowie WEBER & SCHNEIDER (1997) in Bezug auf kontrollierte Konsummuster psychotroper Substanzen umfassend wissenschaftlich belegt (u. a. M. W. HARDING 1982; SCHIPPERS & CRAMER 2002; KEMMESIES 2004; KÖRKEL 2005; STRIEDER 2001).

2.4.5 Kulturelle Verortung von Konsumpraktiken

Konsumpraktiken psychotroper Substanzen stellen ein hochkomplexes Verhaltensphänomen dar, dessen punktuelle Analyse die Vielzahl an intrinsischen und extrin-

42. Pionierstudie von CHARLES WINICK (1962) zum Phänomen der Spontanremission und der Beschreibung des „manturing out" – Prozess des Herausreifens (vgl. BLOMQVIST 2006: 50f).

sischen Handlungsmustern, die an ihrer Entstehung, Aufrechterhaltung und Veränderung beteiligt sind, nur unzureichend gerecht wird. DEGKWITZ (2005: 80) formuliert hierzu: „Angeeignet werden diese Muster in der Regel als Teil des informellen Drehbuchs der Sozialisation. Der ‚angemessene' Umgang und Einsatz von z. B. Alkohol (oder Cannabis in der Jugendkultur) ist in unserer Gesellschaft eine soziokulturelle Entwicklungsaufgabe (sie kann auch als Abstinenzorientierung bewältigt werden), die informell besteht. Drogenkonsum hat hier beispielsweise mit der Sexualität gemeinsam, dass die Lernräume halboffiziell sind – und sie sind von den Rahmenbedingungen (etwa durch die offizielle Ausblendung und Doppelmoral sowie die Illegalisierung bestimmter Substanzen) so miserabel organisiert, dass die soziokulturell geforderte Habitualisierung schon in diesen Stadien entgleisen kann. Einstieg oder die Intensivierung des Gebrauchs psychotroper Substanzen ist gewöhnliche, kulturell übliche Praxis in bestimmten Konstellationen (bestehender Habitus, vorhandene Ressourcen gegenüber einem bestimmten Feld)".

Unter Bezugnahme auf die in Kapitel 2.1.1 bis 2.1.4 dargestellten gesellschaftlichen Segmentierungen sowie die sich über inkorporierte Handlungsschemata reproduzierenden Lebensformen zeigt sich, dass Konsumpraktiken nicht nur vom Erwerb komplexem Erfahrungswissens (etwa zu Applikationsform, Wirkinterpretation, Alltagsintegration, Beschaffungsstrategien) geprägt sind. Von Bedeutung für die kulturelle Verortung sind zudem die unterschiedlichen Funktionsbereiche des Konsums psychotroper Substanzen – religiös, identitätsbildend und gruppenkohäsiv, kompensatorisch, hedonistisch, medizinisch, ökonomisch und politisch (vgl. BLÄTTER 1990 nach KORTE 2007: 257).

Handlungsspielräume für die Entwicklung solcher Konsumpraktiken entstehen somit aus der wechselseitigen Beziehung zwischen habitualisierten Dispositionen und sozialen Strukturen (vgl. DEGKWITZ 2007: 71).

Einen empirisch Zusammenhang zwischen dem Konsum psychotroper Substanzen und einem hedonistischen Lebensstil weist RAITHEL (2005: 182) nach: „Sie erfahren nur geringe emotionale Unterstützung durch die eigene Familie und sind auch in anderen sozialen Kontexten milieuvergleichend stark desintegriert. Dies geht alles mit einer hohen Gesamtverunsicherung, mangelnden Fähigkeiten zur Kritikannahme und unzureichenden Bewältigungskompetenzen einher."

KEMMESIS (2004: 241f) identifiziert in einer sozialstrukturellen und alltagsästhetischen Analyse sowohl bei Konsumierenden und Nicht-Konsumierenden illegalisierter psychotroper Substanzen eine Nähe zum Selbstverwirklichungsmilieu nach SCHULZE (1993) und verweist auf sozialweltlichen Überschneidungen zwischen beiden Gruppen. Für den Cannabiskonsum Jugendlicher hebt WERSE (WERSE 2007: 278) hervor, „dass in diversen Jugendszenen ausgesprochen unterschiedliche Konsummilieus sowie Arten der Kontextualisierung von Cannabis zu beobachten sind." Dies verdeutlicht, dass die eindimensionale Zuordnung des Konsums psychotroper Substanzen zu einer einzelnen sozialen Struktur der lebensweltlichen Realitäten nicht gerecht wird.

Schlussfolgernd stehen die Prozesse der Selbstregulierung, -reflexion und -distanzierung kontrolliert Konsumierender sowie deren lebensweltliche Einbettung im Zentrum der vorliegenden Untersuchung.

2.4.6 Konsumkontrollstrategien

Harding (1982) beschreibt in seiner Arbeit verschiedene Kontrollriten und Regeln, die von Heroinkonsumierenden mit einem nichtabhängigen Konsum innerhalb der Gruppe auf unterschiedliche Weise erlernt wurden. Er folgert: „Gerade dieser (oft sehr fruchtbare) Zusammenschluß von Nichtabhängigen gibt den nötigen Halt, der Sucht entgegenzuwirken. Die Personen nehmen selten alleine Drogen; über 80 % des Konsums findet in der Gesellschaft statt. Eine der wichtigsten Regeln der von uns untersuchten Gruppe beschränkt den Kontakt mit Süchtigen auf den Kauf von Heroin" (*ebd.*: 1227).

Harding erkennt in der subkulturellen Vermittlung von Normen und Werten einen zentralen, den kontrollierten Gebrauch fördernden Aspekt und kommt zu dem Schluss, „daß Riten, Normen und andere soziokulturelle Variablen mindestens ebenso bedeutsame Determinanten sind wie die chemischen Eigenschaften eines Rauschmittels, der physische und psychische Gesundheitszustand des einzelnen Verbrauchers und angeborene biologische Besonderheiten" (*ebd.*: 1218).

Zu den Faktoren, die eine Aufrechterhaltung von Konsumkontrolle begünstigen und Kontrollverlust vermeiden helfen, zählen positive Erfahrungen im Umgang mit psychotropen Substanzen, daraus resultierende Bewältigungsvarianten sowie personale und soziale Ressourcen, die individuelle Ziele, Werte und Erwartungen berücksichtigen. Hingegen können andauernde polyvalente Belohnungseffekte, positive Erfahrungen in zentralen Lebensbereichen, akute oder andauernde Entwicklungsprobleme und Krisen sowie eine verzögerte Entwicklung differenzierter Bewältigungsformen die Kontrollbestrebungen untergraben (vgl. Degkwitz 2007: 79).

Schippers & Cramer (2002) benennen zentrale Regulierungsfaktoren für kontrollierten Konsum psychotroper Substanzen: die Dominanz nicht drogenbezogener Aktivitäten, die Aufrechterhaltung von Beziehungen zu Nichtkonsumierenden, die Auswahl von Personen, mit denen (nicht) gemeinsam konsumiert oder gekauft wird, Konsumhäufigkeit (inkl. finanzieller Mittel), Applikationsform und Dosierung (inkl. Qualität), adäquate oder inadäquate Substanzkombinationen, eine angemessene Gefühlssituation, die Vermeidung polizeilicher Aufmerksamkeit sowie soziale Kontrolle (vgl. *ebd.*: 78). Diese Regulierungsdimensionen konnten auch für den kontrollierten Konsum von rauchbarem Kokain von Hösselbarth (2014) sowie von Kemmesies

(2004) empirisch nachgewiesen werden. Individuelle Kontrollregeln orientieren sich demnach an einem bestmöglichen Rauscherleben unter gleichzeitiger Risikominimierung und Berücksichtigung alltäglichen Rollenanforderungen (vgl. *ebd.*: 269).

Das für die Ausübung bestimmter Konsumpraktik erforderliche Wissen ist nur über begrenzte Informationskanäle verfügbar. Ein wesentlicher Teil dieses Wissens wird innerhalb der Gruppe von Konsumierenden erworben und weitergegeben (vgl. u. a. Becker 2019; Harding 1982; Reuband 1994; Kemmesies 2004; Werse, Kemmesies & Müller 2005; Hösselbarth 2014, 2019).

Konsumpraktiken psychotroper Substanzen sind in unterschiedliche gesellschaftliche Bezüge eingebettet. In verschiedenen Lebensstilen und Szenen erfahren sie unterschiedliche Grade an Akzeptanz, Toleranz oder Stigmatisierung (vgl. Werse 2007: 70). Konsumierende müssen daher in den sozialen Systemen, in denen sie agieren, die Norm- und Wertsysteme im Hinblick auf das Risiko sozialer Exklusion bewerten und ihr Handeln entsprechend anpassen (vgl. Degkwitz 2007: 74). Der Zugang zu relevanten Informationen erfordert hierbei eine Abwägung zwischen Offenheit – relevante Informationen zu erhalten – und Risiko einer Sanktionierung oder Stigmatisierung.

Konsumpraktiken stellen eine komplexe Integrationsleistung dar, die Aneignungs-, Verarbeitungs- und Anpassungsprozesse im Zusammenspiel von habitualisierten Handlungsschemata und sozialen Strukturen umfasst. Diese Integrationsleistungen bilden den Kern der empirischen Untersuchung dieser Arbeit.

3 Empirische Untersuchung

Im Zentrum der explorativen Untersuchung stehen die entwickelten Konsumpraktiken (insbesondere illegalisierter) psychotroper Substanzen und die hierfür notwendigen Lernerfahrungen und Handlungskompetenzen der Konsumierenden.

Für eine auf „Verstehen, Sinnverleihen, Interpretieren und eine Fokussierung von Einzelfällen, Be-/Deutungsstrukturen, Handlungs-, Ablaufmustern" (Strauss & Corbin 2010: 2) ausgerichtete Untersuchung bildete die Grounded Theory die erforderliche Methodologie, welche die Entdeckung der in der Forschungsfragestellung fokussierten Phänomene ermöglicht (vgl. Strauss & Corbin 2010).

Mit einer gedanklichen Spiralbewegung bei der Auseinandersetzung im Forschungsprozess werden „zwischen Theorie und Praxis" neue Sichtweisen und Gedanken generiert, was die Entwicklung von Zusammenhängen unter Bezugnahme auf vorliegende Erkenntnisse und eine Perspektivenerweiterung ermöglicht. Hieraus kann eine Vergrößerung des Erkenntnisgewinns resultieren: „Eine zirkelhafte bzw. spiralförmige gedankliche Bewegung zwischen Vor/Verständnissen und empirischen Phänomenen. Dabei wird die Bedeutung empirischer Phänomene durch Interpretationen auf unserem jeweiligen Verstehens-Hintergrund (hypothetisch) erschlossen, wobei dieser Hintergrund sich im Laufe der Zeit wandelt – ohne dass wir jemals Gewissheit erlangen können, ob/dass wir ein finales Verständnis erreicht haben oder erreichen werden" (Breuer *et al.* 2019: 133).

Diese Forschungsstrategie stellte an verschiedenen Punkten eine Herausforderung dar. Der Forschungsprozess verlief mit Erkenntniszugewinnen und gleichzeitigem Wieder-Infragestellen der bis dato erzielte Erkenntnisse ohne die Sicherheit einer linear verlaufenden Entwicklung ab. Die Notwendigkeit, sich auf einen solchen Prozess einzulassen, und das Vertrauen in die positiven Wirkungen der steten Verunsicherung im Gesamtprozess zählen zu den wichtigsten Erfahrungen und werden als gewinnbringend betrachtet.

Der Forschungsfokus richtete sich auf die Wahrnehmung von Prozessen innerhalb der Entwicklung von Konsumpraktiken im Spektrum zwischen einem einmaligen Probierkonsum und Mustern abhängigen Konsums von psychotropen Substanzen. Für eine Herausarbeitung von Handlungsstrategien im Umgang mit dem Konsum über einen längeren Zeitraum wurde die Befragung auf die Prozesse Kennenlernen, Anpassung sowie Entwicklung eigener Konsumregeln und -strategien im Umgang mit Konsumerlebnissen und -ereignissen vor dem Hintergrund eines nicht „auffälligen" bzw. sozialintegrierten, selbstregulierten Konsumverhaltens ausgerichtet.

Der zu erreichende Erkenntnisgewinn über die Entwicklung selbstregulierender Konsumpraktiken im Umgang mit psychotropen Substanzen zielt auf selbstreflexives Erfahrungswissen von Konsumierenden ab und erfordert sowohl eine sinnverstehende als auch -interpretierende Ausrichtung der Forschungsstrategie. Qualitative Forschungsmethoden bieten hierfür eine Herangehensweise mit einer größtmöglichen Offenheit für das Forschungsthema und gestatten dem Interviewer, tiefgreifendere Aspekte in Sinnzusammenhänge und Relevanzsysteme der Befragten wahrzunehmen (vgl. Jungaberle 2007, Hösselbarth 2014).

Für die vorliegende Arbeit wurde ein qualitatives Verfahren gewählt, um die Entstehung der Konsumpraktiken psychotroper Substanzen detaillierter analysieren zu können. In die Überlegungen zur methodischen Herangehensweise bedurfte es aufgrund der zu bearbeitenden Thematik und des hieraus resultierenden Samplings[43] einer an den zu erwarteten Sicherheitsbedürfnissen der Befragten ausgerichteten Vorgehensweise. Für die Datenerhebung wurde daher eine mündliche Befragung im Face-to-Face-Kontakt favorisiert, da in einem persönlichen Gesprächsrahmen das notwendige Vertrauen am wahrscheinlichsten aufgebaut werden kann (vgl. Häder 2010: 189).

Für Entwicklung des Erhebungsmethode wurde eine Auswahl an Aspekten, Themenschwerpunkten und Fragestellungen ausgehend von den Vorüberlegungen und den in Bezug auf das zu erforschende Phänomen erarbeiteten wissenschaftlichen Erkenntnissen zusammengetragen. Für die Konzeptionierung der Befragung wurde eine Strukturierung der Fragestellung vorgenommen und ein für die Datenerhebung als zielführend erachtetes methodisches Vorgehen ausgewählt und gemäß den Bedarfen moduliert. Der Rahmen eines leitfadengestützten Interwies erlaubt hier die notwendige Offenheit einer explorativ ausgerichteten Fragestellung unter Sicherstellung einer gleichzeitigen Vergleichbarkeit über die im Leitfaden formulierten Fragen. Ein anpassungsfähiger Umgang im Befragungsprozess mit den im Leitfaden formulierten Fragen ermöglicht u. a. über Ad-hoc-Fragen stockende Erzählstränge zu stimulieren und weiterführende Aussagen durch spezifizierende Nachfragen zu erlangen. Das problemzentrierte Interview von Witzel (1985) wurde aufgrund seiner fokussierenden Ausrichtung und einer über die Nutzung eines vorangestellten Kurzfragebogens als ein das „eigentliche" Interview entlastende Teilelement ausgewählt (vgl. Flick 1998: 105ff).

Mit diesem Vorgehen sollte dem möglichen Erkenntniszugewinn der notwendige explorative Freiraum geboten werden, welcher über geschlossene Erhebungssysteme nicht abgebildet werden kann. Bei der Auswertung dieser Daten werden Kriterien und Variablen herausgearbeitet, aus denen sich selbstregulierte Konsummuster entwickelt haben, sowie die Erkenntnis, unter welchen Bedingungen dies gelungen ist. Der Zu-

---

43. Mit diesem Verfahren werden Auswahlkriterien für die in die Untersuchung einzuschließende Personengruppe verstanden, welche auf dem Hintergrund der Forschungsfrage und der theoretischen Vorüberlegungen basiert, um geeignete Datenquellen zu akquirieren (vgl. Halbmeyer & Salat, S. 6).

gang zu den zu Befragenden wurde über persönliche Kontakte im weiteren sozialen Umfeld der Verfasserin realisiert.

3.1 Untersuchungsmethoden

Über ein problemzentriertes[44] und leitfadengestütztes Interview sollte der Frage nachgegangen werden, wie Konsumierende von psychotropen Substanzen Informationen zu Wirkungsweise, Konsumformen und -techniken erwerben und welche Selbstregulationsprozesse im Verlauf von Konsumerfahrungsphasen wirksam werden. Aus der forschungsleitenden Fragestellung wurde ein Fragenkatalog erarbeitet, welcher im weiteren Verlauf zur Entwicklung des Erhebungsinstrumentes diente. Unter Berücksichtigung des Umfangs des zu erwartenden Datenmaterials und dessen Bearbeitbarkeit wurde der anfängliche Fragenkatalog in mehrere Unterbereiche gegliedert sowie gemäß der möglichen Erfassung der Daten aufgeteilt und strukturiert. In diesem Prozess wurden verschiedene Herangehensweisen hinsichtlich ihrer Praktikabilität bei einer Anwendung geprüft und weiterentwickelt.

Durch die Fokussierung auf die Exploration relevanter Merkmale und Variablen im Prozess der Entwicklung selbstregulierter Konsumpraktiken psychotroper Substanzen wurde am Ende des Interviewleitfadens ein offener Fragenteil integriert. Dieser sollte den Befragten die Möglichkeit bieten, in eigenen Worten und selbstgewähltem Umfang zu antworten. Mit dem an einer Narration orientierten Befragungsteil wurde der Reflexion und einer rekonstruierenden Auseinandersetzung mit den eigenen Konsum-erfahrungen und dem individuellen Konsumverhalten entsprechend der notwendige Rahmen geschaffen, um in der Analyse und Diskussion als Grundlage für die zu bearbeitende Forschungsfragestellung zu dienen.

3.1.1 Zugang zu den Befragten

Der Zugang zu den Befragten wurde über persönliche Kontakte mittels Schneeballsystem hergestellt, bei dem die Anzahl der angesprochenen Personen über persönliche Kontakte jeweils vervielfacht wird (vgl. Flick 1998: 76). Unter Berücksichtigung der Auswahlkriterien wurde eine Vorauswahl der zu Befragenden angesprochen und bei

44. Problemzentriertes Interview: „Unter diesem Begriff, den Witzel (1982, 1985) geprägt hat, sollen alle Formen der offenen, halbstrukturierten Befragung zusammengefasst werden. Das Interview läßt den Befragten möglichst frei zu Wort kommen, um einem offenen Gespräch nahezukommen. Es ist aber zentriert auf eine bestimmte Problemstellung, die der Interviewer einführt, auf die er immer wieder zurückkommt" (Mayring 1996: 50).

Interesse eine schriftliche Kurzdarstellung des Untersuchungsvorhabens (Anhang) zu Zielstellung, Auswahlkriterien der zu Befragenden, Untersuchungsmodalitäten und Kontaktdaten übermittelt. Der Umstand, dass es sich um Personen handelt, die für ihren Konsum psychoaktiver Substanzen strafrelevante Handlungen begangen haben (mindestens Erwerb von Betäubungsmitteln), musste als Zugangsschwierigkeit gewertet werden.

Die zur Verfügung gestellten Kontaktdaten ermöglichten eine direkte Kontaktaufnahme und bot den Teilnehmenden einen ausreichenden Schutz ihrer Privatsphäre. Im Erstkontakt wurden die Einschlusskriterien thematisiert und ein Termin für die Befragung vereinbart. Ort und Zeit der Befragung wurden von den Teilnehmenden maßgeblich bestimmt, um eine angenehme und sichere Gesprächsatmosphäre zu ermöglichen. Alle Befragungen wurden in privaten Räumen durchgeführt. Anfängliche Bedenken, ausreichend Befragte gewinnen zu können, die aufgrund der Beschränkung der Rekrutierungsmethode sowie der Ein-und Ausschlusskriterien aufkamen, haben sich als unberechtigt erwiesen.

Im Laufe des Befragungszeitraumes von Dezember 2019 bis Oktober 2020 wurden 11 Befragungen durchgeführt. Weitere Personen hatten ihr Interesse bekundet. Die Beschränkung der Anzahl der in die Arbeit eingehenden Befragungen wurde nach der elften Befragung getroffen. Diese wurde unter Abwägung der zur Verfügung stehenden Ressourcen und des weiter zu erwartenden Erkenntnisgewinns getroffen (vgl. Breuer *et al.* 2019: 159).

3.1.2 Auswahlkriterien der Befragten

Für die Untersuchung wurden Personen gesucht, die folgendes Kriterium erfüllen: mehr als eine fünfmalige Konsumerfahrungen mit illegalisierten psychotropen Substanzen über einen längeren Zeitraum (mehr als drei Jahre), wobei der letzte Konsum weniger als fünf Jahre zurückliegen sollte. Als Ausschlusskriterien wurden eine diagnostizierte Abhängigkeitsstörung, eine erfolgte Behandlung in einer Suchthilfeeinrichtung und/oder eine BtMG-bezogene strafrechtliche Auffälligkeit festgelegt.

3.1.3 Befragungsmethode

Der Schwerpunkt der Befragung zielte auf die Beschreibungen der Entwicklung von Konsummustern psychotroper Substanzen, die Veränderungsmotive sowie die Exploration von Handlungspraktiken zur Selbstregulation ab. Die hierbei vollzogenen Lernprozesse und deren Bedingungen stellten die Kernfragen des Interviews dar. Für eine Vergleichbarkeit und Einordnung der Befragungen war es notwendig, weitere

Daten zu den Befragten sowie ihren Lebens- und Konsumumständen zu erheben. Aus den Vorüberlegungen und den sich aus den Rahmenbedingungen und zur Verfügung stehenden Ressourcen ergebenden Voraussetzungen wurde ein Interviewleitfaden als Befragungsinstrument favorisiert.

Bei der Entwicklung des Interviewleitfadens galt es, den Umfang der Befragung auf einen zeitlichen Rahmen von zwei bis drei Stunden zu beschränken. Dieser Zeitraum wurde für eine persönlich-mündliche Befragung vonseiten der Verfasserin sowie durch Rückmeldung von möglichen Befragten als zielführend und realisierbar eingeschätzt.

Unter diesem Fokus wurden Leitfragen eines Kurzfragebogens vorangestellt, in dem verschiedene Daten zu Person und Konsumerfahrungen schriftlich erfasst werden konnten. Die Fragen und Antwortoptionen der zu erfassenden Daten wurden in Themenblöcke untergliedert, um einen strukturierten Ablauf der Befragung zu ermöglichen und den Befragten einen transparenten Einblick in das Verfahren zu geben. In der Entwicklungsphase wurden die Umfänglichkeit der Fragen und die Problematik der Antworterfassung schnell deutlich. Es war daher notwendig, die Fragestellungen und Antwortmöglichkeiten so effizient wie möglich zu gestalten. In der Abwägung zwischen einem umfänglich erklärenden und somit zur selbstständigen Bearbeitung aufbereiteten Fragebogen und einem stark strukturierten Aufbau, welcher mit der Entscheidung einherging, die direkte Datenerfassung durch die Interviewerin zu realisieren, wurde angesichts des zeitlichen Rahmens der Befragung die zweite Vorgehensweise favorisiert und festgelegt. So mussten sich die Befragten nicht mit der konkreten Datenerfassung auseinandersetzen und konnten sich auf die Beantwortung der Fragen konzentrieren. Für die Handlungssicherheit innerhalb der Befragungssituation wurde den Befragten der Aufbau der Befragung zu Beginn dargelegt und erörtert. Rück-und Verständnisfragen konnten aufgrund des gewählten persönlichmündlichen-Befragungssettings direkt geklärt werden.

3.1.4 Aufbau des fokussierten Interviewleitfadens

Für die Befragung wurden die gesammelten Fragestellungen in verschiedene thematische Blöcke aufgeteilt und entsprechend visualisiert. Bei der Erarbeitung des Interviewleitfadens wurde darauf geachtet, dass die visuelle Aufbereitung für eine effektive Datenerfassung durch die Interviewerin und Nachvollziehbarkeit für die Befragten gewährleistet wurden. Der Interviewleitfaden umfasste fünf DIN-A4 Seiten, die thematisch gegliedert sind. Die Fragenblöcke bauen aufeinander auf und enthalten Fragen zu den Themenbereichen: soziodemografische Daten, Mediennutzungsintensität, Freizeitgestaltung, Lebensstil und -einstellung, Konsumverhalten und -motivation bzgl. psychotroper Substanzen sowie Leitfadenfragen.

3.1.4.1 Soziodemografische Daten

Zu Beginn des Kurzfragebogens wurden persönliche Daten zur Herkunft und Lebenssituation zum Zeitpunkt der Befragung erhoben. Bei der Erfassung der soziodemografischen Merkmale wurde sich an den demografischen Standards für persönlich-mündliche und schriftliche Befragungen des Statistischen Bundesamts (2016) orientiert.

Neben den grundlegenden Informationen zu Alter und Geschlecht wurden Informationen zu Geburtsort, Familienstand, Kinder, Wohnsituation, Schulabschluss, berufliche Qualifikation und aktuelle berufliche Situation sowie das aktuelle Einkommen erfragt. Für eine mögliche milieu-spezifische Einordnung wurden zudem der Schulabschluss, die berufliche Qualifikation und aktuelle berufliche Situation der Eltern abgefragt.

Hierzu wurden im Leitfaden offene Antwortfelder für Name (Synonym), Alter, Geburtsort und Wohnort zur Verfügung gestellt. Für die folgenden Angaben wurden geschlossene bzw. Mischformen der Fragenstellungen mit Antwortvorgaben verwendet. Hierbei wurde darauf geachtet, dass eine Antwortalternative und auch die Nichtbeantwortung einer Frage möglich war. Das galt auch für die weiteren Frageblöcke. Bei der Gestaltung des Kurzfragebogens wurde darauf geachtet, dass die erhobenen Daten (Variablen) in Ordinalskalen (vgl. Raab-Steiner & Benesch 2012: 27f) erfasst werden konnten.

3.1.4.2 Medienverhalten, Freizeit-und Lebenseinstellungen

Bei den Fragen zum Mediennutzungsverhalten wurden die Befragten zu ihrem aktuellen Mediennutzungsverhalten interviewt. Für dessen Erfassung wurde eine Matrix von digitalen Medien und genutzten Medien erstellt, welche über einen Nutzungsintensitätsskalenwert erfasst wurden. Für die Themenbereiche Freizeitbeschäftigung und Lebenseinstellungen und -inhalte wurden Aussagen vorformuliert, deren Zustimmungs- oder Ablehnungsintensität über bipolare verbale Ratingskalen (vgl. *ebd.*: 56) erfragt wurde. Über die Erfassung der Daten wurde ein lebensstilbezogener Bezugsrahmen konzipiert, der es in der Auswertung ermöglichen sollte, die milieuspezifischen Zusammenhänge deskriptiv zu beschreiben.

3.1.4.3 Konsumerfahrungen mit psychotropen Substanzen

In einem weiteren Teil der Befragung wurde sich auf die bisherigen Konsumerfahrungen in Bezug auf psychotrope Substanzen konzentriert. Aufgrund der Anzahl psychotrop wirkender Substanzen und der Problematik der Abgrenzung wurde bewusst auf die Erfassung der Daten zur Verwendung von rezeptpflichtigen Medikamenten ohne ärztliche Verordnung verzichtet. Der in der Befragung verwendete Substanzkatalog basiert auf der in Deutschland in suchtkrankenhilfespezifischen Datenerhebungen (DSHS[45], DAS[46], ESA[47]) verwendeten Substanzklassifizierung[48]. Erfragt wurden die Substanzgruppen Alkohol, Cannabis, Opiate, Amphetamin, Methamphetamin, Kokain/Crack, Exstasy, Halluzinogene, Tabak, flüchtige Lösungsmittel, Badesalze und Spice (siehe Anhang II).

Erfasst wurden für jede Substanzgruppe das Alter beim Erstkonsum, der exzessivsten Konsumphase und des letzten Konsums sowie die jeweils genutzte Konsumform (Applikationsform). Im Anschluss folgte die Abfrage zur Konsumhäufigkeit, welche über eine Ratingskala für die exzessivste Konsumphase und den aktuellen Konsum der psychotropen Substanzen abgewickelt wurde. Die Fragestellung diente der punktuellen Erfassung der Konsumentwicklung in der Retrospektive und bot den thematischen Einstieg in die Auseinandersetzung mit der eigenen Konsumentwicklung bzw. -veränderung in der Vergangenheit. In einem weiteren Schritt wurden die Konsumgründe/motivation beim Erstkonsum, in der exzessivsten Phase und beim letzten Konsum erfragt, indem den Befragten die Möglichkeit der Zustimmung für eine oder mehrere vorgegebene Antworten und die Option der Erweiterung der vorgegebenen Antwortkategorien eingeräumt wurde. Die Erfassung der Daten zum Konsumhintergrund bildete den Einstieg in den Reflexionsprozess der Konsumerfahrungen und ermöglichte später gezielte Ad-hoc-Fragen.

3.1.4.4 Leitfragen

Zum Abschluss des Kurzfragebogens erfolgte der Umstieg auf den leitfragenkonzipierten Befragungsteil, und es wurde von der schriftlichen auf die auditiven Datenerfassungsmethode gewechselt. Durch die Änderung der Dokumentationstechnik auf eine Audioaufnahme wurde die vollständige Erfassung der Befragungssequenz ermöglicht. Die offen formulierten Fragen wurden vor dem Hintergrund der handlungsleitenden Fragestellungen der Untersuchung abgeleitet und bezogen sich auf die Themenbereiche: Kennenlernen des Substanzkonsums und der Konsumtechniken, Regulierungsstrategien sowie Motivation und Veränderungsressourcen. Die Formu-

45. DSHS – Deutsche Suchthilfestatistik.
46. DAS – Drogenaffinitätsstudie.
47. ESA – Epidemiologischer Suchtsurvey.
48. Substanzklassen wurden in Anlehnung an die Klassifizierung der substanzspezifischen Verhaltensstörungen der ICD-10 konzipiert, Quelle: (https://www.dimdi.de/static/de/klassifikationen/icd/icd-10-gm/kodesuche/htmlgm2018/block-f10-f19.htm, Stand: 03.10.2023).

lierung der Fragen erfolgte zielgerichtet als W-Fragen, um einen Erzählstrang zu generieren (vgl. FLICK 1998, 2000).

Über den inhaltlichen Einstieg in die Befragung durch den vorangestellten Kurzfragebogen konnte an dieser Stelle der Befragung der begonnene Reflexionsprozess der Befragten weiter vertieft werden, was die spezifische Auseinandersetzung mit den Fragenstellungen erleichterte. Zudem ermöglichten die bisher aus der Befragung gewonnenen Einsichten zielgerichtete Nachfragen der Interviewerin und konkretisierende Rückfragen, welche erzählgenerierend im Sinne der „Zugzwänge des Erzählens"[49] (vgl. NOHL 2012: 22f) stimulierend eingesetzt wurden.

3.1.5 Durchführung der Befragungen

Die Befragungen erfolgten in persönlich-mündlicher Form einer Face-to-Face-Situation über einen problemzentrierten Interviewleitfaden. Zu den Gesprächsterminen wurde der Rahmen der Befragung sowie das geplante Vorgehen vorgestellt und den Befragten ein Exemplar des Interviewleitfadens ausgehändigt und besprochen. Die Befragten konnten die Fragestellungen parallel mitlesen. Die Antworten wurden von der Interviewerin in ihrem Exemplar schriftlich festgehalten, sodass die Befragten sich bei ihren Antworten nicht mit möglichen Dokumentationsproblemen auseinandersetzen mussten. Bei Aussagen, die bzgl. der Erfassung im Kurzfragebogen unklar waren, wurde von der Interviewerin eine Konkretisierung erfragt und dem vorgegebenen Erfassungsraster entsprechend eingearbeitet. Diese Vorgehensweise wurde in den ersten beiden Befragungen erprobt, als zielführend bewertet und daher in den folgenden Befragungen fortgeführt. Umfängliche strukturelle Erklärungen bezüglich der Datendokumentation konnten so weitgehend aus den Befragungen herausgehalten werden, wodurch die Befragten sich auf ihre Erzählungen konzentrieren konnten.

Über das Mitlesen der Fragestellung und die vorgegebenen Antwortkategorien konnte den Befragten zudem ein höheres Maß an Sicherheit im Gespräch vermittelt werden, da sie Informationen zum Verlauf der Befragung in Händen hielten. In den Befragungssituationen konnten Fragen bzgl. der weiteren Datenbearbeitung besprochen und die Modalitäten der Anonymitätswahrung geklärt werden. Alle Befragten konnten in der Befragungssituation die Datenerfassung nachverfolgen und die erfassten Daten einsehen. Diese transparente Gestaltung unterstützte die auf Vertrauen basierende offene Gesprächsbereitschaft, welche die zu bearbeitende Thematik erfordert.

49. Detaillierungs-, Gestaltschließungs-, Relevanzfestlegungs-und Kondensierungszwang (KALLMEYER & SCHÜTZE 1977).

Im Anschluss an die Durchführung der ersten Befragung und die Datensicherung erfolgte eine Überprüfung des Leitfadens, woraufhin eine Überarbeitung der Fragen nach Wohnart (zur Miete oder Wohneigentum) und Geschwistern sowie einer Antworterweiterung in der Ratingskala für die Konsumhäufigkeit erfolgte. Weitere Veränderungen bzw. Anpassungen gab es im Verlauf der Befragungen nicht.

Zu Beginn der Corona-Pandemieentwicklung Anfang 2020 waren fünf Befragungen durchgeführt. Mit den in der Folge erlassenen Kontaktbeschränkungen wurden weitere Befragungen vorerst eingestellt. Zu diesem Zeitpunkt waren die zukünftigen Entwicklungen und Maßnahmengestaltung bzgl. der Umsetzungsmöglichkeiten weiterer Befragungen im Face-to-Face-Kontakt nicht absehbar. Es erfolgten unterschiedliche Überlegungen bzgl. der Möglichkeiten einer Weiterführung unter den gegebenen Kontaktbeschränkungen. Persönliche Kontaktaufnahme und Befragung durch die Interviewerin waren aufgrund der Kontaktbeschränkungen zunächst nicht mehr möglich oder planbar. Eine der bis dato Befragten hatte weitere an der Untersuchung interessierte Personen für Befragungen angesprochen, eine Weitervermittlung über einen persönlichen Kontakt in der Zugangsgestaltung erwies sich jedoch als äußerst problematisch. Vor diesem Hintergrund wurde die Entscheidung getroffen, drei der Befragungen (ID 006, ID 007 und ID 008) von ihr, als einer zweiten Interviewerin (I 2) durchführen zu lassen. Diese an die beschränkten Kontaktmöglichkeiten angepasste Vorgehensweise erfolgte unter Berücksichtigung ihrer Vorerfahrung als Interviewerin im Rahmen einer eigenen wissenschaftlichen Arbeit und dem vorhandenen Kontakt zu den von ihr rekrutierten Personen für die Befragung. Es erfolgte eine gezielte Vorbereitung und Einweisung in die Handhabung und Durchführung des Interviewleitfadens. Die erfassten Daten der Befragungen ID 006, ID 007 und ID 008 (Kurzfragebogen und Audio-aufnahmen) wurden im Anschluss an die Befragungen vollständig an die Verfasserin als Rohdaten übermittelt und in die Untersuchung eingebracht. Die Befragungen ID 001, ID 002, ID 003, ID 004, ID 005, ID 009, ID 010 und ID 011 wurden von der Verfasserin (I 1) erhoben.

3.1.6 Datenaufbereitung und -analyse

Im Rahmen der Vorbereitung der Befragungen erfolgte eine Auseinandersetzung mit verschiedenen Analysemöglichkeiten. Für die Gesamtauswertung und -analyse der erhobenen Daten wurde die Software MAXQDA[50] gewählt, da diese mit ihren zahlreichen Analysetools und Visualisierungsoptionen für die geplante Herangehensweise als zielführend erschien. Die Befragungsdaten wurden entsprechend aufbereitet und in die Software eingepflegt. Im Fokus der Analyse stand ein aus dem transkribierten

---

50. Gearbeitet wurde mit den folgenden Softwareversionen: MAXQDA 2020 und 2022.

Datenmaterial entwickeltes Kategoriensystem, welches unter Integration der aus dem Kurzfragebogen generierten Daten (Variablen) die Grundlage für die weitere Auseinandersetzung bildete.

3.1.7 Transkription

Die Audioaufnahmen wurden mit Hilfe der Transkriptionssoftware (Express-Scrib) verschriftlicht. Die Transkription erfolgte persönlich und ermöglichte so eine intensive Auseinandersetzung mit dem Datenmaterial und gewährte zudem die Einhaltung der zugesicherten Anonymität der Befragten.

Die Transkription lehnte sich als einfache Transkription an Rädiker & Kuckartz (2019) an, indem eine wörtliche Verschriftlichung erfolgte, in der vorhandene Dialekte ins Hochdeutsche übersetzt wurden. Sprache und Interpunktion wurden leicht geglättet. Zustimmende Lautäußerungen wurden ausgelassen. Alle Angaben der befragten Person, die einen Rückschluss auf diese ermöglichen, wurden anonymisiert.

Tabelle 1: Transkriptionsregeln angelehnt an Kuckartz & Rädiker (2021)

Kennzeichnungen	
>I 1<, >I 2<	Interviewerin 1 und 2
>ID 001<	Befragte mit fortlaufender Nummerierung der Befragungen
(…)	Sprechpausen werden in Klammern gesetzt
(lacht)	Lautäußerungen der Befragten werden in Klammern gesetzt
(unv.)	Unverständliche Worte/Passagen werden kenntlich gemacht
genau	Bei besonderer Betonung
((Tür öffnet sich))	Störungen von außen werden mit Ursache kenntlich gemacht
[Ortsangabe] [Name]	Zur Anonymisierung ersetzte Verallgemeinerung von spezifischen Angaben
[…]	Auslassungen durch die Verfasserin
[[hat]]	Ergänzung durch die Verfasserin zur Verbesserung des Verständnisses

3.2 Datenauswertung

Die Substanzgruppen wurden in Anlehnung an die Klassifizierung in ICD-10 zusammengestellt. Diese Klassifikation ermöglicht die Vergleichbarkeit der Daten mit anderen Forschungsergebnissen.

Bei Substanzen, die von den Befragten unter „Sonstiges" eingeordnet wurden, erfolgte im Nachgang die Datenzusammenführung in der entsprechenden Zuordnung in die Substanzgruppe. Bei der Angabe von Ephedrin wurde zur Substanzgruppe Amphetamine (ID 001) und bei „Poppers" zu flüchtigen Lösungsmitteln zugeordnet (ID 001, ID 011).

Im Rahmen der Transkription der Audio-Aufnahmen und der intensiven Auseinandersetzung mit den Inhalten kam es zu einer weiteren Subsumierung (ID 007) von Daten. Im offenen Teil der Befragung wurde der Konsum von Opium thematisiert, welcher im vorangestellten Erhebungsteil nicht angegeben wurde, sodass eine nachträgliche Datenübernahme erfolgte. Die Komplexität der Abfrage zu Beginn der Interviews unter Berücksichtigung der zu überblickenden Zeitspanne und die anschließende reflexive Auseinandersetzung im offenen Fragenteil führten zu detaillierteren Angaben bezüglich der Konsumsituationen und Konsumereignisse, was das Vorgehen bei der Befragung, nach Ansicht der Verfasserin, als zielführend ausweist.

Der zeitliche Aufwand zur Erhebung der elf Interviews hatte sich aufgrund des Infektionsgeschehens (Covid-19) und der damit einhergehenden Kontaktbeschränkungen deutlich erhöht. Die Daten wurden nach jeder Befragung übertragen und in die entsprechenden Datenerhebungsprogramme eingepflegt. Im Anschluss an die elf Befragungen erfolgte eine Auswertung der bisherigen Daten. Es zeigte sich in den bisher erhobenen Daten eine Sättigung der Ergebnisse in den erhobenen Befragungen. Es konnte davon ausgegangen werden, dass weitere Befragungen durchaus informativ, aber für die Fragestellung keine grundsätzlich anderen Daten zu erwarten wären. Zur empirischen Sicherung der Daten wären weitere umfängliche Befragungen und Forschungen anzuregen.

3.2.1 Soziodemografische Daten

Die Befragten waren zum Zeitpunkt der Befragung 39 bis 52 Jahre alt. Von den insgesamt elf Befragten waren fünf männlich und sechs weiblich. Beim Familienstand gaben neun ledig an, je eine befragte Person war verheiratet oder geschieden.

Von den Befragten gaben fünf an, in einer kleinen Mittelstadt und fünf in einer kleinen Großstadt in Thüringen geboren worden zu sein. Aktuell lebt eine Befragte in einer kleinen Mittelstadt, sieben Befragte in einer kleineren Großstadt und ein Befragter in einer Großstadt. Zum Geburtsort antwortete ein Befragter nicht, für den aktuel-

Tabelle 2:Soziodemografische Daten der Befragten

ID	Geschlecht	Alter	Familien -stand	Anzah	Wohnsituation	Berufliche Qualifikation	Monatl. Nettoein-kommen	Konsum-erfahrungen
ID 001	Weiblich	48	ledig	0	Eigene Wohnung in Partnerschaft	Facharbeiter/ Meister	1.000-2.500€	A, Ca, S, K, T, f. L.
ID 002	Weiblich	47	geschieden	0	Eigene Wohnung in Partnerschaft	Akademiker	> 2.500€	A, Ca, T
ID 003	Weiblich	44	ledig	1	Eigene Wohnung in Partnerschaft	Akademiker	1.000-2.500€	A, Ca, O, S, C, K, H, X, T, f. L.
ID 004	Männlich	49	ledig	0	Eigene Wohnung in Partnerschaft	Facharbeiter/ Meister	-2.500€	A, Ca, S, K, X, T, f. L.
ID 005	männlich	52	ledig	0	Eigene Wohnung allein	Facharbeiter/ Meister	1.000-2.500€	A, Ca, S, C, K, H, X, T, f. L., Spice
ID 006	Männlich	46	verheiratet	2	Eigene Wohnung in Partnerschaft	Akademiker	> 2.500€	A, Ca, H, T
ID 007	Männlich	49	ledig	2	Eigene Wohnung in Partnerschaft	Facharbeiter/ Meister	1.000-2.500€	A, Ca, O, S, C, K, H, X, T
ID 008	Männlich	45	ledig	0	k. A.	Facharbeiter/ Meister	1.000€	A, Ca, O, S, C, K, H, X, T, f. L.
ID 009	Weiblich	42	ledig	1	Eigene Wohnung allein	Facharbeiter/ Meister	1.000-2.500€	A, Ca, S, C, K, H, X, T
ID 010	Weiblich	39	ledig	1	Eigene Wohnung allein	Akademiker	> 2.500€	A, Ca, S, C, K, H, X, T, f. L.
ID 011	Weiblich	48	ledig	0	Eigene Wohnung in Partnerschaft	Akademiker	> 2.500€	A, Ca, S, C, K, H, X, T, f .L.

Legende: A- Alkohol, Ca – Cannabis, C – Crystal/Methamphetamin, H – Halluzinogene, K – Kokain/ Crack, O – Opiate/Opioide, S – Speed/Amphetamin, T – Tabak, X - Exstasy, f. L. – flüchtige Lösungsmittel

len Wohnort wurden bei zwei der Befragten keine Angaben gemacht. Insgesamt stammen zehn der Befragten aus Thüringen und neun gaben an, in Thüringen zu leben.

3.2.2 Konsumerfahrungen mit psychotropen Substanzen

Die Konsumerfahrungen mit den unterschiedlichen psychotropen Substanzen der Befragten und die hieraus entwickelten Strategien im Umgang mit psychotropen Substanzen bilden die Grundlage der vorliegenden Arbeit. Für die qualitative Datenauswertung werden die Erfahrungshintergründe der Befragten und ihre unterschiedlichen Konsumerfahrungen genutzt. Des Weiteren bieten die Daten trotz der geringen Anzahl der Befragten interessante Einsichten, sodass sie aus Gründen der Transparenz ebenfalls in die Darstellung aufgenommen werden.

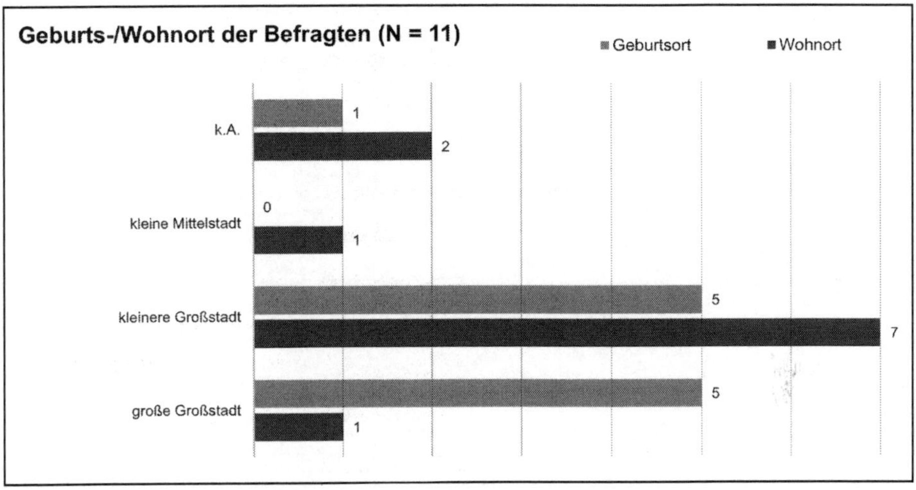

Abbildung 4: Angaben zum Geburts- und Wohnort der Befragten

Die Konsumerfahrungen der Befragten zeigen unterschiedliche und in sich variierende Verläufe in der Konsumhäufigkeit und der Dauer des Konsums psychotroper Substanzen. In den substanzspezifischen Einzelbetrachtungen der unterschiedlichen psychotropen Substanzen werden die Konsumerfahrungen der Befragten gemeinsam betrachtet.

3.2.2.1 Konsumerfahrungen mit Alkohol

Alle elf Befragten hatten Konsumerfahrungen mit Alkohol. Die ersten Konsumerfahrungen wurden im Alter von 12 bis 16 Jahren gemacht. Der Beginn der exzessivsten Konsumphase wurde von den Befragten in sehr unterschiedlichen Lebensaltern angegeben. Bei einigen folgte dies zeitnah auf den Erstkonsum, weitere beschreiben die Phase in ihrer Jugend und im jungen Erwachsenenalter und wieder andere im späteren Erwachsenenalter. Auch bei der zeitlichen Dimension dieser exzessivsten Konsumphase ergibt sich eine sehr große Varianz, welche von 3 Wochen bis 19 Jahre reicht. Die geringste Häufigkeit des Konsums lag in der exzessivsten Konsumphase bei einer wöchentlichen Konsumhäufigkeit von einmal (N=1) und 2- bis 3-mal pro Woche (N=3) sowie täglichem Alkoholkonsum (N=7). In einer Befragung wurde geantwortet, dass der aktuelle Konsum ein zeitlich höheres Konsumintervall (2- bis 3-mal pro Woche) hat als in der als exzessiv beschriebenen Phase, da beim damaligen wöchentlichen Konsumintervall mehr Alkoholeinheiten konsumiert wurden als aktuell.

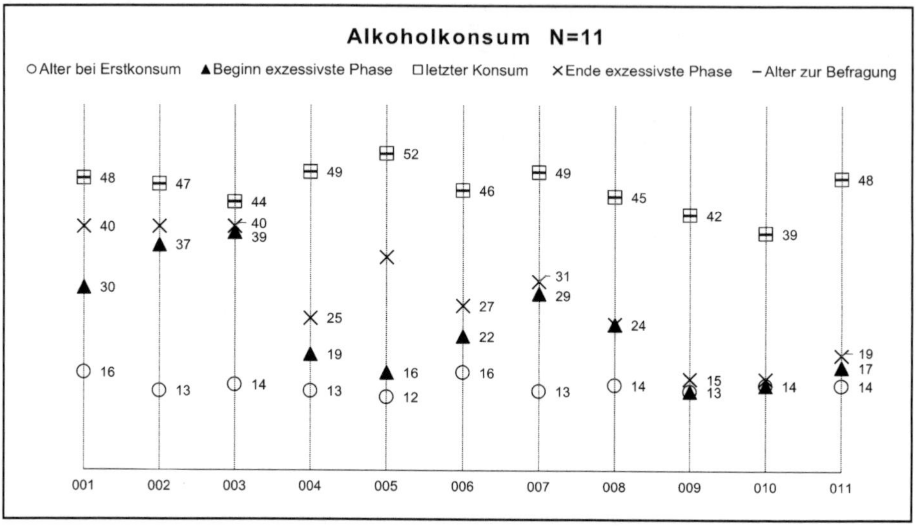

Abbildung 5: Alter zum Zeitpunkt des Erstkonsums, des Beginns und des Endes der exzessivsten Konsumphase sowie beim letzten Konsum von Alkohol

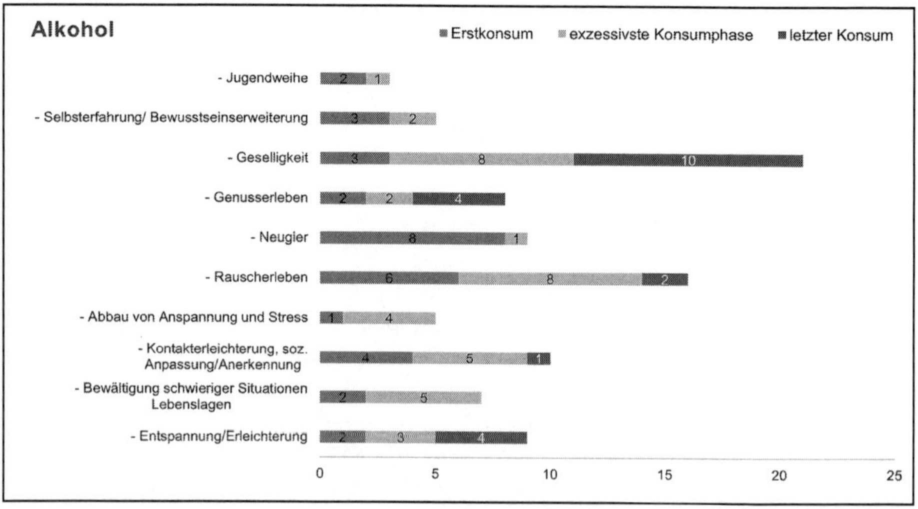

Abbildung 6: Konsumgründe beim Erstkonsum, in der exzessivsten Phase und beim letzten Konsum von Alkohol (Mehrfachnennung möglich)

Beim aktuellen Konsumverhalten gaben alle Befragten an, Alkohol zu konsumieren, die Konsumhäufigkeit liegt zwischen 14 Tage andauernd (N=2), 2- bis 3-mal pro Woche (N=8) und täglich (N=1).

Die Gründe für Alkoholkonsum verändern sich über die abgefragten Konsumphasen. Die Reduzierung der Motive vom ersten bis zum letzten Alkoholkonsum weisen auf eine funktional ausgerichtete Entwicklung hin, in der Konsum von Alkohol von den Befragten zielgerichteter genutzt wird. Für Erstkonsum und exzessivste Konsumphase zeigt sich die größte Bandbreite an Konsummotiven, von denen „Neugier", „Jugendweihe", „Selbsterfahrung/Bewusstseinserweiterung" zum Erstkonsum am häufigsten angegeben wurden. In der exzessivsten Konsumphase nehmen „Abbau von Anspannung und Stress" und „Bewältigung von schwierigen Situationen/Lebenslagen" gegenüber der Nennung beim Erstkonsum zu, finden beim letzten Konsum jedoch keine Beachtung mehr. Die Motive „Rauscherleben" und „Kontakterleichterung, soziale Anpassung/Anerkennung" werden in der exzessivsten Phase am häufigsten genannt. Das Konsummotiv „Geselligkeit" nimmt hingegen über die Phasen zu und wird beim letzten Konsum von fast allen Befragten (N=10) angegeben, zudem werden die Motive „Genusserleben" und „Entspannung/Erleichterung" in den Phasen zunehmend benannt und weisen zum Zeitpunkt des letzten Konsums die häufigste Nennung (N=4) auf.

Die dargestellte Entwicklung der Konsummotive zeigt, dass sich die zunächst vielfältigen Motivationslagen beim Erstkonsum in der Phase des exzessivsten Konsums auf bestimmte zentrale Motive verschiebt – insbesondere „Geselligkeit", „Rauscherleben", „Kontakterleichterung/soziale Anerkennung" sowie „Bewältigung schwieriger Lebenslagen". Beim letzten Konsum hingegen dominieren die Motive „Geselligkeit", „Genuss" und „Entspannung/Erleichterung".

3.2.2.2 Konsumerfahrungen mit Tabak

Für den Tabakkonsum ergibt sich folgendes Bild: Alle elf Befragten hatten Konsumerfahrungen mit Tabak und zehn konsumieren aktuell Tabak. Die Häufigkeit lag bei zwei Befragten bei 2- bis 3-mal pro Woche, acht Befragte konsumierten täglich. Die ersten Konsumerfahrungen wurden je einmal mit sechs und einmal mit acht Jahren benannt.

Hierbei beschrieben ID 002 und ID 009 einen einmaligen Konsum im Kindesalter (i. S. einer „Mutprobe"), der Konsum wird in beiden Fällen erst Jahre später wieder aufgenommen.

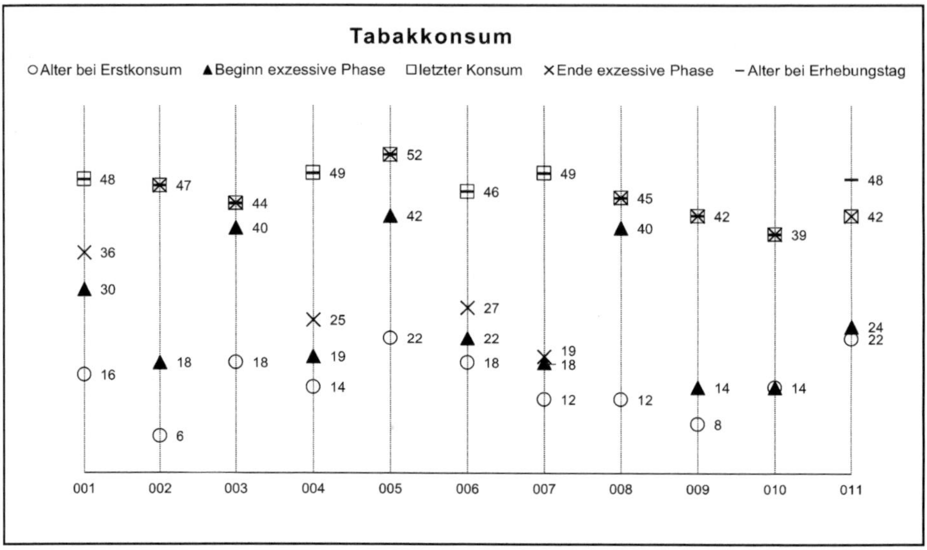

Abbildung 7: Alter zum Zeitpunkt des Erstkonsums, des Beginns und des Endes der exzessivsten Konsumphase sowie beim letzten Konsum von Tabak

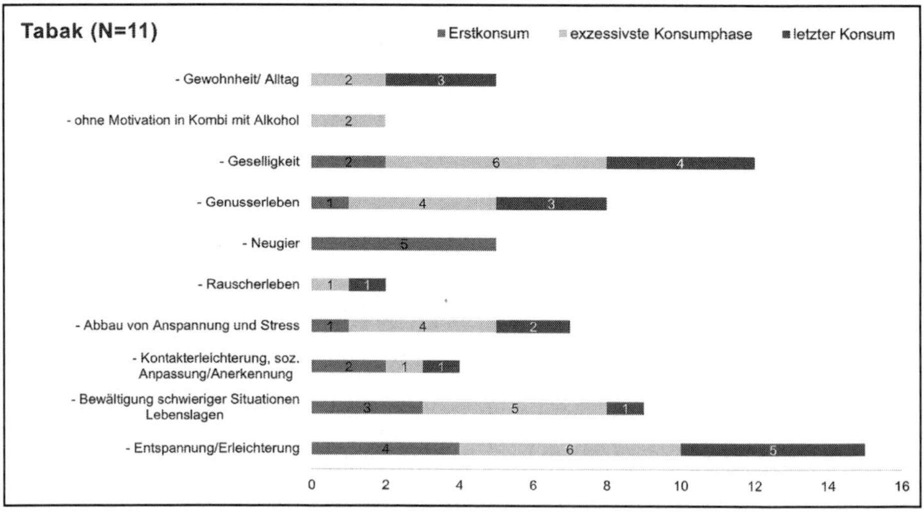

Abbildung 8: Konsumgründe beim Erstkonsum, in der exzessivsten Phase und beim letzten Konsum von Tabak (Mehrfachnennung möglich)

3.2.2.3 Konsumerfahrungen mit Cannabis

Der Konsum erfolgte vorrangig inhalativ über das Rauchen (N = 11), acht der Befragten gaben an, Cannabis auch gegessen bzw. getrunken zu haben. Der Erstkonsum von Cannabis erfolgte bei den Befragten im Alter zwischen 13 und 23 Jahren. Die exzessivste Phase des Konsums erlebten die Befragten in unterschiedlichen Lebensphasen sowie mit unterschiedlicher Dauer, zwischen 0,5 und 22 Jahren, und einer Heterogenität in der Konsumhäufigkeit von 6- bis 10-mal (N = 1), 4-mal pro Jahr (N = 1), monatlich (N = 1), 2- bis 3-mal pro Woche (N = 3) und täglichem Cannabiskonsum (N = 5).

Aktuell konsumieren sechs der Befragten Cannabis, bei drei Befragten lag der letzte Konsum ein Jahr zurück, je einmal zwei und 20 Jahre. Einen aktuellen Cannabiskonsum beschrieben sieben der Befragten. Zwei der Befragten gaben an, aktuell täglich zu konsumieren, einmal wurde wöchentlich und zweimal monatlich als Konsumhäufigkeit angegeben. Einmal wurde eine Konsumphase von einer Woche im vergangenen Jahr genannt.

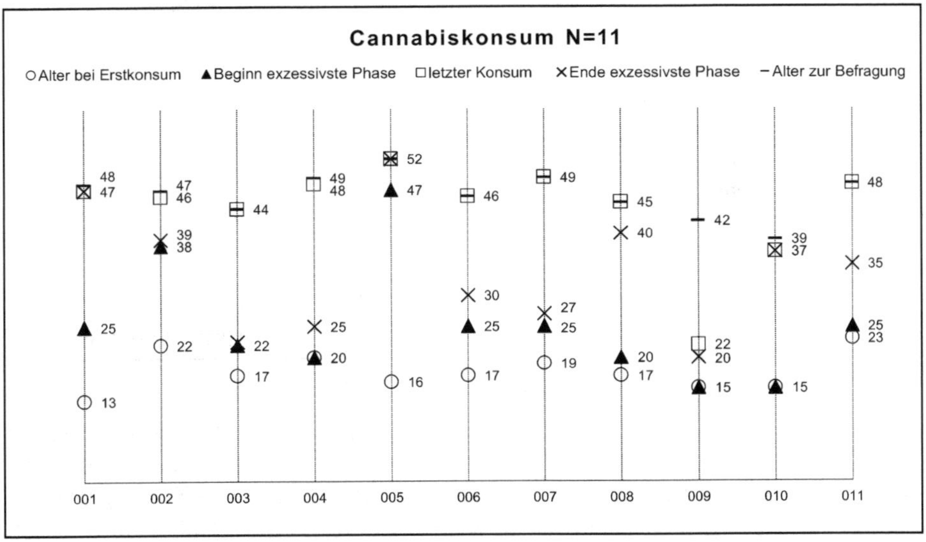

Abbildung 9: Alter beim Cannabiskonsum zum Zeitpunkt des Erstkonsums, des Beginns und des Endes der exzessivsten Phase und beim letzten Konsum

Bei den Konsumgründen für den Erstkonsum steht „Neugier“ an erster Stelle und wurde von allen (N = 11) benannt, danach folgen „Selbsterfahrung/Bewusstseinserweiterung“ (N = 5), „Rauscherleben“ (N = 4), „Abbau von Anspannung und Stress“ sowie „Genusserleben“ (N = 2), „Entspannung und Erleichterung“ (N = 1), „Bewältigung schwieriger Situationen/Lebenslagen“ (N = 1), „Geselligkeit“ (N = 1) als Gründe des ersten Konsums. Die exzessivste Konsumphase unterschied sich in ihrer Konsumintensität und Dauer. Täglichen Konsum gaben fünf der Befragten an, drei konsumierten 2- bis 3-mal pro Woche, je einmal wurde die Konsumhäufigkeit mit monatlich, 4-mal im Jahr und insgesamt 6- bis 10-mal angegeben.

Bei den Konsumgründen in der exzessivsten Phase des Konsums wurde „Entspannung und Erleichterung“ (N = 8) und „Rauscherleben“ (N = 7) und „Abbau von Anspannung und Stress“ (N = 4), „Selbsterfahrung/Bewusstseinserweiterung“ (N = 4), sowie „Bewältigung schwieriger Situationen/Lebenslagen“ (N = 3), „Genusserleben“ (N = 3) und je einmal „Kontakterleichterung“, „soziale Anpassung/Anerkennung“, „Neugier“ und „Muskelverspannung/Schmerzen“ angegeben. Bei den Konsummotiven für den letzten Konsum gaben fünf der Befragten „Entspannung/Erleichterung“ an, 3-mal wurde „Bewältigung schwieriger Situationen/Lebenslagen“ und „Geselligkeit“ angegeben.

Je 2-mal wurde „Abbau von Anspannung und Stress“, „Rauscherleben“ und „Genusserleben“ benannt sowie je einmal „Muskelverspannung/Schmerzen“ und „Runterkommen von Chemie“. Es zeigen sich bei den drei abgefragten Konsumzeit-

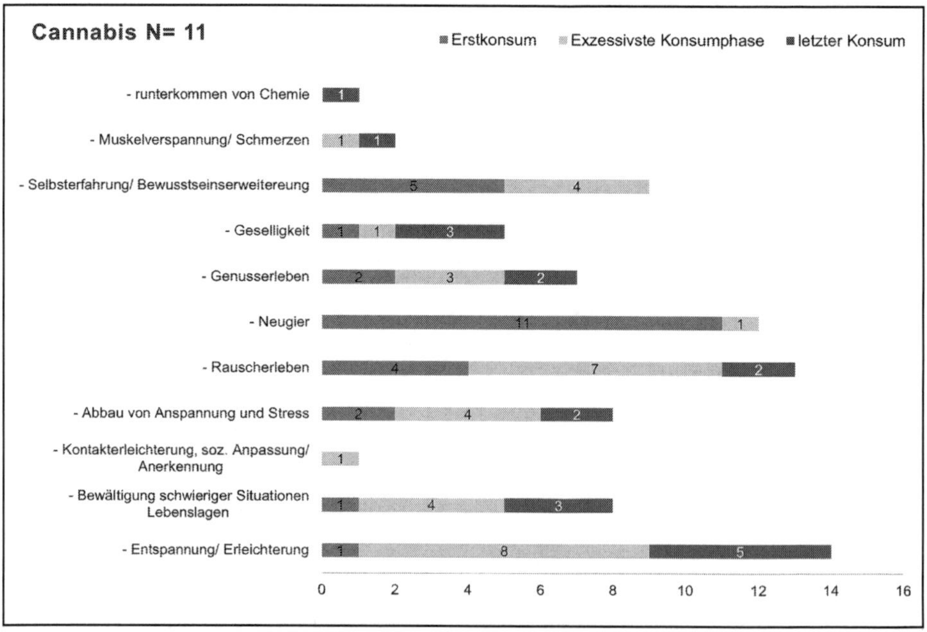

Abbildung 10: Konsumgründe beim Erstkonsum, in der exzessivsten Phase und beim letzten Konsum von Cannabis (Mehrfachnennung möglich)

punkten Veränderungen in der Konsummotivation. Als stärkstes Konsummotiv für den Erstkonsum steht auch hier die „Neugier“ (N=11), gefolgt von „Selbsterfahrung/ Bewusstseinserweiterung“ (N=5), „Rauscherleben“ (N=4) und „Genusserleben“ (N=2), „Abbau von Anspannung und Stress“ (N=2), sowie je einer Nennung der Motive „Geselligkeit“, „Bewältigung schwieriger Situationen/Lebenslagen“ und „Entspannung/Erleichterung“. In der exzessivsten Phase standen „Entspannung/Erleichterung“ (N=8), „Rauscherleben“ (N=7), „Selbsterfahrung/Bewusstseinserweiterung“, „Abbau von Anspannung und Stress“, „Bewältigung schwieriger Situationen/Lebenslagen“ (je N=4) und „Genusserleben“ (N=3) als Motive im Vordergrund. Beim letzten Konsum wurden „Entspannung/Erleichterung“ (N=5), „Geselligkeit“, „Bewältigung schwieriger Situationen/Lebenslagen“ (je N=3) und „Genusserleben“, „Rauscherleben“, „Abbau von Anspannung und Stress“ (je N=2), sowie „Runterkommen von Chemie“ und „Muskelverspannung/Schmerzen“ (je N=1) angegeben.

3.2.2.4 Konsumerfahrungen mit Opiaten

Konsumerfahrungen mit Opiaten wurden von drei der Befragten beschrieben. Der Erstkonsum fand einmal im Alter von 23, in den zwei anderen Fällen mit 27 Jahren statt. Zwei der Befragten stellten den Konsum innerhalb eines Jahres ein, was 17

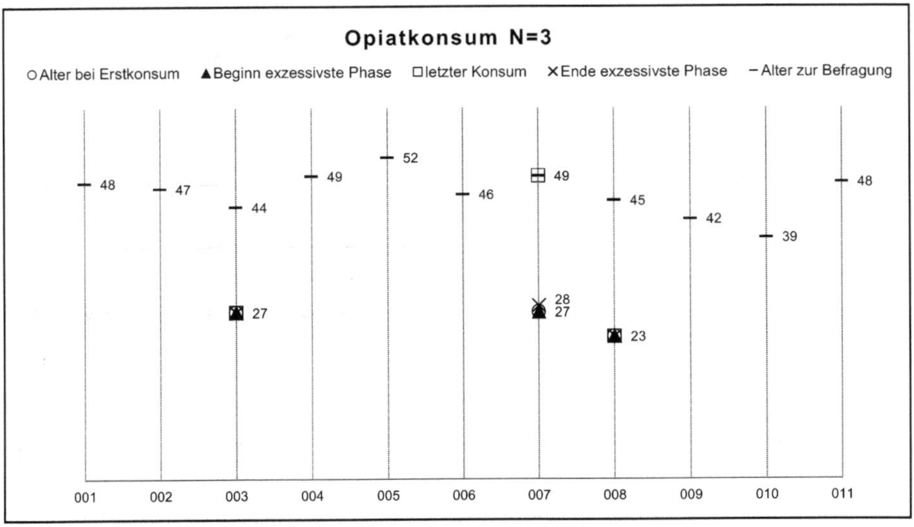

Abbildung 11: Alter beim Opiatkonsum zum Zeitpunkt des Erstkonsums, des Beginns und des Endes der exzessivsten Phase sowie beim letzten Konsum

und 22 Jahre zurückliegt. Als Konsumform wurden nasal (N=2) und inhalativ (N=2) angegeben.

Als Konsummotive für den ersten Konsum wurden „Neugierde“ (N=3), „Rauscherleben“ (N=2) und „Entspannung/Erleichterung“, „Genusserleben“ und „Selbsterfahrung/Bewusstseinserweiterung“ (je N=1) genannt. Für den letzten Konsum wurde „Rauscherleben“ (N=2) und je einmal „Neugier“ und „Geselligkeit“ (je N=1) angegeben. In der Befragung wurde einmal angegeben, dass Opiate mehrfach über insgesamt einen Zeitraum von 22 Jahren konsumiert wurden. Die exzessivste Konsumphase verlief über ein Jahr nach dem Erstkonsum [27] mit insgesamt 2 bis 5 Konsumvorgängen.

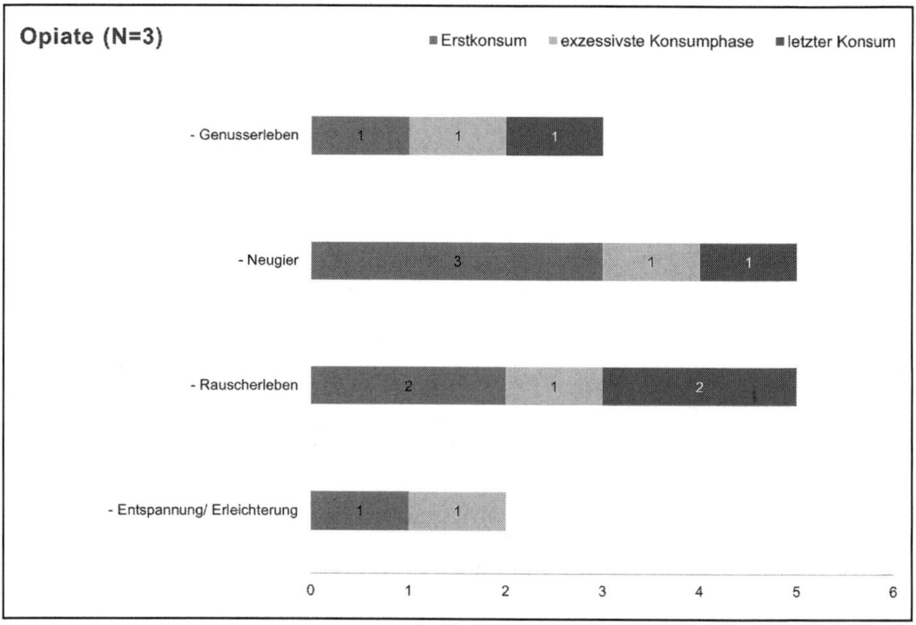

Abbildung 12: Konsumgründe beim Erstkonsum, in der exzessivsten Phase und beim letzten Konsum von Opiaten (Mehrfachnennung möglich)

3.2.2.5 Konsumerfahrungen mit Amphetaminen

Amphetaminerfahrungen gaben neun der Befragten an. Das Alter beim Erstkonsum lag zwischen 15 und 35 Jahren. Die Phase des exzessivsten Konsums wurde mit 0,5 bis 5 Jahren und einer Konsumhäufigkeit von 2-mal im Jahr bis täglich (N=1) angegeben. Drei der Befragten gaben, an im letzten Jahr konsumiert zu haben.

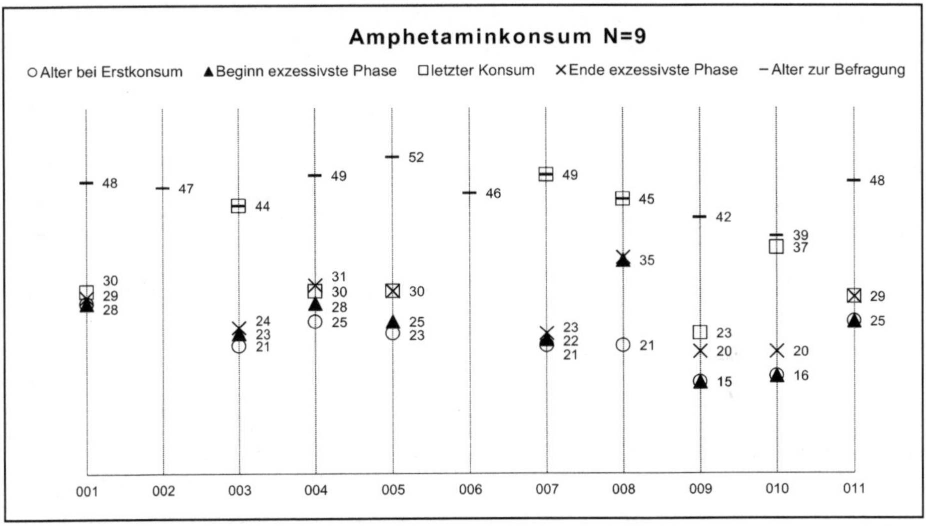

Abbildung 13: Alter beim Amphetaminkonsum zum Zeitpunkt des Erstkonsums, des Beginns und des Endes der exzessivsten Phase sowie beim letzten Konsum

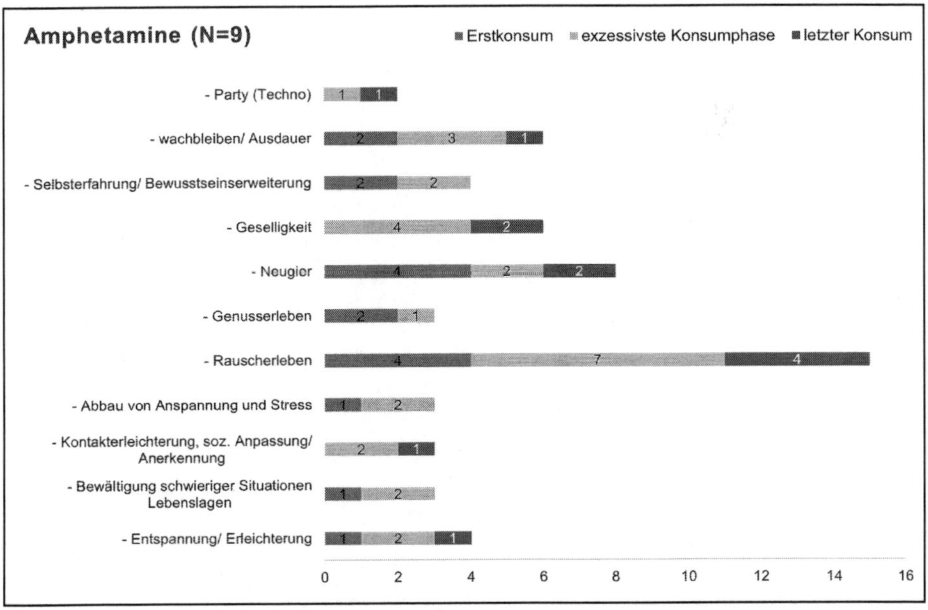

Abbildung 14: Konsumgründe beim Erstkonsum, in der exzessivsten Phase und beim letzten Konsum von Amphetaminen (Mehrfachnennungen möglich)

Als Gründe für den Erstkonsum wurden am häufigsten „Neugier" und „Rauscherleben" (je N=4) genannt. „Rauscherleben" wird auch in der exzessivsten Phase (N=7) und zum letzten Konsum (N=4) angegeben.

Bei dieser Substanz wird „Neugier" als Konsummotivation auch für die exzessivste Phase und beim letzten Konsum (je N=2) benannt. Die Gründe „Party (Techno)" (N=1; 1), „Geselligkeit" (N=4; 2), „Kontakterleichterung", „soziale Anpassung/ Anerkennung" (N=2; 1) wurden für die exzessivste Phase und den letzten Konsum angegeben.

3.2.2.6 Konsumerfahrungen mit Methamphetamin

Konsumerfahrungen mit Methamphetamin hatten sieben der Befragten. Das Alter beim Erstkonsum lag zwischen 15 und 30 Jahren. Die Phase des exzessivsten Konsums lag zwischen 0,2 und 5 Jahren, in denen die Konsumhäufigkeit von 2- bis 5-mal (insgesamt) bis täglichen Konsum (N=2) genannt wurde. Aktuell wird der Konsum von Methamphetamin von zwei der Befragten, die Konsumhäufigkeit dabei mit einmal pro Jahr und innerhalb des letzten Jahres angegeben.

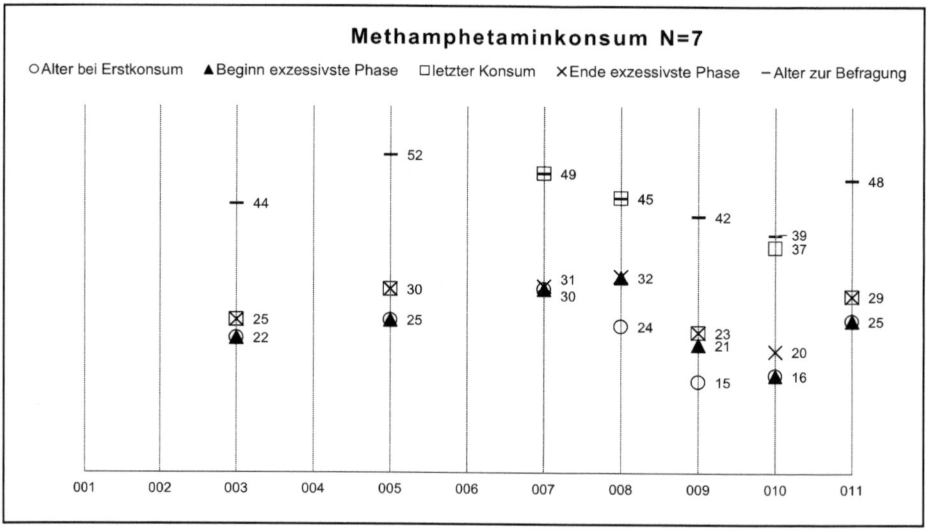

Abbildung 15: Alter beim Methamphetaminkonsum zum Zeitpunkt des Erstkonsums, dem Beginn und dem Ende der exzessivsten Phase und beim letzten Konsum

Für den Erstkonsum wurden „Neugier“ (N=6) und „Rauscherleben“ (N=5), als häufigste Gründe angegeben. Konsumgründe, die nach dem Erstkonsum genannt werden, sind „Party (Techno)“ (N=1; 1), „Wachbleiben/Ausdauer“ (N=1; 1), „Geselligkeit“ (N=3; 2); „Genusserleben“ (N=1; 2), „Kontakterleichterung, soziale Anpassung/Anerkennung“ (N=2; 1) und „Entspannung/Erleichterung“ (N=2; 1). Das „Rauscherleben“ ist wie beim Amphetaminkonsum auch für die exzessivste Phase (N=6) und den letzten Konsum (N=4) das häufigste Motiv.

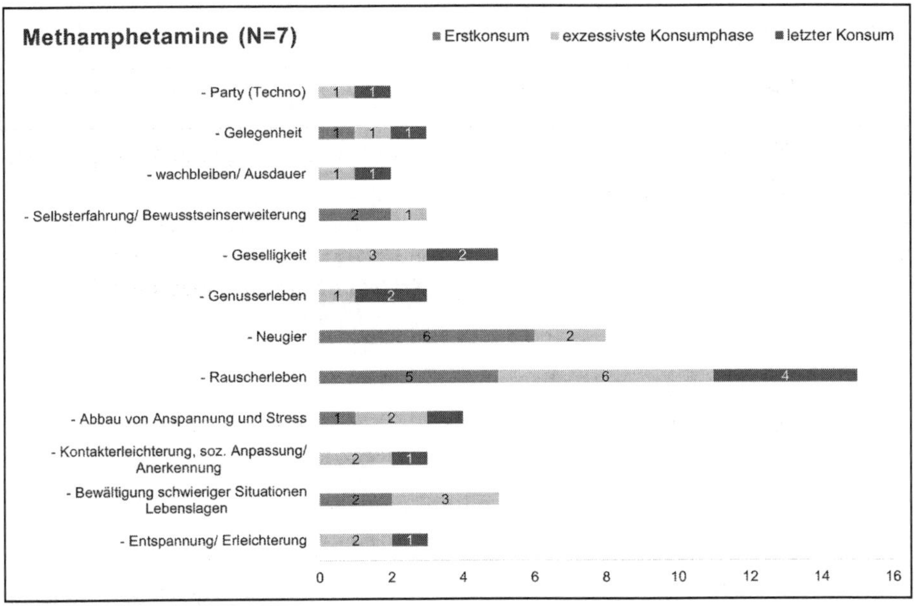

Abbildung 16: Konsumgründe beim Erstkonsum, in der exzessivsten Phase und beim letzten Konsum von Methamphetamin (Mehrfachnennung möglich)

3.2.2.7 Konsumerfahrungen mit Kokain/Crack

Konsumerfahrungen mit Kokain/Crack gaben neun der Befragten an. Das Alter zum Zeitpunkt des Erstkonsums lag zwischen 17 und 35 Jahren. Zwei der Befragten gaben neben nasalen Konsum auch Rauchen an. Die Dauer der exzessivsten Phase lag zwischen einem 0,5 bis 5 Jahren, die Konsumhäufigkeit wurde mit 2- bis 5-mal (N=2), 6- bis 10-mal (N=1), 4-mal pro Jahr (N=1), wöchentlich (N=2), 2- bis 3-mal pro Woche (N=1) und täglich (N=1) angegeben. Als aktuelle Konsumhäufigkeit im Jahr

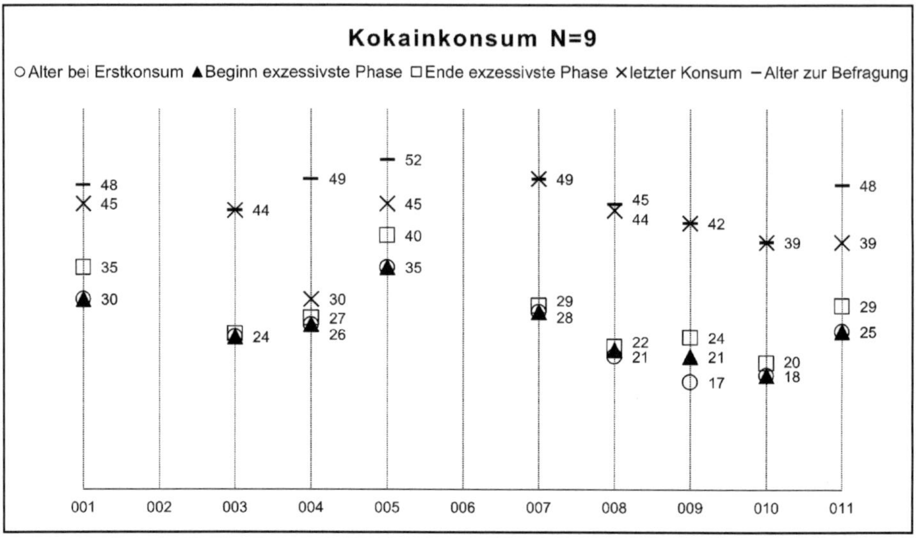

Abbildung 17: Alter beim Kokain-/Crackkonsum zum Zeitpunkt des Erstkonsums, des Beginns und des Endes der exzessivsten Phase sowie beim letzten Konsum

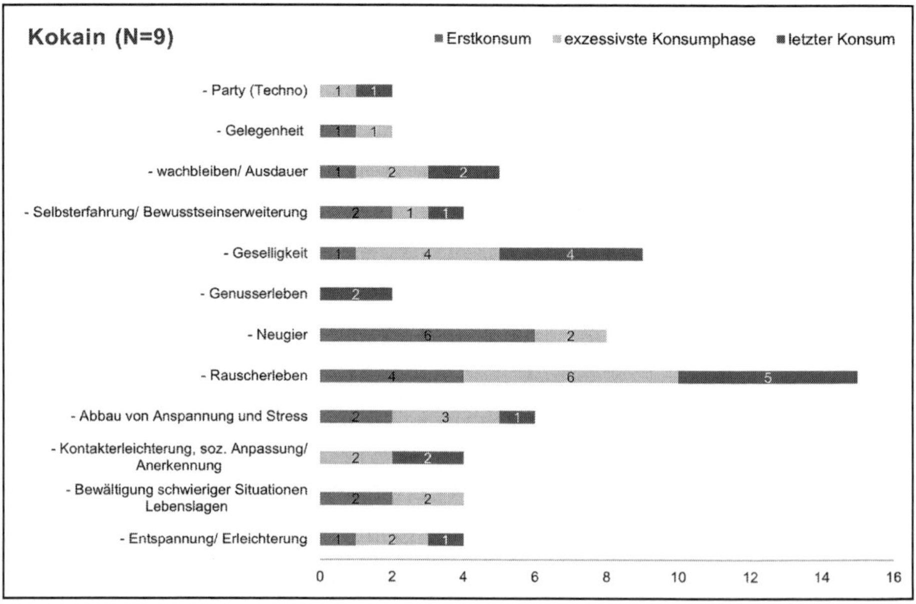

Abbildung 18: Konsumgründe beim Erstkonsum, in der exzessivsten Phase und beim letzten Konsum von Kokain/Crack (Mehrfachnennung möglich)

wurden einmal, 2-mal und 4-mal angegeben. Der letzte Konsum lag bei sechs der Befragten weniger als drei Jahre zurück.

„Neugier" (N=6) und „Rauscherleben" (N=4) wurden als Motive für den Erstkonsum am häufigsten genannt. In der exzessivsten Phase und beim letzten Konsum wurden „Rauscherleben" (N=6; 5) und „Geselligkeit" (N=4; 4) am häufigsten genannt. Auch hier werden „Party (Techno)" (N=1; 1) und „Kontakterleichterung, soziale Anpassung/Anerkennung" (N=2; 2) erst nach dem Erstkonsum angegeben, „Genusserleben" (N=2) wurde nur für den letzten Konsum als Motivation angegeben.

3.2.2.8 Konsumerfahrungen mit Exstasy

Von den Befragten gaben acht Konsumerfahrungen mit Exstasy an. Der erste Konsum fand im Alter zwischen 15 bis 25 Jahren statt. Konsumiert wurde Exstasy vorrangig durch orale Einnahme (N=8) und auch nasal (N=2). Die exzessivste Konsumphase hielt zwischen 0,2 bis 20 Jahre an, die Häufigkeit des Konsums wird mit monatlich (N=2), 14-täglich (N=2), und wöchentlich (N=4) angegeben. Aktuell gaben vier der Befragten einen Konsum an, die Häufigkeit lag bei einmalig (N=1), 6- bis 10-mal (N=1) und jährlich (N=2).

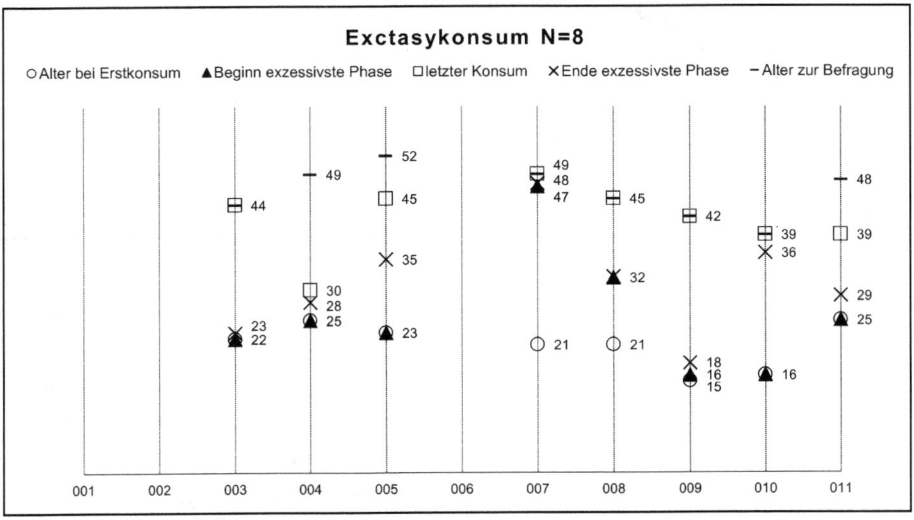

Abbildung 19: Alter beim Erstkonsum von Exstasy, dem Beginn und dem Ende der exzessivsten Phase und beim letzten Konsum

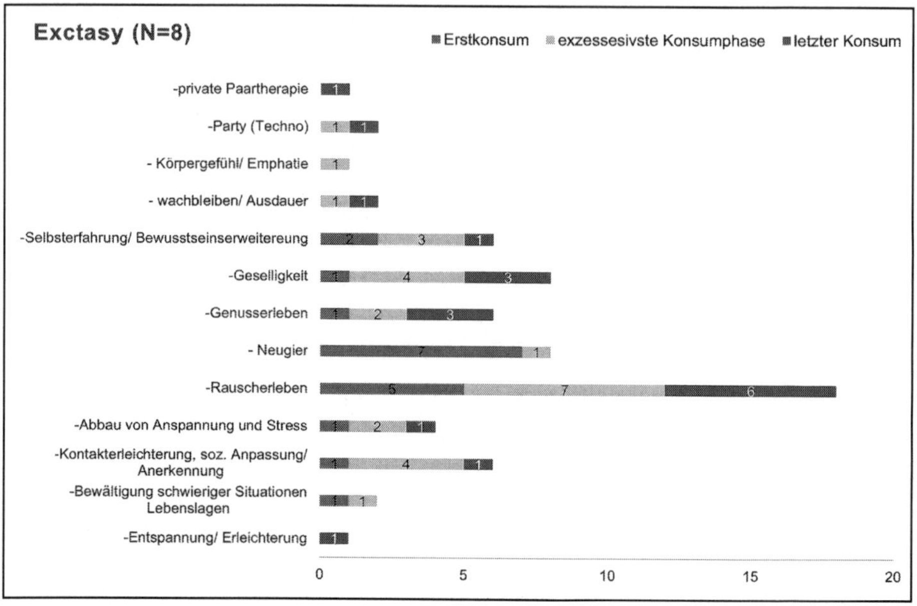

Abbildung 20: Konsumgründe beim Erstkonsum, in der exzessivsten Phase und beim letzten Konsum von Exstasy (Mehrfachnennung möglich)

Beim ersten Konsum waren die am häufigsten genannten Gründe „Neugier“ (N = 7) und „Rauscherleben“ (N = 5), das auch vorrangig als Motiv in der exzessivsten Phase (N = 7) und beim letzten Konsum benannt wird. Ab der exzessivsten Phase kommen die Motive „Party (Techno)“ (N = 1), „Körpergefühl“ (N = 1) und „Wachbleiben/Ausdauer“ (N = 1) hinzu. Bei der Frage nach Konsumgründen für den letzten Konsum wurden die weiteren Motive „private Paartherapie“ (N = 1) und „Entspannung/Erleichterung“ (N = 1) angegeben.

3.2.2.9 Konsumerfahrungen mit Halluzinogenen

Konsumerfahrungen mit Halluzinogenen gaben acht der Befragten an. Das Alter zum Zeitpunkt des Erstkonsums lag zwischen 15 und 31 Jahren.

Konsumiert wurde oral (N = 8), inhalativ (N = 1) und nasal (N = 1). Die Dauer der exzessivsten Phase lag zwischen 0,2 und 4 Jahren. Die Konsumhäufigkeit wurde mit einmalig (N = 1), 2- bis 5-mal (N = 1), 6- bis 10-mal (N = 1), einmal pro Jahr (N = 2), monatlich (N = 2) und 2- bis 3-mal pro Woche (N = 1) angegeben. Zur aktuellen Kon-

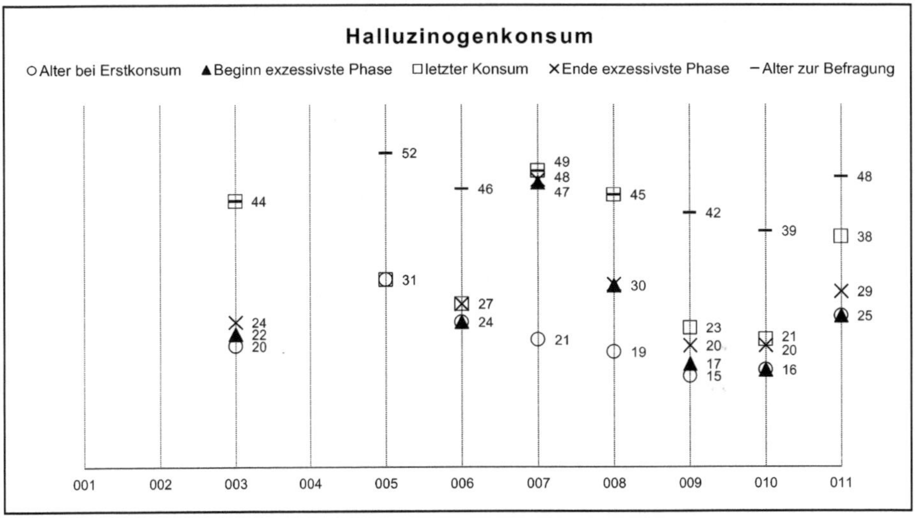

Abbildung 21: Alter beim Erstkonsum von Halluzinogenen, dem Beginn und dem Ende der exzessivsten Phase und beim letzten Konsum

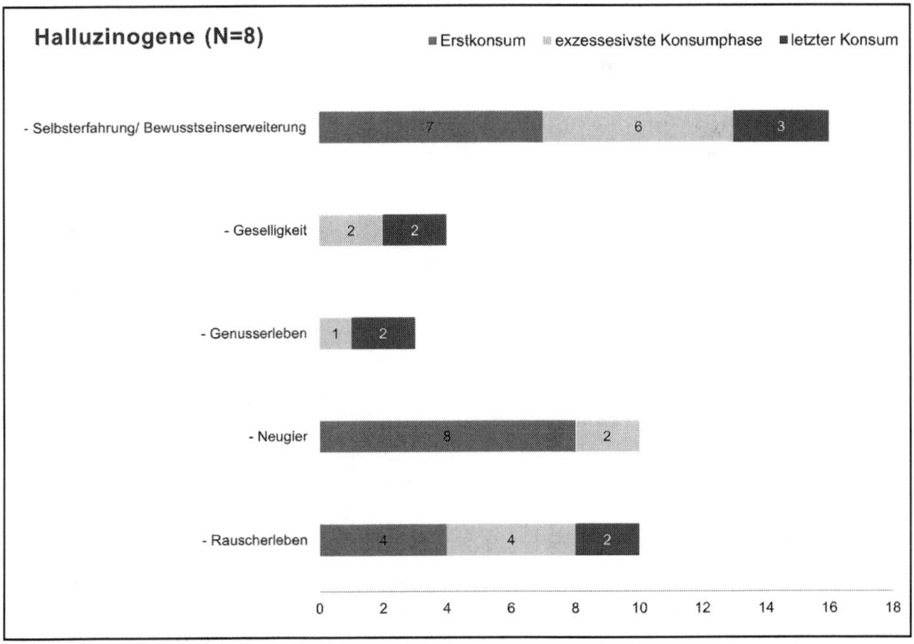

Abbildung 22: Konsumgründe beim Erstkonsum, in der exzessivsten Phase und beim letzten Konsum von Halluzinogenen (Mehrfachnennung möglich)

sumhäufigkeit wurden einmal (N=1), 2-mal im Jahr (N=1) und 14-täglich (N=1) angegeben.

Beim ersten Konsum gaben alle „Neugier“ (N=8), „Selbsterfahrung“ (N=7) und „Rauscherleben“ (N=4) an. „Selbsterfahrung“ wird vorrangig als Motiv in der exzessivsten Phase (N=6) und beim letzten Konsum (N=3) benannt. Ab der exzessivsten Phase kommen die Motive „Geselligkeit“ (N=2) und „Genusserleben“ (N=1) hinzu.

3.2.2.10 Konsumerfahrungen mit flüchtigen Lösungsmitteln

Flüchtige Lösungsmittel wurden von fünf der Befragten konsumiert. Der Erstkonsum fand im Alter von 16 bis 29 Jahren statt. Dabei gaben drei der Befragten an, einmalig konsumiert zu haben, bei zwei der Befragten kam es zu einer Konsumhäufigkeit zwischen 2- und 5-mal. Die Konsumphase wurde von allen innerhalb eines Jahres nach dem Erstkonsum eingestellt und aktuell erfolgt kein Konsum.

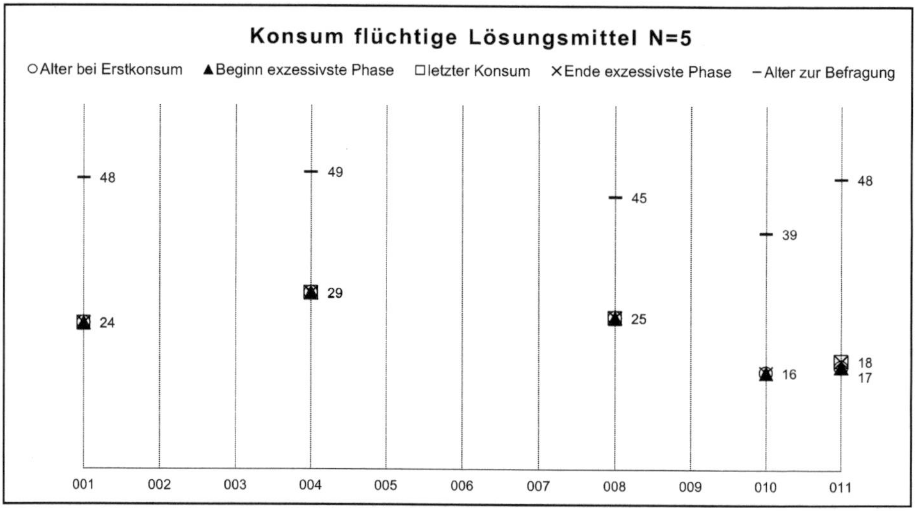

Abbildung 23: Alter beim Konsum flüchtiger Lösungsmittel zum Zeitpunkt des Erstkonsums, des Beginns und des Endes der exzessivsten Phase sowie beim letzten Konsum

Gründe für den Konsum waren beim Erstkonsum „Neugier“ (N=3) und „Rauscherleben“ (N=2), in der exzessivsten Phase kamen „Party (Techno)“ und „Genusserleben“ hinzu. Zum letzten Konsum wurden „Rauscherleben“ (N=2), „Party (Techno)“ (N=1) und „Neugier“ (N=1) als Motive für den Konsum genannt.

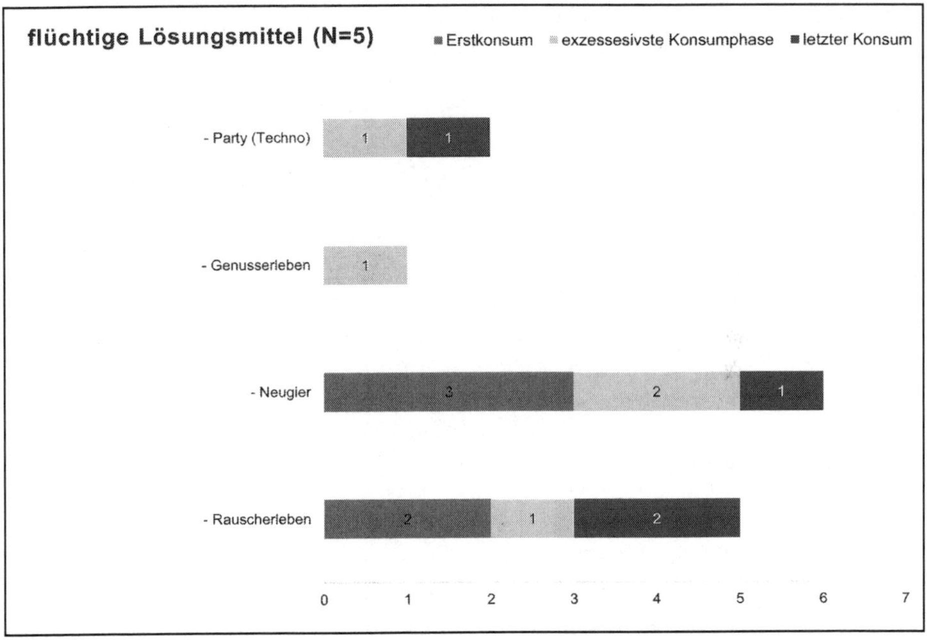

Abbildung 24: Konsumgründe beim Erstkonsum, in der exzessivsten Phase und beim letzten Konsum von flüchtigen Lösungsmitteln (Mehrfachnennung möglich)

3.2.2.11 Konsumerfahrungen mit Spice und Badesalzen

Von den Befragten berichtete nur einer (ID 005) von einem Konsum von Spice. Zu diesem Zeitpunkt war der Befragte 25 Jahre alt und der Konsum erfolgte einmalig und inhalativ. Weitere Konsumerfahrungen mit Badesalz[51] wurde von keinem der Befragten beschrieben. Der Konsum von Substanzen aus der Gruppe der neuen psychoaktiven Substanzen wurde von zehn Befragten verneint. Im Rahmen der Befragung konnten die Gründe für den Nichtkonsum nicht ermittelt werden.

3.2.3 Porträts der Befragten

Im Rahmen vorliegender Arbeit wurden elf Personen zur Entwicklung ihres Konsums psychotroper Substanzen befragt. Im Zentrum stehen deren Konsumerfahrungen und Entwicklungsprozesse im Umgang mit psychotropen Substanzen. Eine zusammen-

51. Badesalz: allgemeine Beschreibung für die Gruppe der Research Chemicals aus der Gruppe der NPS.

fassende Darstellung der Befragungsportraits basiert auf den Angaben in den Kurzfragebögen und den Transkriptionen. Mit den Befragungsportraits wird darauf abgezielt, Einblicke in die unterschiedlichen Entwicklungen von Konsummustern und Veränderungsprozessen bei den Befragten und ihren Erfahrungen mit dem Konsum psychotroper Substanzen zu gewinnen. Für die Auswertung wurden die Daten aus den leitfadengestützten Interviews (Kurzfragebogen und transkribierte Aufnahmen) zusammengestellt. Verschiedene Visualisierungen in Form von grafischen Darstellungen der im Kurzfragebogen aufgenommenen Daten dienen der besseren Übersicht und ermöglichen es außerdem, zeitliche und thematische Zusammenhänge herzustellen. Um eine bessere Lesbarkeit zu gewährleisten, werden in den folgenden Ausführungen die Altersangaben zu den unterschiedlichen Konsumsituationen im Text jeweils in eine eckige Klammer gesetzt.

3.2.3.1 Susi (ID 001)

Susi (weiblich) ist zum Zeitpunkt der Befragung 48 Jahre alt, ledig und lebt in einer Partnerschaft in einer Mietwohnung in einer kleineren Großstadt[52] in Thüringen. Sie hat einen Facharbeiterabschluss und arbeitet Vollzeit. Ihr monatliches Nettoeinkommen liegt zwischen 1 000 und 2 500 €. Sie wurde in einer kleineren thüringischen Großstadt geboren. Ihre Eltern haben beide Abitur, die Mutter besitzt einen Facharbeiterabschluss und der Vater einen akademischen Abschluss. Die Eltern sind zum Zeitpunkt der Befragung Rentner/Pensionär. Susis häufigste Freizeitbeschäftigungen sind „Freunde und Bekannte treffen“ und „Bücher lesen“.

Susi hat Konsumerfahrungen mit Alkohol, Tabak, Cannabis, Amphetaminen, Kokain und flüchtigen Lösungsmitteln. Zu ihrem aktuellen Konsumverhalten gibt sie an, mehrmals in der Woche Alkohol und Tabak zu sich zu nehmen. Der letzte Cannabiskonsum liegt ca. ein Jahr, der letzte Kokainkonsum drei Jahre zurück.

Ihre erste Konsumerfahrung mit einer psychotropen Substanz hatte Susi mit Cannabis [13]. Diese erfolgt gemeinsam mit einer Freundin und ohne Vorerfahrungen von beiden. Die sich bietende Gelegenheit und jugendliche Experimentierfreunde war der ausschlaggebende Moment. Bei diesem Konsum nimmt sie keinerlei Wirkung wahr.

> >ID 001< Das war im (…) jugendlichen Leichtsinn (…) mit einer Freundin. Auf der Suche, in der Wohnung ihrer großen Schwester (lacht), also auch so vom Hörensagen und eine gewisse Neugier und dann einfach mal ausprobiert, nichts ist passiert und das war es dann auch für viele Jahre. (Interview ID 001: 6–9)

52. Kleinere Großstadt – mit mehr als 100 000 und weniger als 500 000 Einwohnern (vgl. GESIS – Leibniz-Institut für Sozialwissenschaften, Arbeitsgruppe Regionale Standards 2019: 133).

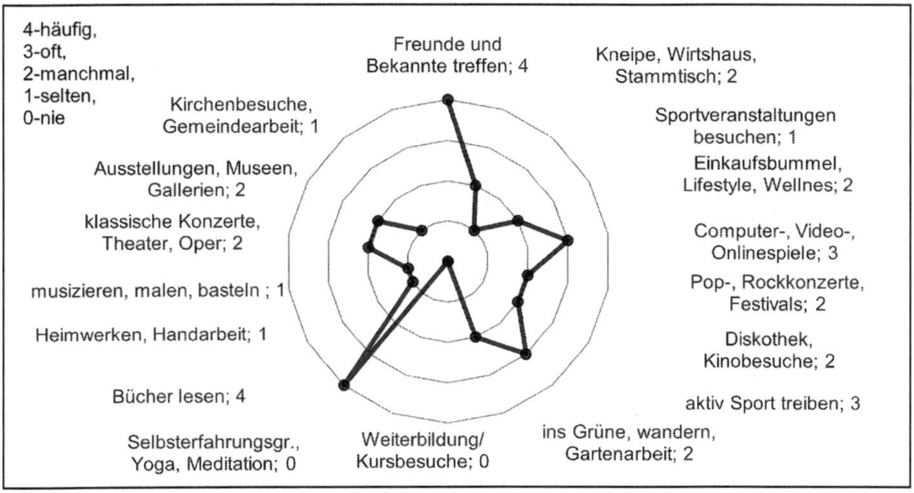

Abbildung 25: Freizeitbeschäftigung von Susi (ID 001)

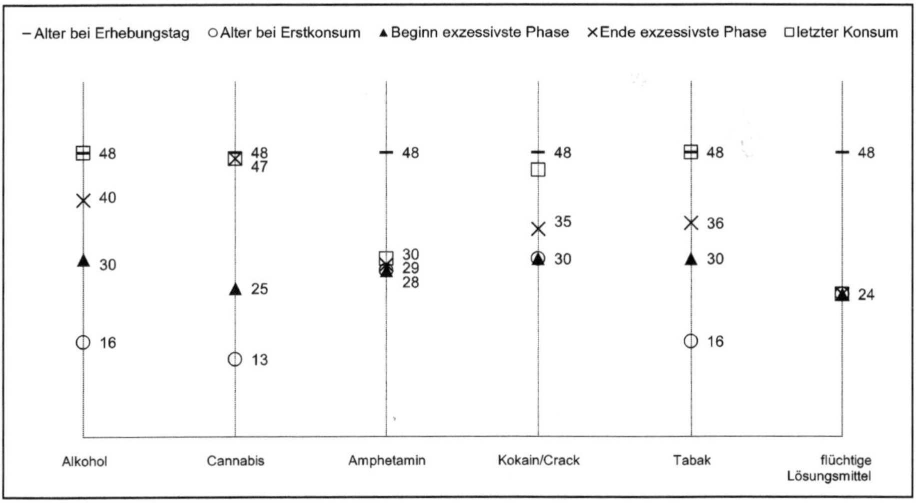

Abbildung 26: Konsumphasen Susi (ID 001) nach psychotropen Substanzen

Die Voraussetzungen, um eine Wirkerfahrung erleben zu können, gehören zu diesem Zeitpunkt nicht zu ihrem Erfahrungswissen. Die wahrgenommene Nichtwirkung führt zu Desinteresse und einem mehrjährigen Ausbleiben weiterer Konsumversuche. Sie berichtet von ihren späteren Beobachtungserfahrungen im sozialen Umfeld. Das dort wahrgenommene Verhalten, das sie auf den Wirkeffekt zurückführt, wird von ihr als nicht wünschenswert für das eigene Erleben bewertet und stabilisiert den Nichtkonsum mit diesen Substanzen.

>ID 001< Später habe ich das dann tatsächlich also im Umfeld erlebt. Konnte dem aber nicht viel abgewinnen. Diese vielen albernen, rumhängenden Leute (lacht). (Interview ID 001: 10–12)

Durch die Anregung eines Physiotherapeuten, der die Wirkung von Cannabis zur Linderung ihrer schmerzhaften Beschwerden vorschlägt, entstand ein neues Interesse, sodass ein zweiter Konsumversuch [25] von ihr initiiert wurde.

>ID 001< und kam dann wieder dazu, als mein Physiotherapeut den Konsum empfohlen hat, um eine Nackenverspannung zu lösen, um nachts schlafen zu können. Ohne (…) starke Krämpfe im Genick, hat geholfen und wird seitdem auch gezielt (…), selten – passiert vielleicht alle zwei Jahre einmal eingesetzt. (Interview ID 001: 13–18)

Diese Konsumerfahrung unterschied sich in der Wahrnehmung eines Wirkeffektes (Schmerzlinderung) und wird von ihr als positiv gewertet. Zum Zeitpunkt der zweiten Konsumerfahrung verfügt sie bereits über mehrjährige Erfahrungen mit anderen psychotropen Substanzen (Alkohol, Tabak), daher kann von erlerntem Handlungswissen ausgegangen werden. Sie beschreibt ein soziales Umfeld, welches Erfahrungen im Umgang mit Cannabis hat, was als Erfahrungsraum mit zugänglichen Informationsressourcen gewertet wird und ihr den Zugang zur verschiedenen Substanz ermöglichte.

Das Konsuminteresse entwickelt sich vor dem Hintergrund einer für sie relevanten Cannabiswirkung (Schmerzlinderung), die durch eine Vertrauensperson (mit Kompetenzzuschreibung) vermittelt wurde. Die vorhandenen Informationen und Handlungskompetenzen führen bei dieser zweiten Konsumerfahrung zu einem Wirkerleben und werden von ihr als relevantes Erfahrungswissen aufgenommen, welches ihren Cannabiskonsum seither handlungsleitend bestimmt. In der exzessivsten Konsumphase wird eine Konsumhäufigkeit von einem vierteljährlichen Konsum angegeben, der letzte Konsum liegt zum Erhebungszeitpunkt ein Jahr zurück. Der Cannabiskonsum wird zielgerichtet und ausschließlich schmerzlindernd ausgeführt.

Ihre ersten eigenen Alkoholerfahrungen machte sie nicht – wie im sozialen Umfeld üblich – zur Jugendweihe. Sie führt dies auf die eindrückliche Warnung ihrer Mutter vor Kopfschmerzen am nächsten Tag zurück.

>ID 001< Das war wider Erwarten nicht bei der Jugendweihe, da hatte ich nämlich überhaupt keine Lust auf so was (…), weil meine Mutter mich immer eingehend vor Kopfschmerzen und ähnlichen Spätfolgen gewarnt hat (lacht). (Interview ID 001: 21–23)

Die vermittelten Konsumregeln für den Umgang mit Alkohol werden als „wahr" und „nützlich" gewertet und im Umgang mit Alkohol bis heute beachtet.

>ID 001< Aber da denk ich auch wieder dran auch mit dem Alkohol, dass meine Mutter schon immer gesagt hat: Nichts Süßes, nicht durcheinander und das gibt Kopfschmerzen, war ja dann auch so, sie hatte ja auch Recht. (Interview ID 001: 123–128)

Ihre ersten eigenen Konsumerfahrungen [16] mit Alkohol machte sie während Diskobesuchen mit Freunden.

>ID 001< Das kam dann erst mit den ersten Diskobesuchen dann mit 16 (…), ja weil das alle gemacht haben und (…) aber auch nicht sonderlich exzessiv, weil so Leute, die dann irgendwann in die Ecke gekotzt haben oder so, das fand ich schon immer eklig (…). Ja, das hat sich dann so weiter hingezogen in Geselligkeit und irgendwie scheint es ja in unserer Gesellschaft auch relativ normal zu sein. (Interview ID 001: 24–29)

In den Gruppenerlebnissen wird der Alkoholkonsum von ihr als normale Handlung geschildert und gehörte dazu. Auswirkungen des exzessiven Alkoholkonsums bei anderen werden von ihr negativ gewertet und abgelehnt. Der Alkoholkonsum hat sich als soziales Lebensstilelement etabliert und wird von den Konsummotiven „Geselligkeit", „Genusserleben" und „Entspannung/Erleichterung" geleitet, die sich über die Zeit konstant zeigen. Ihre exzessivste Konsumphase mit Alkohol beschreibt sie für das Alter von 30 bis 40 Jahren, die sich nicht über die Konsumhäufigkeit mit 2- bis 3-mal pro Woche von der aktuellen Konsumhäufigkeit unterschieden, jedoch beschreibt sie eine Änderung der Konsummenge.

Die Handlungsstrategie der Bewertung der Wirkung anderer psychotroper Substanzen infolge von Beobachtungen wird von ihr auch in anderen Kontexten beschrieben. So führt sie den Nichtkonsum verschiedener Substanzen auf ihre Beobachtungserfahrungen im Technopartyumfeld zurück.

>ID 001< Halluzinogene Substanzen, das hab ich auch schon bei Leuten gesehen, das wusste ich von Anfang an, um Gottes [[willen]], das will man ja nicht wirklich haben, in der Öffentlichkeit schon gleich gar nicht. (Interview ID 001: 79–81)

>ID 001< Also gerade so in der Technoszene und so, da habe ich ja Leute umfallen sehen wegen Exstasy und solchen Geschichten, wäre ich nie rangegangen. (Interview ID 001: 132–134)

In diesem Zusammenhang benennt sie den Anteil von Konsumierenden in ihrem Bekanntenkreis mit 80 %. Aus dem ihr zur Verfügung stehenden Erfahrungsraum beschreibt sie eine Differenzierung in der Relevanz in Bezug auf das eigene Konsumverhalten.

>ID 001< Ja, also schon Leute aus dem engeren Bekanntenkreis, die ich auch selber erlebt habe während des Konsums, denen ich auch vertraut habe (…). Also ich habe auch genug Leute gesehen, wo ich dachte, um Gottes willen. (Interview ID 001: 73–77)

>I 1< Also die Orientierung an Leuten, von denen du sagst: ok? >ID 001< Die haben ihr Leben halbwegs im Griff. (Interview ID 001: 82–83)

In den Beschreibungen zeigt sich eine über den Partykontext hinausgehende Orientierung an der wahrgenommenen Lebensführungskompetenz anderer Konsumierender, welche die eigene Bewertung von Konsummustern (Substanz, Konsumintensität und -form) determiniert. Dies korreliert mit der beschriebenen Gewichtung hinsichtlich Personen aus dem näheren sozialen Umfeld, sodass hier eine Bewertungsmöglichkeit unter Berücksichtigung anderer Alltagsaspekte entsteht.

Im beschriebenen Partykontext führten Beobachtungserfahrungen auch zur Entwicklung von Konsummotivation.

>ID 001< Beim Kokain (…) habe ich festgestellt, dass Leute auf den Partys, wo ich war, auf denen ich war, immer viel länger durchgehalten haben (kichert) (…) und ich dann irgendwann auch manchmal Veranstaltungen verpasst habe, weil mein Schlafbedürfnis mich überwältigt hat Und dann habe ich bei bestimmten wichtigen Sachen gedacht, ok. Wusste ja, wo ich es herbekomme, und habe es dann mal gemacht (…) und festgestellt, dass es wirkt. (lacht) […] Ich war einfach nur sehr fit, also überraschend fit, und hab trotzdem dann eigentlich, wenn die Party vorbei war eigentlich immer schlafen können, also ich auch nicht dieses Extrem, dass manche dann so viel genommen haben, dass sie dann wieder was rauchen mussten, um wieder runterzukommen. Das habe ich von Anfang an irgendwie zu dosieren gewusst, also kein Gramm am Abend und dann kann man auch schlafen, wenn man morgens um fünf nach Hause kommt. Und ja, man wird älter und weiß, dass es nicht so gesund ist, und dann macht man es halt auch nicht mehr so, ja. (Interview ID 001: 31–55)

Über das Konsummotiv des Wachbleibens und Durchhaltens bei Veranstaltungen werden verschiedene Stimulanzien von ihr konsumiert. Sie berichtet von mehrmaligem Konsum in vierteljährlichen Abständen, von Ephedrin [28–29] und einem einmaligen Amphetaminkonsum [30]. Die von ihrer gewünschte Wirkung wurde beim Kokainkonsum [30] wahrgenommen. Der sich zeigende wirkspezifisch ausgerichtete Probierkonsum verschiedener Substanzen erfolgt in zeitlicher Reihenfolge: Mit dem Auftreten der gewünschten Wirkung wird der Konsum substanzspezifisch fortgesetzt. In ihrer exzessivsten Konsumphase [30–35] wird Kokain von ihr vierteljährlich konsumiert und dies im Anschluss in größeren Abständen fortgesetzt. Der letzte Konsum [45] liegt zum Erhebungszeitpunkt drei Jahre zurück.

>ID 001< Es hat sich – der Bedarf, ist nicht öfter da gewesen und so war das eben. Ich habe mir da auch nie Sorgen gemacht, dass das öfter nötig sein könnte. Man geht einem

> geregelten Leben nach und ich weiß, dass ich den nächsten Tag fit sein muss, dann ist das eben nicht so. (Interview ID 001: 101–106)

Die Regulierung ihres Konsumverhaltens wird über eine klare Alltagsorientierung strukturiert:

> >ID 001< Mein Wohlbefinden im Alltag ist mir wichtiger als (…) trallala (lachen). (Interview ID 001: 119)

Dem Konsum wird eine untergeordnete Funktion zugewiesen. Er zeigt sich zudem stark bedarfs- und kontextorientiert sowie wirkspezifisch. Die Veränderung (Reduzierung) des Alkohol- und Kokainkonsums wird daher auf das, sich im Laufe der Zeit geänderte Freizeitverhalten zurückgeführt.

Der Tabakkonsum [16] hat für sie keine wahrnehmbare Wirkung. Er wird auch mehrfach zeitweise ausgesetzt (max. 2 Jahre), aber immer wieder aufgenommen.

> >ID 001< Tabak, da weiß ich auch, dass es nicht so gesund ist, und das ist, glaub ich, eine richtige Sucht. … Obwohl dieser Zwang eben auch hauptsächlich in Verbindung mit dem Konsum von Alkohol auftritt (…). Ansonsten kann ich auch tagelang widerstehen (…), schmeckt nicht. Ich kann keine wirkliche Wirkung feststellen (…) und tu es trotzdem (…), ja das ist mir ein Rätsel warum. Zieht sich aber, wie gesagt, durch mit längerfristigen Unterbrechungen immer so im Rahmen von zwei Jahren (…), ja irgendwie ist man in geselliger Runde und dann geht es halt wieder los. (Interview ID 001: 57–69)

In der exzessivsten Konsumphase [30–36] wird ein täglicher Konsum beschrieben, was mit den exzessivsten Alkohol- und Kokainkonsumphasen korreliert. Aktuell wird er im Zusammenhang mit dem Alkohol praktiziert (2- bis 3-mal pro Woche). Das für alle Konsumphasen angegebene Konsummotiv „Geselligkeit“ und für die exzessivste Konsumphase „Wachbleiben/Durchhalten“ zeigen sich übereinstimmend mit den entsprechenden Angaben zu Alkohol und Kokain.

Bezogen auf hilfreiche Informationen im Umgang mit psychotropen Substanzen beschreibt sie die von ihrer Mutter kommunizierten Konsumregeln im Umgang mit Alkohol, die sich mit den Erfahrungen bewahrheitet haben und daher bis heute Anwendung finden. Die Beobachtungserfahrungen im Umfeld werden von ihr als wichtige Informationsquellen hierfür benannt.

> >ID 001< Ich muss sagen, dass ich genug Negativbeispiele live gesehen habe. (Interview ID 001: 131)

> >ID 001< […], das sind einfach Erfahrungswerte in der Beobachtung gewesen und das Umfeld war ja reichlich damit zugange. (Interview ID 001: 135–138)

Susi reguliert ihren Konsum über Selbstdisziplin und einer klaren Alltagsorientierung. Ihr Konsum wird kontext- und wirkspezifisch sowie von Geselligkeit, Genuss und Funktionsorientierung geprägt.

Informationsquellen waren hauptsächlich vertrauenswürdige Bekannte und familiär vermittelte Regeln als auch Beobachtungen im Freundes- und Partykontext; diese Erfahrungswerte prägen ihre Konsumentscheidungen bis heute.

3.2.3.2 Eumel (ID 002)

Eumel (weiblich) ist zum Zeitpunkt der Befragung 47 Jahre alt, einmal geschieden und lebt in einer Partnerschaft in einer Mietwohnung, in einer kleinen Mittelstadt[53]. Sie hat einen akademischen Abschluss und arbeitet Vollzeit, ihr monatliches Nettoeinkommen liegt bei über 2 500 €. Sie kommt aus einer kleinen Mittelstadt (ab 20 000) in Thüringen und lebt heute noch dort. Ihre Mutter ist Akademikerin, ihr Vater hatte einen Facharbeiterabschluss. Die häufigsten Freizeitbeschäftigungen sind „Freunde und Bekannte treffen“ und „Computer-, Video-, Onlinespiele“.

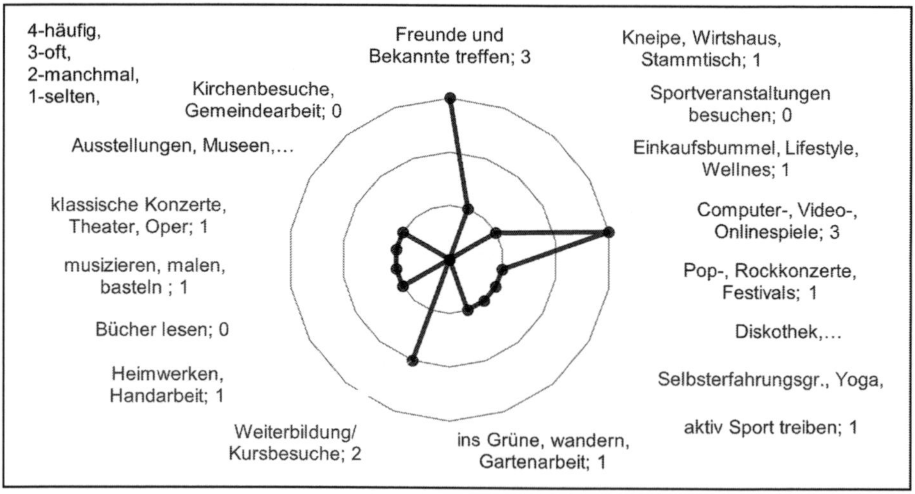

Abbildung 27: Freizeitbeschäftigung von Eumel (ID 002)

53. Kleine Mittelstadt – mit mehr als 20 000 und weniger als 50 000 Einwohner (vgl. GESIS – Leibniz-Institut für Sozialwissenschaften, Arbeitsgruppe Regionale Standards 2019: 134).

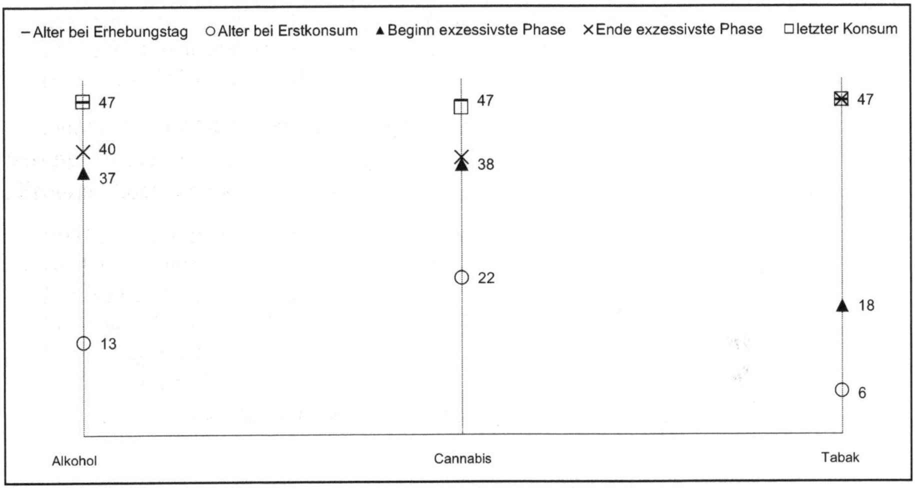

Abbildung 28: Konsumphasen Eumel (ID 002) nach psychotropen Substanzen

Eumel hat Konsumerfahrungen mit Alkohol, Tabak und Cannabis. Zu ihrem aktuellen Konsumverhalten gibt sie an, Alkohol 14-täglich und Tabak täglich zu konsumieren. Ihr letzter Cannabiskonsum liegt ca. ein Jahr zurück.

Eumel beschreibt ihre ersten Erfahrungen mit Alkohol über Beobachtungen in ihrer Familie und bei Familienfeiern. Ihre ersten eigenen Konsumerfahrungen [13] macht sie im Freundeskreis. „Neugier" und „Rauscherleben" sind die benannten Konsummotive. Für die exzessivste Konsumphase mit Alkohol gibt sie das Alter von 37 bis 40 Jahren an, in dieser Zeit konsumiert sie täglich, ihre Konsummotive in dieser Zeit sind „Bewältigung schwieriger Situationen/Lebenslagen" und „Rauscherleben".

> >ID 002< Es war eine Zeit lang, wo die Selbstregulierung eher nicht stattfand. Da war es wirklich nur eine Betäubung und das Wissen darüber, dass das scheiße ist. Aber da war keine Selbstregulierung, das kam dann erst in der Verbindung mit der geänderten Lebenssituation. Dann auch aus diesem Kreis[lauf] so ein bisschen [raus], weil andere Dinge wichtiger wurden oder ja, also dass es sich dann nicht mehr auf den Alkohol konzentriert hat, es war kein Fluchtweg mehr oder keine Fluchtmöglichkeit mehr, weil es gab keine Anlässe mehr zu flüchten in diese Genusswelt. (Interview ID 002: 191–201)

Sie benennt für die Zeit der exzessivsten Konsumphase das Fehlen von Selbstregulierung, das zu dieser Konsumhäufigkeit führt und im Umkehrschluss eine Selbstregulierung des Konsums vor und nach dieser Phase thematisiert. Die Veränderung (Reduzierung) des Alkoholkonsums wird von ihr mit den Veränderungen in ihren Lebensumständen bzw. ihrer -situation gebracht. Ein „Fluchtweg" über den Substanzgebrauch ist für sie nicht mehr notwendig, wodurch der Alkoholkonsum an Bedeutung verliert. In Bezug auf die weitere Konsumentwicklung beschreibt sie.

> >ID 002< Und ich habe jetzt auch festgestellt, dass, also sag ich mal im höheren Alter, ich es immer schlechter vertrage, den Alkohol und ich auch das Gefühl danach nicht mehr haben will. (Interview ID 002: 84–88)

Dies führt zu einem aktuell 14-täglichen Konsum, welcher im Rahmen von sozialen Interaktionen und dem Konsumgrund „Geselligkeit" beschrieben wird und sich anlassorientiert gestaltet.

> >ID 002< Da mach ich das wirklich nur noch bei gesellschaftlichen Ereignissen und schaue aber auch darauf und mach nicht mehr bis Anschlag. Wenn ich merke, es reicht, dann lasse ich das, dann auch kein Ultimum mehr. (Interview ID 002: 93–97)

Eine veränderte allgemeine Lebenszufriedenheit und das Wissen um die negativen Auswirkungen, die dem Konsum am nächsten Tag folgen, gewinnen an Bedeutung und wirken sich auf ihre Konsumentscheidungen aus.

Ihren ersten Tabakkonsum [6] findet sie im Rahmen einer Mutprobe gemeinsam mit ihrem Cousin statt, bei der sie Zigarren von ihrem Opa stehlen und heimlich im Gewächshaus rauchen. Diese Erfahrung wird mit negativen körperlichen Wirkerfahrungen beschrieben. Dieser Konsumerfahrung folgte ein mehrjähriger Konsumverzicht. Ihr Einstieg in den Tabakkonsum [18] wird angeregt durch das Zureden von Freunden und wird mit den Konsumgründen „Neugier", „Entspannung/Erleichterung" und „Genusserleben" benannt.

> >I002< Das war Selbsterfahrung und dann auf die Freunde gehört. Hier probiert mal, das tut gut oder das schmeckt oder willst Du nicht mal, das war Neugier im Jugendalter. (Interview ID 002: 17–21)

Seit diesem Konsumbeginn erfolgt ein täglicher Konsum ohne eine Differenzierung in der exzessivsten Konsumphase. Als Konsummotiv zeigen sich in der exzessivsten Konsumphase neben „Entspannung/Erleichterung" und „Geselligkeit", die „Bewältigung schwieriger Situationen/Lebenslagen". Für den letzten Konsum steht „Geselligkeit" als alleiniges Konsummotiv.

Der erste Cannabiskonsum [22] erfolgte auf einer Party mit Kommilitonen während des Studiums. Ihre Konsummotive bestehen aus „Neugier" und „Rauscherleben". Die Selbsterfahrung und auf Freunde zu hören, wird als Grundlage der Konsumentscheidung beschrieben.

> >ID 002< Gar nicht, also ich habe es probiert. Habe es für mich entschieden, ob es mir gefällt und das wars. Also ich habe mir da keine weiteren (…) Quellen angeschaut, was wäre, wenn und was macht es und Ähnliches habe ich mich da in keiner Weise vorher oder nachher informiert. (Interview ID 002: 27–33)

Das soziale Umfeld dient für die Konsumentscheidungen als relevante Quelle. In diesem Kontext findet auch der Austausch über die Erfahrungen statt (außer Tabak). Der gemeinsame Konsum mit Freunden steht bei der Entwicklung ihres Cannabiskonsummusters im Vordergrund und bietet für sie eine Konsumgelegenheit. Dies zeigt sich bei der Veränderung der angegebenen Konsummotivation „Entspannung/ Erleichterung“ in der exzessivsten Konsumphase sowie „Bewältigung schwieriger Situationen/Lebenslagen“ und „Geselligkeit“. Sie entwickelt ihre Konsumregeln über negative Selbsterfahrungen und Erlebnisse.

>ID 002< [...], sondern auch, ob mir danach ist, das war eine Erfahrungssache, dass ich mir ein- oder zweimal die Seele aus dem Leib gekotzt habe und dann gesagt habe, also wenn ich merke, mir ist nicht danach, oder ich schon vorher was getrunken habe, dann lass ich es, denn das wird nichts. (Interview ID 002: 119–125)

Sie benennt ihren Cannabiskonsum in der exzessivsten Konsumphase mit der Häufigkeit von 6- bis 10-mal über den Verlauf eines Jahres [38]. Als Konsummotiv wird „Entspannung/Erleichterung“ benannt.

>ID 002< Beim Cannabis war es einfach der Situation geschuldet. Wenn was verfügbar war, also wenn eine Freundin was mitgebracht hat: Komm wir rauchen mal zusammen einen, dann haben wir geraucht und wenn diese Situation nicht gegeben war, also ich bin jetzt nicht losgezogen und hab mir da irgendwas geholt, nein und unbedingt, dass ich da was brauchte oder allein die Erfahrung zu machen und wirklich nur im Freundeskreis, in dem Moment, in der Situation. (Interview ID 002: 65–76)

Sie beschreibt bezüglich der Entwicklung ihrer Konsumerfahrung, welche Umstände und Voraussetzungen die Konsumerfahrung negativ beeinflussen (Mischkonsum mit Alkohol) und welche ein positives Erleben ermöglichen. Diese Erkenntnisse werden bei der Gestaltung der Konsumpraktik berücksichtigt. Sie hat keine weiteren Konsumerfahrungen mit anderen psychoaktiven Substanzen gemacht. Gründe hierfür sieht sie zum einem in einer Begrenztheit der Angebote und in ihrer „Furcht“.

>ID 002< Nein, da waren die Angebote eher begrenzt, die waren da in der Zeit, wo ich dazu neigte, gab es diese Angebote wenig. Und wenn, habe ich es einfach aus Furcht abgelehnt. Die Furcht kam dann aus Informationen, aus dutzenden von Quellen. Ob nun Freunde gesagt haben, nein, mach das nicht, oder Familie oder aus Medien, die dann gesagt haben: „Das würde ganz schlimm“ und habe es dann gar nicht erst probiert. [...] Also die Möglichkeiten des Probierens, war ich dann schon in dem Alter, wo ich das Probieren dann schon nicht mehr machen wollte, ohne mich zu informieren. (Interview ID 002: 35–50)

Ihre konsumablehnende Haltung gegenüber anderen psychotropen Substanzen beschreibt sie im Zusammenhang mit ihrem sozialen Umfeld, in dem keine weiteren Substanzerfahrungen für sie zugänglich waren und aus dem sie negative und warnende Informationen wahrnahm (Familie, Freunde, Medien). Bei Alkohol, Tabak und Cannabis konnte sie auf ihre Beobachtungserfahrungen und vertraute, konsumerfahrene Personen zurückgreifen. Hieraus entwickeln sich eine Konsummotivation und eine Selbsterfahrung, die die weiteren Konsumentscheidungen prägten.

> >ID 002< Da habe ich auf den Anderen vertraut genau, also ich bin da relativ blauäugig rein und wüsste auch jetzt nicht, ob mir ein vorheriges Merkblatt geholfen hätte, weiß ich nicht. Also weiß ich nicht, ob ich es dann gelassen hätte oder mehr gemacht hätte, weiß ich gar nicht, kann ich nicht sagen und auch beim Alkohol und auch beim Tabak wüsste ich es jetzt nicht. (Interview ID 002: 162–171)

In dieser Aussage wird eine differenzierte Gewichtung von vertrauensvollen Informationen und allgemeinen Informationszugängen beschrieben.

> >ID 002< Das ist eher die Selbsterfahrung, ja genau, und gerade beim Tabak und auch beim Alkohol ist es bei mir jetzt so, dass dieser erhobene Zeigefinger jetzt gar nichts hilft. (Interview ID 002: 173–176)

> >ID 002< Wäre, weiß ich nicht, vielleicht beim Cannabis, wenn man da gesagt hätte: Wenn du, was weiß ich, fünf am Tag von den Dingern rauchst, dann kann es zu den und den gefährlichen Nebenwirkungen kommen, ob es mich dann abgehalten hätte, es mal zu probieren, ähnlich wie bei anderen Mitteln, die ich abgelehnt hatte, weil ich da mehr Angst vor hatte, weiß ich nicht. Also kann ich Dir nicht sagen, ob es irgendetwas geändert hätte. (Interview ID 002: 180–189)

Für Tabak und Alkohol resümiert sie, dass ein „erhobener Zeigefinger“ sie nicht vom Konsum abgehalten hätte. Bei Cannabis ist sie sich unsicher, ob stärkere negative Informationen/Warnungen in ihr eine ähnliche „Furcht“ und hierdurch eine ablehnende Haltung gegenüber dem Konsum hervorgerufen hätten. Ohne lebensweltlich erworbene Informationen und Erfahrungen stehen die Warnungen allein, durch welche sie für sich selbst eine konsumablehnende Haltung gegenüber anderen psychotropen Substanzen herausbildete.

3.2.3.3 Clara (ID 003)

Clara (weiblich) ist zum Zeitpunkt der Befragung 44 Jahre alt, ledig und hat ein Kind. Sie lebt in einer Partnerschaft in einer gemeinsamen Mietwohnung. Sie hat einen akademischen Abschluss, arbeitet Vollzeit und hat ein monatliches Nettoeinkommen von 1 000 bis 2 500 €. Sie kommt aus einer kleinen Mittelstadt und lebt in einer kleineren Großstadt in Thüringen. Ihre Eltern haben beide eine akademische Ausbildung und sind zum Zeitpunkt der Befragung Rentner/Pensionär. Die häufigsten Freizeitbeschäftigungen sind „gute Gespräche zu Hause“ und „Selbsterfahrung, Yoga, Meditation“.

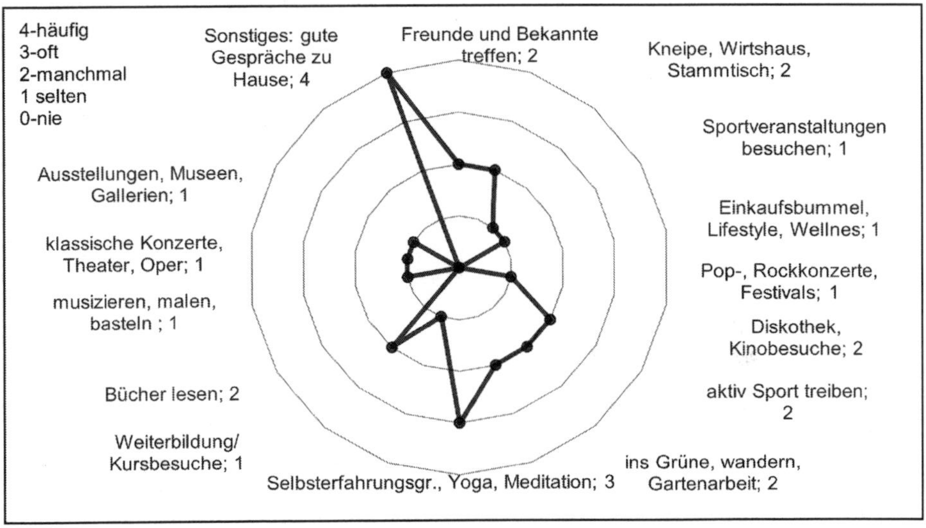

Abbildung 29: Freizeitbeschäftigung von Clara (ID 003)

Clara hat Erfahrungen mit dem Konsum von Alkohol, Tabak, Cannabis, Opiaten, Amphetamin, Methamphetamin, Kokain, Exstasy und Halluzinogenen. Zu ihrem aktuellen Konsumverhalten gibt sie an, Alkohol und Tabak 2- bis 3-mal pro Woche, Amphetamin und Exstasy 4-mal pro Jahr, Kokain und Halluzinogene einmal pro Jahr zu konsumieren.

Erste Erfahrungen im Umgang mit dem Konsum psychotroper Substanzen sammelt Clara durch Beobachtung bei Familienfeiern und im elterlichen Haushalt, wo Alkohol als Entspannungsmittel zum Feierabend zum Einsatz kam.

>ID 003< Ja, ich fang mal beim Alkohol an, da hat man ja schon viele Erfahrungen, bevor man das erste Mal was trinkt. Weil, also zumindest bei uns in der Familie war es so, dass zu allen Feiern konsumiert wurde, und zwar heftig (...) Und Wein und Bier und auch mal ein Schnäpschen so floss. Und Opa, Oma, Eltern, Onkel, Tante alle schön gemeinsam gefeiert haben und dann konnte man noch beobachten, Mama trinkt abends Rotwein und Papa trinkt sein Bier, schön auf der Couch gemütlich, aber dann halt nicht in Feierlaune, sondern so zum Runterfahren gemütlich machen irgendwie. So was war damit verknüpft (Interview ID 003, 3–11)

Die Jugendweihe [14] benennt sie als den gesellschaftlichen Anlass, zu dem der erste Alkoholkonsum gehörte. Konsumgründe werden neben „Neugier", „Rauscherleben" und „Kontakterleichterung, soziale Anpassung/Anerkennung" benannt. Mit 16 bis 17 Jahren trifft sie sich mit Freunden zum gemeinschaftlichen Musikhören und

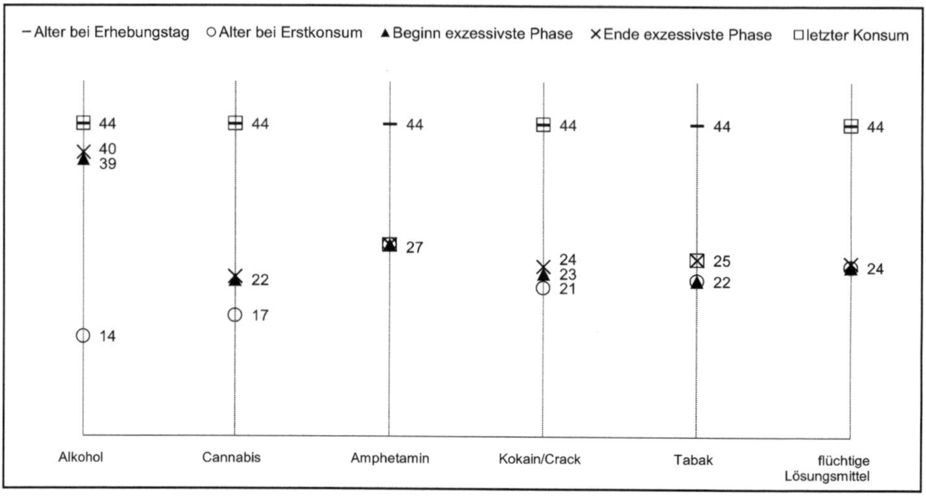

Abbildung 30: Konsumphasen Clara (ID 003) nach psychotropen Substanzen

dabei werden verschiedene alkoholische Getränke konsumiert und erste Erfahrungen mit Rauschzuständen und Grenzüberschreitungen gesammelt.

>ID 003< Da konnte man erste Erfahrungen machen, wie das ist, wenn man zu viel getrunken hat und es dann eklig wird und dann komisches Zeug gemacht hat und sich hinterher geärgert hat oder nicht mehr ganz genau wusste, was da eigentlich los war. Was aber nicht dazu geführt hat, dass man das komplett lässt, sondern eher Grenzüberschreitung erlebt bei anderen und bei sich selber, dass man merkt, ok, da gibt es eine, das fühlt sich dann hinterher nicht so gut an, aber bei Alkohol hast du dann auch diese schöne Gewöhnungsnummer, dass der Körper auch mehr verträgt und sich dann auch einpegelt. […] Dann gab es auch mal eine Zeit, da haben wir Alkohol scheiße gefunden und haben gesagt, wir machen nur noch Teepartys und haben uns Tees gekocht, Grüntee, schwarzen Tee, da gab es auch so einen kleinen Rausch und dann hatten wir plötzlich wieder so eine Phase, wo man wieder Alkohol getrunken hat. (Interview ID 003, 29–44)

Die gemeinsamen Erfahrungen in der Gruppe bildeten einen Erfahrungsraum, der es den Einzelnen ermöglichte, in ihren jeweiligen Erlebniswelten unterschiedliche Formen von Grenz- und Rauscherfahrungen zu machen. In diesem Gruppenkontext (Freundeskreise) kommt sie mit „Hippiethemen“ in Kontakt und über entsprechende Bücher sowie die Auseinandersetzung mit Wahrnehmungs- und Bewusstseinsveränderung entwickelte sich eine gewisse Neugier.

>ID 003< Dann hatten wir viele Geschichten, wo die Leute, die sich damit beschäftigt haben, die hatten dann auch schon Zugänge zu Informationen aus Büchern, die es schon

> gab und was weiß ich, da haben sich welche mit Leary beschäftigt, [...] mit Texten von Huxley, wo man denkt wow, wo man denkt, das sind wahnsinnig kluge Menschen und was die da berichten, welche Zugänge die da haben. So wirklich spannend, das will ich auch mal erleben. (Interview ID 003, 81–86)

Mit einer Freundin probiert sie zum ersten mal Cannabis [17]. Hierfür besorgen sie sich von einem Freund etwas Cannabis und von einem Klassenkameraden erhalten sie eine Zeichnung zur Anfertigung eines Joints. Die Versuche, einen Joint zu bauen, misslangen jedoch, da beide über keine praktischen Erfahrungen beim Drehen verfügen. Über die vorhandenen Informationen erinnerten sie sich daran, dass Cannabis fettlöslich sein solle, und so tranken sie es dann in Kakao aufgelöst.

> >ID 003< Spannend war, dass man beim ersten Mal, gar nicht so eine Erfahrung machen konnte, wie man gehört hat, sondern es ganz anders lief, völlig anders, ich hatte so zweimal so kleine Momente, wo plötzlich die Wahrnehmung so völlig woanders war, und die waren aber extrem kurz, erschreckend vereinnahmend, aber auch ganz schnell wieder vorbei und danach war ich einfach nur müde (lacht). Ja ok, seltsam, sehr seltsam, wie kommt man denn dahin, dass man das erlebt, was die da immer erzählen. (Interview ID 003, 105–112)

Mit der geringen Wirkwahrnehmung der ersten Erfahrung hat sie sich in ihrem Freundeskreis bei verschiedenen Gelegenheiten in Gruppenerlebnissen gezielt über Beobachtung und Nachahmung mit dem Konsum auseinandergesetzt und so erste Rauscherfahrungen gesammelt. Es folgt ein längerer Zeitraum, in dem sie unterschiedliche Konsumtechniken und den Umgang mit den Rauschzuständen in der Gruppe erlernte.

> >ID 003< ... und hat dann schon so ein paar mehr Erfahrungen gemacht, die naja psychodelisch waren, die jetzt noch nicht, aber so befremdliche Zustände, so eigenartige Gedanken, neue Gedanken, war gar nicht immer schön. Waren manchmal super anstrengend, weil ich über alles nachdachte. Wie meint der das jetzt, meint der das jetzt so oder so oder so. Plötzlich war alles so möglich, viel mehr als sonst, (Interview ID 003: 120–128)

> >ID 003< Ja, Geschichten vor allem und Beobachtungen, mit dabei sein, über viele, viele, viele, viele Male halt. (Interview ID 003: 144–146)

Ihr gruppenbezogener Konsum veränderte sich mit einer Partnerschaft (Freund hat regelmäßig Cannabis konsumiert), in der sie regelmäßig mitrauchte und begann, ihr „eigenes Zeug“ zu haben. Der Konsum wird von ihr auf die Freizeit beschränkt.

> >ID 003< Also nicht so im normalen Alltag, nicht vor der Schule, das hätte mich zu sehr angestrengt, aber so nachmittags, abends, am Wochenende recht regelmäßig, auf Partys sowieso und das hat sich dann erst reguliert, als ich schon ganz andere Drogen genommen habe. (Interview ID 003: 153–157)

Sie beschreibt klare zeitliche und kontextuale Bezüge für ihren Konsum und benennt rückfolgernd Lebensbereiche, in denen kein Konsum stattfindet. Diese Begrenzung des Konsums wird von ihr nicht vorrangig als Regulierung bezeichnet. Eine bewusste Regulierung des Konsums erfolgt aus ihrer Sicht erst aufgrund einer negativen Konsumerfahrung.

> >ID 003< [...], mit so Halluzinogenen mal ganz schön reingerutscht bin, in so einen Trip, der mich ganz schön stark beschäftigt hat, über Jahre eigentlich noch, da hatte ich immer ein bisschen Angstzustände, das war so hängen geblieben, so ein flirrendes unruhiges Gefühl mit so kleinen Panikattacken und ich hatte dann immer wieder gemerkt, wenn ich kiffe, passiert mir das einfach wieder. (Interview ID 003: 159–164)

> >ID 003< [...], also es ging einfach nicht mehr und da habe ich wirklich viele, viele Jahre gar nicht mehr. Kein einziges Mal mehr, noch zweimal probiert, ob es wieder geht, ging nicht, gleich Panikattacke, so ok, nein, kannst du lassen, kannst du einfach lassen. (Interview ID 003: 179–183)

In dieser Phase, in der sie kein Cannabis mehr konsumiert, war sie weiterhin in die Gruppe, in der weiter gekifft wird, integriert und an den Gruppenerfahrungen beteiligt. Sie raucht stattdessen Zigaretten und drehte auch Joints für die anderen. Der eigene Nichtkonsum von Cannabis wird von ihr nicht als beeinträchtigend wahrgenommen.

> >ID 003< Alle anderen haben immer noch weiter gekifft und ich habe dann eine Kippe geraucht, ich dreh euch die gerne, aber (...) (Interview ID 003: 184–186)

Sie beschreibt einen aktuellen Cannabiskonsum von 2- bis 3-mal in der Woche, der an den Alltagsanforderungen und den eigenen Bedürfnissen orientiert ist.

> >ID 003< [...] beim Cannabis hat es sich es ja eh so gut reguliert. Im Alltag würde ich nie kiffen[54], abends rauche ich mal ein bisschen mit. Mal ein paar Züge, da schlaf ich dann aber auch ein. Das passt mir nicht in den Tag, da komm ich nicht mit zurecht, von daher ist es, kann man sagen, eine Regel, dass ich am Tag nicht kiffen würde. (Interview ID 003, 420–424)

In der Zeit ohne Cannabiskonsum macht sie Erfahrungen mit anderen psychotropen Substanzen. Sie berichtet davon, dass es während des Studiums regelmäßige Besuche von Technopartys an den Wochenenden gab.

> >ID 003< ... die erste Technoparty, auf der ich war in der [Ortsangabe], da habe ich noch in der Ecke gestanden und war einfach nur geflasht von dem Ambiente, von der Musik, den Leuten, dem Stroboskop. Da habe ich nur in der Ecke gestanden und gestaunt, mich immer gefragt, wie können die sich nur die ganze Zeit so bewegen, so ausdauernd, so immer weiter, immer weiter. (Interview ID 003, 202–208)

54. Ugs. Cannabiskonsum.

Von ihrer Freundin erfährt sie von den Pillen (Exstasy), mit denen dies möglich ist. Clara beschreibt ihre exzessivste Konsumphase [22–25] mit verschiedenen psychotropen Substanzen (jeweils überschneidend über ein Jahr), mit einer Konsumhäufigkeit von 4-mal pro Jahr Methamphetamin und Halluzinogenen, 14-täglich Amphetamine und Exstasy und täglichem Cannabiskonsum.

>ID 003< … alle hatten damit irgendwie schon, damit zu tun, die wir kannten, mit denen wir da auf Partys waren, also ganz schnell hattest du da eine Pille kaufen können, für wenig Geld zack, bumm, rein und dann hat man sich (uvs.) geil, so geht das klasse, ich kann tanzen ohne Ende, ich bin in der Musik, ich bin die Musik, ich weiß schon vorher, was als Nächstes kommt, die Leute sind alle so toll und so lieb und nett. Dann waren wir eben noch so als Gruppe unterwegs und waren auch wirklich gut miteinander und haben schon auch noch aufeinander aufgepasst. (Interview ID 003: 227–237)

Innerhalb der Gruppe[55] werden klare Absprachen getroffen, aufeinander aufzupassen und problematische Situationen zu reduzieren bzw. zu entschärfen. In dieser intensivsten Konsumphase hat sie eine Prüfung aufgrund einer zu ausschweifenden Party ‚sausen lassen' und wird danach von einer Freundin (die mit ihr studierte) darauf angesprochen. Diese erinnerte sie daran, dass sie sich gemeinsam für das Studieren entschieden hatten.

>ID 003< … ja, stimmt haste recht, fühl ich mich jetzt so und ein schlechtes Gewissen gehabt, mir selber gegenüber, jemand anderes hat es ja eigentlich gar nicht interessiert, da haben wir es wenigstens hingekriegt, dass wir vor den Prüfungen nicht mehr ausgegangen sind und die gut erledigt haben, das war schon ganz gut regulierend, immer auch schon so auch ein paar Ziele zu haben und sich eigentlich vorgenommen zu haben. (Interview ID 003: 259–266)

Der initiierten Selbstreflexion folgte eine an den Lebenszielen ausgerichtete Regulierung. In diesem Zusammenhang berichtet sie von der aus ihrer Sicht notwendigen „Erdung" über nichtkonsumbezogene Kontakte.

>ID 003< … sich nur in so einer vergeistigten, halluzinogenen Welt bewegen oder nur auf Party, sondern du brauchst die andere Realität, die du mit vielen Menschen teilst. Mit meinen Freunden, die nicht konsumieren, zum Beispiel, mit denen ich auch noch in Kontakt bleiben wollte, weil ich die mochte, oder meiner Familie oder meinen Arbeitskollegen oder über die Arbeit kam dann auch so, also wir haben dann auch noch Partys gefeiert, aber sehr viel seltener haben wir stattdessen Partys ausgerichtet und viel zu tun gehabt und organisiert und Musik organisiert und Räume geschaffen. (Interview ID 003: 349–358)

55. Sie beschreibt eine über viele Jahre bestehende stabile „Erfahrungsclique", die gemeinsam viele Konsumerfahrungen miteinander teilte und zu der immer mal wieder jemand hinzukam und andere, die einige Konsumerfahrungen ausließen.

Negative Beobachtungen und Erfahrungen von verschiedenen Konsumierenden aus anderen Gruppen (Heimatstadt) werden als negative Beispiele (Modelllernen) wahrgenommen und führen bei ihr zu Einhaltung von Substanztabus (Poppers[56] und Opiate).

> >ID 003< … da hast du ja Substanztabus, wenn man Leute beobachtet hat, die sich Poppers reingeknallt haben. Nein scheiße, das sieht doch so dumm aus, so dumm sieht das schon aus und die benehmen sich auch gerade so wie in einem Comic, als hätten sie einfach nur einen Hammer auf die Birne gekriegt und sind einfach nur Matsch im Kopf, so will ich nicht, das will ich nicht. (Interview ID 003, 310–317)

Die Veränderungen im Konsumverhalten werden von Clara prozesshaft beschrieben. Sie erfolgen mit dem Übergang ins Berufsleben und den damit verbundenen Anforderungen.

> >ID 003< … aber mit ziemlich konkreten Sachen beschäftigt ist und Bock darauf hatte und da konnte das so ein bisschen in den Hintergrund treten. Dass es eben einfach noch da ist, aber schon irgendwie eine Freizeitbeschäftigung bleibt und nicht überhandnimmt, aber trotzdem, aber eine, wo man seitdem immer wieder Lust darauf hat. (Interview ID 003: 360–364)

Für ihr aktuelles Konsummuster verschiedener Substanzen gibt es bei Clara formulierte Regeln und Lebensbereiche, in denen der Konsum psychotroper Substanzen differenziert verortet wird.

> >ID 003< Ja, da gibt es Unterschiede, also ich bräuchte mehr Regeln für den Alkohol, da könnte ich mal wieder rankommen. Also zum Beispiel nicht in der Woche andauernd mal ein Bier trinken, sondern auch einfach anders zur Ruhe kommen, anders runterkommen, Film gucken geht ja auch alles. Beim Cannabis hat es sich ja so gut reguliert, im Alltag würde ich nie kiffen abends rauche ich mal ein bisschen mit. Mal ein paar Züge, da schlaf ich dann aber auch ein. Das passt mir nicht in den Tag, da komm ich nicht mit zurecht, von daher ist es, kann man, sagen eine Regel, dass ich am Tag nicht kiffen würde. Und ja, Partydrogen dann, wenn es eine wirklich gute Party gibt, wenn die Leute, die mit mir da unterwegs sind, passen, wenn es mir gut geht. Eigentlich das, was man schon von Leary weiß, Setting und Set und Dosis soll man beachten. (Interview ID 003: 415–427)

Über den Entwicklungsprozess beschreibt sie unterschiedliche Anpassungen (selbstreflexive Abläufe: Dosierung, Kontext und eigenes Befinden), als Folge von Selbstreflexion und Handlungskompetenzgewinn.

> >ID 003< [[Exstasy-Pillen]] Sind nicht gut beschriftet, irgendwann hat man die Erfahrung gemacht, dass eine ganze Pille eigentlich meistens zu viel ist. Das eigentlich, das

56. Poppers – ugs. für u. a. Amylnitrit, Butylnitrit oder Isobutylnitrit (flüchtiges Lösungsmittel).

> vor allen Dingen, weil du nie weißt, wie viel da drin ist, außer du hast doch noch von irgendeinem Drugchecking was gehört oder ob es genau die Gleiche ist oder nur das Logo selbst, das weißt du ja nicht. Also haben wir dann irgendwann gemerkt, probierst erstmal eine viertel Pille und schaust mal, wie die wirkt. Die wirkt ja auch meistens schon. Das war dann eher bei irgendwelchen Sachen zum Ziehen, lieber wenig. Also man erlebt manchmal Leute, die sich die fetten Dinger hinlegen, wo ich denke, da nehme ich eine Fingerspitze davon und guck erstmal. Ich will gar nicht so viel von dem Zeug in mir haben, es ist ja auch alles ein bisschen giftig. Also mein Körper, ich will den ja auch nicht permanent immer so verseuchen und meinen Nieren und der Leber so viel zu tun geben, also lieber so richtig wenig und schauen, wie es wirkt und bei so Halluzinogenen, da würde ich auch lieber so ein bisschen wenig nehmen. Aber dann hast du halt, wenn du die Erfahrung willst, da brauchst du halt die Dosis, die auch wirkt, den ansonsten haste da nur so einen leichten Anklang. Aber da regelt es sich halt, wenn du die Erfahrung willst, da brauchst du eben auch einen ganzen Tag Zeit und einen ganzen Tag danach und eben auch einen guten Ort, eine gute Musik und Leute, die auch aufpassen. (Interview ID 003: 429–443)

Clara beschreibt Kontexte und Zeiträume, in denen ihr der Konsum von psychotropen Substanzen unangemessen erscheint, u. a. in der Zeit, in der sie ein kleines Kind hat und sich auf ihre Wahrnehmung verlassen können muss, und im Arbeitskontext, in dem Substanzwirkungen nicht erwünscht sind.

> >ID 003< Ja. genau, du bist ja beschäftigt mit deinem Rausch und deiner Wahrnehmung, du kannst ja gar nicht dem Ding vertrauen, was du jetzt tun musst. Ob du das jetzt richtig einschätzt, gerade oder überhaupt mitkriegst, was los ist. (Interview ID 003: 481–485)

Clara hat ihre Informationen zum Konsum psychotroper Substanzen über Erzählungen und Berichte aus Büchern sowie von Freunden und Bekannten für sich zusammengetragen und diese mit den eigenen Erfahrungen und Beobachtungen im Umfeld abgeglichen. Offizielle Informationen (institutionell) wurden zu dieser Zeit als nicht relevant von ihr bewertet und eher ausgeblendet.

> >ID 003< Da gab es höchstens Informationsblätter von der Suchthilfe und die waren, na ja, das kam dann später für Crystalopfer, wo du halt mit so bedrohlichen Informationen konfrontiert wirst. Wo du zwar denkst ok, es könnte schon was daran sein, aber irgendwie kommt es mir völlig übertrieben vor. Die haben wir abgewehrt, also Informationen, die nicht zu dem passen, was man gerade leben möchte. Die tut man zur Seite es gab ja auch, was weiß ich, in irgendwelchen Schulbüchern, die aber nicht zur Erfahrungswelt gepasst haben. (Interview ID 003: 506–511)

Für einen Informationszugewinn bedarf es aus ihrer Sicht der Anschlussfähigkeit an eigene lebensweltliche Erfahrungen und „neutrale" Informationen, die auf Risiken aufmerksam machen und die für die eigenen Handlungen adaptiert werden können. Selbst nutzt sie verschiedene Medienformate (u. a. YouTube-Videos), um sich zu informieren. Beiträge, in denen eigene Erfahrungen und deren Integration in die Lebensläufe beschrieben werden, sind für sie von besonderer Bedeutung.

>ID 003< Ja, was hat das jetzt für eine Bedeutung für mich? Was habe ich davon, was lerne ich da über mich und die Welt? Ja genau, ich bin nicht für umsonst da. Das Leben ist eben nicht nur eine Comicparty und dann wars wieder gut. (Interview ID 003: 615–618)

Ihren aktuellen Konsum gibt sie mit täglich Tabak, 2- bis 3-mal pro Woche Alkohol und Cannabis, 4-mal pro Jahr Amphetamin und Exstasy, einmal pro Jahr Kokain und einen einmaligen Konsum von Halluzinogen im letzten Jahr an.

Clara sieht in dem Konsum psychotroper Substanzen ein großes Potenzial für ihre persönliche Entwicklung, sofern sie diese Erlebnisse zu Erfahrungen verarbeiten und in die lebensweltlichen Bezüge integrieren kann.

3.2.3.4 Franz (ID 004)

Franz (männlich) ist zum Zeitpunkt der Befragung 49 Jahre alt. Er ist ledig und lebt in einer Partnerschaft in einer Eigentumswohnung. Er hat einen Facharbeiterabschluss, arbeitet Vollzeit und sein monatliches Nettoeinkommen liegt zwischen 1 000 und 2 500 €. Franz kommt aus und lebt in einer kleineren Großstadt in Thüringen. Seine Eltern haben beide eine weiterführende Schule besucht und einen Facharbeiterabschluss. Die häufigsten Freizeitbeschäftigungen sind „Freunde und Bekannte treffen" und „aktiv Sport treiben".

Franz hat Erfahrungen mit dem Konsum von Alkohol, Tabak, Cannabis, Amphetamin, Kokain, Exstasy und flüchtigen Lösungsmitteln. Zu seinem aktuellen Konsumverhalten gibt er täglichen Konsum von Alkohol und Tabak an, Cannabis wurde vor ca. einem Jahr zum letzten Mal konsumiert.

Die ersten Erfahrungen beschreibt Franz mit Alkohol, zunächst über Beobachtungen in der Familie. Später folgte mit Freunden ein Experimentieren [13] mit verschiedenstem Alkoholika und ersten Grenzerfahrungen.

>ID 004< Saufen, bis der Arzt kommt, der Gott sei Dank nie kommen musste, also anfänglich, hat man glaub ich, dass auch immer rausgebracht, wenn es zu viel war, zu der Zeit, wo man das alles schön drin behalten konnte, hat man nicht geschaut, wie viel. (Interview ID 004, 24–29)

Er beschreibt seinen exzessivsten Alkoholkonsum als eher unkontrolliert und unreflektiert. Seine Konsumgründe entwickeln sich von „Neugier" und „Selbsterfahrung/Bewusstseinserweiterung" beim ersten Konsum über „Rauscherleben" in der exzessivsten Konsumphase [19–25] bis zu „Geselligkeit" beim letzten Konsum. Diese Veränderung wirkt sich nicht auf die kategorisierte Angabe der Konsumhäufigkeit

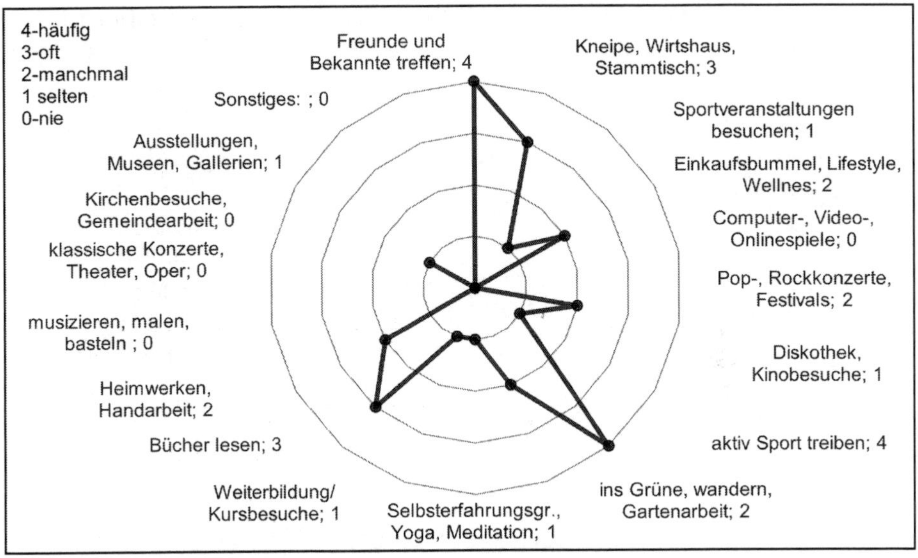

Abbildung 31: Freizeitbeschäftigung von Franz (ID 004)

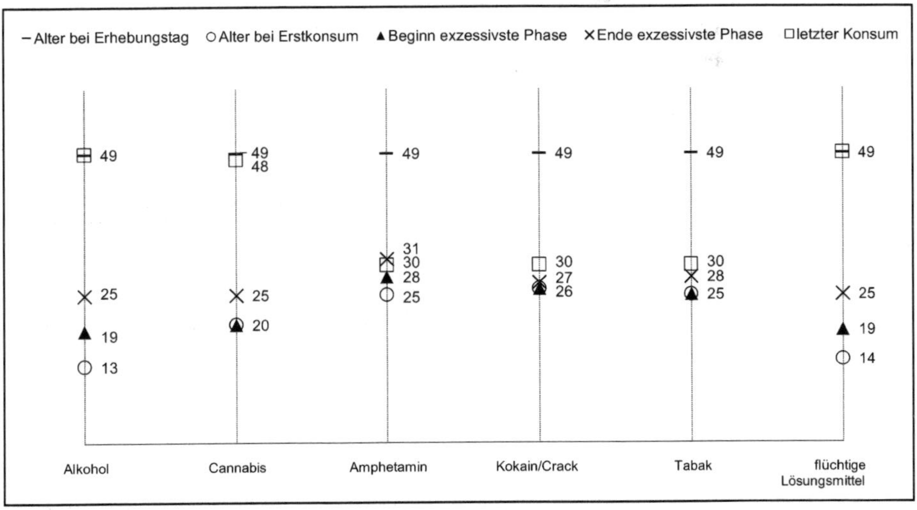

Abbildung 32: Konsumphasen von Franz (ID 004) nach psychotropen Substanzen

aus, welche sowohl in der exzessivsten Phase als auch beim aktuellen Konsum mit täglichem Konsum angegeben wird. Jedoch formuliert er eine intensivere Auseinandersetzung mit den eigenen Konsummotiven und inneren Veränderungen im Rahmen einer MPU[57]-Vorbereitungsgruppe [alkoholkonsumbedingte Auflage].

>ID 004< […] ich war ja so Mitte 20, glaub ich, wo ich den Führerschein los war, und der war jetzt, sag ich mal, gefühlt in den 40ern oder 50ern irgend sowas und das wollte ich auf gar keinen Fall. Dass man irgendwann mal so in die Richtung geht, dass man wirklich immer aus irgendwelchem Frust da irgendwo säuft oder was auch immer und sich in sich hineinzieht und dann so endet, also ich weiß nicht, ob das so das Schlüsselerlebnis ist, aber man hat immer mal darüber reflektiert, ja schon so wahrgenommen, dass man gesagt hat, ja eine Gefahr. Frustsaufen kann einfach nur doof sein. (Interview ID 004: 337–347)

Den Konsum von Cannabis beginnt er im Alter von 20 Jahren gemeinsam mit Freunden, wobei sie verschiedene Konsumtechniken ausprobieren.

>ID 004< Ja gut, Hörensagen, einer hat es ins Gespräch gebracht, mussten wir dann mal probieren und dann hat man sich einfach mal einen Eimer ins Wohnzimmer gestellt, das lief ja dann viel bei mir in der [Straßenname] (…), da haben wir dann ins Wohnzimmer das Ding auf den flachen Tisch gestellt (lacht) und jetzt probieren wir das mal, wie es funktioniert. (Interview ID 004: 55–60)

Er beschreibt eine Übereinstimmung beim Konsum aller psychotropen Substanzen über experimentierende Gruppenerfahrungen im Freundeskreis, indem jeder Informationen und Wissen einbrachte.

>ID 004< Weder rauchen noch trinken, noch alle anderen, irgendwelche Geschichten. Wollte ich auch nie alleine irgendwo, ich bin da eher so der Gesellige, keine Ahnung warum. (Interview ID 004: 64–68)

Bei einer Reise nach Amsterdam besuchte er das Hanfmuseum und nutzte die dort erhaltenen Informationen für eine im Anschluss differenziertere Substanzauswahl bei seinem Cannabiskonsum ‚kein gepresstes Zeug mehr' und achtet seither mehr auf die Qualität.

Mit Mitte Zwanzig konsumiert er verschiedene weitere Substanzen (Partydrogen), Exstasy [25], Amphetamin [25] und Kokain [26] im Technopartysetting.

>ID 004< Das war eine andere Konsumform, das war ja eine reine Technodroge, das hatten wir immer nur zu irgendwelchen Veranstaltungen eingenommen, das habe ich nie jetzt so für mich – jetzt so genommen nur bei Techno, nur bei irgendwelchen Veranstaltungen, so ok, das gehört irgendwie mit dazu. Der Einlasser oder irgendjemand,

57. MPU: Medizinisch-psychologische Untersuchung zur Wiedererlangung der Fahrerlaubnis gem. § 2 StVG (vgl. https://www.gesetze-im-internet.de/stvg/__2.html).

> den man kannte, hat es mehr oder weniger verteilt, für irgendwie einen kleinen Obolus. (Interview ID 004: 107–116)

Der Konsum im Zusammenhang mit Techno-Partys wurde innerhalb eines von ihm als „Bekanntenkreis" beschriebenen Umfelds betrieben. In der exzessivsten Konsumphase von 25 bis 28 Jahren konsumiert er Exstasy, Amphetamine und Kokain einmal im Monat, Cannabis 2- bis 3-mal pro Woche sowie Alkohol und Tabak täglich.

> >ID 004< Da habe ich mir keinen Kopf gemacht, man hat es einfach genommen (lacht), musst du unbedingt nehmen, ist super, wirkt super. (Interview ID 004: 122–124)

> >ID 004< Also so im Groben haben die Jungs schon immer gewusst, in welche Richtung es gehen kann, und übertreiben wollte ich es persönlich für mich nicht, also ein-, zweimal war es deutlich überdimensioniert. Was man dann hintenheraus wusste, da war man dann auch gern mal bis 72 Stunden am Durchdrehen. Das war definitiv zu viel, weil man da auch definitiv nicht reingucken konnte, deswegen waren das auch keine allzu langen Phasen in dem Bereich, weil man da nie wusste, von wem es wirklich kommt. Auch die, die es verteilt haben, wussten auch nicht, aus welcher Küche das kommt, wie viel Wirkstoff da wirklich verteilt drin war, und hat man dann nur an der Endwirkung dann gehabt, einmal so, oh ok, wirkt nicht so wirklich und das nächste Mal, ok, wirkt ganz schön heftig (lacht). (Interview ID 004, 144–160)

In Bezug auf Regeln im Umgang mit psychotropen Substanzen spricht er davon, keine für sich zu haben. In der Befragung zeigen sich aber verschiedene, zum damaligen Zeitpunkt eher unbewusste Regeln, an deren Einhaltung er sich hielt. Hierzu zählen klare No-Gos. Diese beinhalten für ihn Substanzen, die er mit injektiven Konsumformen verbindet, und – über den deutlichen Anlassbezug bei Technopartys – die Begrenzung auf die Freizeit und das Wochenende.

> >ID 004< Nein, in der Woche nicht, nein auf keinen Fall, es war ja alles so für den Spaß so nebenher, beim Arbeiten braucht man das ganz sicher nicht. (Interview ID 004: 282–284)

> >ID 004< Ich meine, Party ist Party und normales Leben, ich meine, ist einfach nur normales Leben. (Interview ID 004: 286–287)

Hinsichtlich der Konsumgründe beschreibt er das „Rauscherleben" zu allen erhobenen Konsumzeitpunkten als ein vorrangiges Motiv für die Einnahme von Amphetamin, Kokain, Exstasy und flüchtigen Lösungsmitteln [29] (Probierkonsum mit 2- bis 5-mal). Für Alkohol, Tabak und Cannabis verändern sich die Konsumgründe von „Neugier" beim Erstkonsum über „Rauscherleben" in der exzessivsten Konsumphase zu „Geselligkeit" beim letzten Konsum.

Informationen über die Wirkung und andere substanzspezifische Hintergründe hat er außer bei Cannabis nicht über weitere Quellen eingeholt. Der Austausch über den Konsum und hierbei gemachte Erfahrungen erfolgte innerhalb der Gruppe der

Mitkonsumierenden und vorrangig darüber „was wie gut geht". Mit anderen Freunden, die keine illegalisierten psychotropen Substanzen konsumierten, gab es keine Gespräche hierüber, da er davon ausging, dass bei ihnen „Ressentiments" bestünden. Die Veränderung seines Freizeitverhaltens im Alter von ca. 30 Jahren, weg von „Technopartys" wieder hin zu „handgemachter" Musik, geht auch mit einer Veränderung (Einstellung) des Konsums von „Partydrogen" einher.

>ID 004< Das war so eine Partyhochzeit, es war ja sowieso eine spannende Zeit, die wir so hatten, in den 90ern (…), sodass man gesagt hat, ok jetzt kommt überhaupt was Neues. Man hat alles mal so ausprobiert und für mich jetzt so persönlich, so wie das begonnen hat, hat es auch gleich wieder aufgehört. …, auch heute würde ich jedem Jugendlichen sagen, dass er seine Partyhochzeiten bis zur 30 erledigen sollte, und danach ist man irgendwie raus, aus der ganzen Geschichte, weil man im Kopf dann halt so eine Veränderung mitnimmt, deshalb war das für mich keine Frage, dass man da vielleicht irgendwie drauf hängen bleibt, weil es wirklich nur veranstaltungstechnisch und partytechnisch war. (Interview ID 004: 238–253)

Rückblickend zieht er ein positives Resümee seiner Konsumerfahrungen.

>I004< Ich bemühe mich da weitestgehend, Frust weitestgehend von mir zu halten, lieber trennt man sich da von irgendwelchen (…), also ja weiß ich nicht, ob man sich da irgendwelche Regeln für sich aufgestellt hat, was mir nicht guttut, halte ich mir fern. War schon immer, so denke ich, weiß nicht, ob das in der Erziehung schon mit eingeflossen ist, ob Mutter oder Vater dazu beigetragen haben, aber das wusste ich schon relativ früh. Da bilde ich mir auch ein, dass ich einigermaßen Menschenkenntnis relativ früh erworben habe, und wenn man sich nicht mit irgendjemand betun wollte, habe ich es für mich auch nicht getan. (Interview ID 004: 352–362)

>ID 004< [[Die richtigen Freunde]] die einen vor gröberen Abstürzen bewahrt haben, ich könnte nicht sagen, dass es irgendwie hätte besser laufen können. Also ich glaube nicht, ich glaube, für mich war das schon immer die perfekte Variante gewesen. (Interview ID 004: 378–384)

Alkohol und Tabak konsumiert er aktuell regelmäßig und Cannabis situationsabhängig, wenn sich eine Gelegenheit in einer Gruppe bietet [letzter Konsum mit 48].

3.2.3.5 Brix (ID 005)

Brix (männlich) ist zum Zeitpunkt der Befragung 52 Jahre alt. Er ist ledig und wohnt allein in seinem Wohneigentum in einer Großstadt[58]. Er hat Abitur und einen Fachar-

58. Großstadt – mit mehr als 500 000 Einwohner (vgl. GESIS – Leibniz-Institut für Sozialwissenschaften, Arbeitsgruppe Regionale Standards 2019: 132)

beiter-/Meisterabschluss, er arbeitet Vollzeit und sein monatliches Nettoeinkommen liegt zwischen 1 000 bis 2 500 €. Er kommt aus einer kleinen Großstadt in Thüringen. Seine Mutter hat einen Facharbeiter/Meister Abschluss und sein Vater einen akademischen Abschluss. Die häufigsten Freizeitbeschäftigungen sind „Freunde und Bekannte treffen", „ins Grüne, Wandern, Gartenarbeit" und „Bücher lesen".

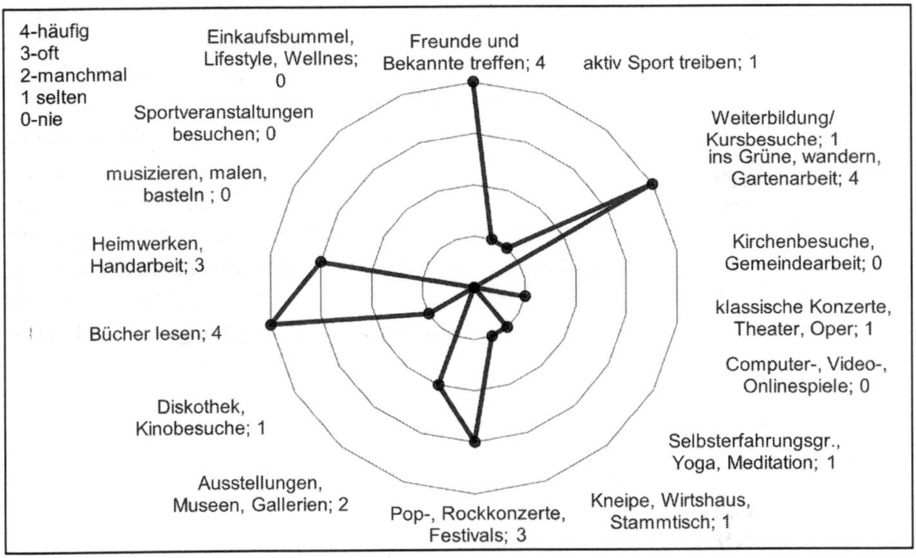

Abbildung 33: Freizeitbeschäftigung von Brix (ID 005)

Brix hat Erfahrungen mit dem Konsum von Alkohol, Tabak, Cannabis, Amphetamin, Methamphetamin, Kokain, Exstasy, Halluzinogenen und Spice. Zu seinem aktuellen Konsumverhalten gibt er einen 14-täglichen Konsum von Alkohol an, Cannabis und Tabak konsumiert er täglich.

Brix beschreibt das Kennenlernen des Konsums von Alkohol [12] über Erfahrungen innerhalb seines Freundeskreises und merkt hierzu an, zumeist mit Älteren unterwegs gewesen zu sein.

> >ID 005< Na, probiert, das hat mir ja nun auch keiner gezeigt oder, wie war das oder von den Alten gelernt (lacht). (Interview ID 005: 3)

> >ID 005< Aber vielleicht kam das so, ja ich würde sagen, durch ältere Freunde, können ja nur Freunde sein, kann ja niemand anders, ja, so würde ich es nennen. (Interview ID 005: 6)

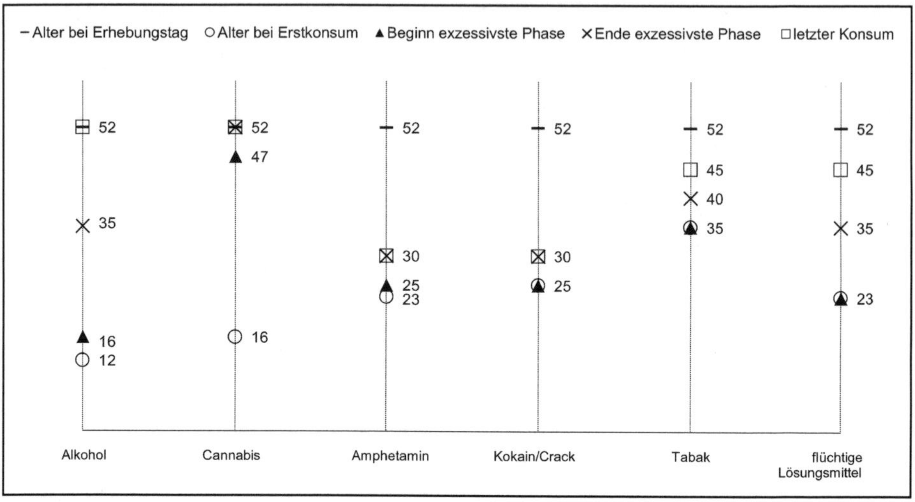

Abbildung 34: Konsumphasen Brix (ID 005) nach psychotropen Substanzen

Er beschreibt seine exzessivste Konsumphase mit einer Konsumhäufigkeit von 2- bis 3-mal pro Woche im Alter von 16 bis 35 Jahren. In dieser Phase stehen die Konsumgründe „Kontakterleichterung, soziale Anpassung und Anerkennung", „Rauscherleben", „Genusserleben" und „Geselligkeit" im Vordergrund.

>ID 005< Hatte ich früher ein völliges Problem mit Nachhausegehen. Ich konnte nicht. Der [Name] hat immer gesagt, du musst immer sehen, was der Letzte anhat. So ungefähr. Ich konnte nicht gehen, wenn nicht die Stühle schon hochgestellt wurden oder irgendwas. Das war halt und das geht dann nur mit dem bunten Reigen. (Interview ID 005: 180–183)

Die Veränderung seines Alkoholkonsums auf aktuell 14-täglich beschreibt er für die Zeit ab 51 Jahren. Hierfür sieht er die länger andauernde Rekonvaleszenz und eine stärkere Ausrichtung auf das Wohlbefinden am nächsten Tag sowie eine Priorisierung anderer Lebensziele und deren Realisierung als vordergründig an. Diese Veränderung wird über die Angaben zu den Konsummotiven vom Erstkonsum „Neugier" über die Konsummotive „Kontakterleichterung, soziale Anpassung/Anerkennung", „Rauscherleben", „Genusserleben" und „Geselligkeit" in der exzessivsten Konsumphase, hin zu einer allein auf „Geselligkeit" ausgerichteten Konsummotiv beim letzten Konsum verdeutlicht.

>ID 005< Ja, auf jeden Fall mein Leben, wie ich es mir eingerichtet habe, also ich selbst und mein Lebensplan, ist es ja nicht wirklich. Aber ich habe ja gewisse Sachen zu erle-

digen und habe es auch vor. Was ich machen will und da passt das nicht gut, wenn du total daneben bist. Die Hauptinteressen haben sich etwas gewandelt und da passt es halt auch nicht dazu. (Interview ID 005: 198–201)

Die ersten Erfahrungen mit Cannabis [16] machte er in der DDR.

>ID 005< Das war halt in großen Abständen. Wir haben mal Holländer kennengelernt, die waren gut versorgt. Die kamen auch mal hier rüber, die waren mal zu Besuch, dann waren wir mal in der Tschechei oder in Ungarn, im Urlaub. Irgendwie hast du immer mal jemanden getroffen beim Feiern und schon hast du da mit dem Tütchen gestanden und da wusste man ja wirklich nicht so richtig, wie das, was da drin ist. Und ich war ja Nichtraucher, aber man hat halt mitgemacht, mal probiert. (Interview ID 005: 82–87)

In seinen Beschreibungen von Konsumgelegenheiten der verschiedenen psychotropen Substanzen sind die gemeinsamen Erfahrungen mit Freunden ein zentrales Element. Bei Cannabis entwickelt sich demgegenüber ein Konsum, der in der exzessivsten Phase, also ab 47 Jahren bis zum Zeitpunkt der Befragung als täglicher Konsum auch allein erfolgt. Die angegebenen Konsumgründe zeigen für die exzessivste Konsumphase und den aktuellen Konsum „Entspannung/Erleichterung", „Bewältigung schwieriger Situationen/Lebenslagen" und „Abbau von Anspannung und Stress". Diese Motive werden von ihm nur für Cannabis angegeben, das Konsummotiv „Genusserleben" wird neben Cannabis von ihm auch bei Alkohol und Tabak angegeben. Der Cannabiskonsum hat sich über die Jahre zu einem durchritualisierten Konsum entwickelt und wird von ihm auf den Feierabend und das Wochenende beschränkt.

>ID 005< Aber die Kifferei ist dann halt mein, wie kann man das nennen, die Alternative. Das ich wirklich, aber das ist schon fast rituell, das mache ich, wenn ich abends, wenn ich weiß, mein Tag ist jetzt so weit so gut gelaufen fertig. Ich hätte zwar noch dies oder das, aber ich bin ja mein Herr und da kann ich ja entscheiden, was ich mache. (Interview ID 005: 202–212)

>ID 005< Und mache mir dann nachmittags um fünf, um sechs mein Tütchen, nach dem ersten Tütchen mach ich noch so ein bisschen Haushalt und noch so ein Zeug und dann ist es um acht, dann mach ich mir noch ein Tütchen und das zieht sich dann auch über ein Stündchen und das ist dann echt lange. Ich brauch' bestimmt eine halbe Stunde, bis ich mir das hin gemehrt habe alles, dann trinke ich einen Tee dazu und dann mache ich mir eine Doku an und dann quarze ich das Dingelchen weg und dann sitze ich so noch 10 Minuten rum und dann mache ich wieder irgendwas, aber dann bin ich bei weitem nicht mehr so aktiv. Eher gemütlich, es ist alles schön. (Interview ID 005: 98–100)

In der Befragung berichtet er von unterschiedlichen Gelegenheiten, bei denen es gemeinsam mit Freunden „zufällige" Kontakte gab, die zu Angeboten und Konsumgelegenheiten führten. Bei einer Gelegenheit wird ihm Mutterkorn[59] angeboten, welches er ausschlug, da ihm keine Informationen zu dieser Substanz vorlagen. Um sich auf einen Konsum einzulassen, bilden das gemeinsame Erleben mit Freunden für ihn die zentrale Entscheidungsgrundlage.

>ID 005< Freunde, die es schon kannten. Man hat immer von Erfahreneren gelernt. Und gab es da auch Leute, nein, von denen wollte ich es gar nicht oder da habe ich gesehen, die können es nicht so. (Interview ID 005: 108–110)

Diese als negativ bewerteten Beobachtungen von anderen Konsumierenden reflektiert er folgendermaßen:

>ID 005< Der hatte halt viele so Drogen durcheinander, aber richtig viel und das eben (…) na ja, regelmäßig, in Mengen. Sowas gab es da eben nicht, dass man Montag mal abschaltet und dann erst wieder Freitag, das war eben bei manchen nicht, [[so der Fall]]. (Interview ID 005: 108–110)

Dies bestärkt die substanzspezifische Trennung von Alltag und Wochenende in seiner Konsumpraktik.

>ID 005< Es war an sich ein volles Doppelleben, das haben wir auch immer so gesehen. Wir haben unser Arbeitsleben und wir haben unser Partyleben sozusagen und da gab es wirklich, im Technoumfeld, das waren ja viele. (Interview ID 005: 114–117)

Für seinen Umgang mit psychotropen Substanzen [31] beschreibt er allein beim einmaligen LSD-Konsum konkrete Vorbereitungen und das Einholen von Informationen bzgl. des Konsums. Sein Konsummotiv gibt er mit ‚Selbsterfahrung' an.

>ID 005< Das war aber auch das einzige Mal, dass man sich richtig vorbereitet darauf, sonst war es an sich immer, wenn da. (Interview ID 005: 14)

>ID 005< Umgebung war eigentlich nur beim LSD wichtig, weil wir schon wussten, das zieht sich, da lagen wir am Strand 24 Stunden, das zieht sich, da hat man ein bisschen was zu Essen vorbereitet, musste ja machen, aber nur einen Keks gegessen, aber unglaublich lustig. (Interview ID 005: 10–12)

Seine damalige Partnerin verfügt über u. a. LSD-Erfahrung. Für einen gemeinsamen Urlaub planen sie gezielt den gemeinsamen LSD-Konsum. Das Wissen um die notwendigen Vorbereitungen für eine positive Konsumerfahrung mit LSD hat er sich seiner Auffassung nach bereits durch Erzählungen anderer angeeignet.

>ID 005< […] auch ältere Freunde und die hatten sich immer mal getroffen, in schöner Umgebung und haben sich das reingehauen, aber halt zweimal im Jahr oder so was, die

59. Aus dem Mutterkorn (Secale cornumtum) extrahiertes Alkaloid, wird zur Gewinnung von LSD-25 verwendet (vgl. Geschwinde 2018: 146,).

haben wirklich wie so eine, naja, geschützte Umgebung, so zu Hause im kleinen Kreis haben die sich das reingehauen. (Interview ID 005: 17–19)

Für die Dosierung der konsumierten Substanzen beschreibt er, auf die Empfehlungen von Erfahreneren vertraut und hat sich an deren Konsumdosierungen orientiert, um dann „zu schauen, was passiert". Zu seiner exzessivsten Konsumphase führt er aus:

>ID 005< Und es war ja gelegentlich eine bunte Mischung, das ging dann schon über das ganze Wochenende. Also Alkohol war ja eh immer dabei. Ja, ja, absolut, da war da ja wenig Schlaf, da sind wir mal kurz auf die [Ortsangabe] und haben da ein bisschen rumgelegen, irgendwo ein paar Getränke geholt, oft mit dem Auto – verheerend – aber das war natürlich nun ja Freitag los, entweder zwischendurch, irgendwo noch mal ein bisschen gefeiert oder halt gleich ins Freie oder je nachdem. (Interview ID 005, 49–52)

>ID 005< Dass du gut über den Abend kommst und gut feiern kannst wie ein Blöder, also das war glaub ich das Hauptziel dabei. (Interview ID 005: 175)

Über die gesamte Zeit des Konsums hinweg behielten Alltagsverpflichtungen wie Ausbildung und Arbeit für ihn eine wochenstrukturierende Priorität, die nur in seltenen Fällen vernachlässigt wurde. Als weitere Determinante für die Regulierung des eigenen Konsums wird die Rückmeldung anderer einschließlich der hierdurch angeregten kritischen Selbstbeobachtung benannt.

>ID 005< Da muss ich jetzt mal aufpassen und die Sache beobachten, ich beobachte mich auch selbst, also früher nicht so viel wie jetzt. Ich habe ja dennoch erstaunlicherweise im Laufe der Jahre ja viel gelernt. (Interview ID 005: 129–131)

>ID 005< Ja, so in der Art, du bist ein bisschen komisch, was ist denn los? Die das nicht wussten, denen habe ich natürlich auch nicht gesagt, ich habe mir irgendeine Pille geworfen und keine Ahnung, das ist dann das Ergebnis gewesen von dem Zeug. (Interview ID 005: 142–145)

Ein Austausch über die Erfahrungen aus dem eigenen Konsumverhalten erfolgt ausschließlich mit anderen Konsumierenden. Der Konsum illegalisierter psychotroper Substanzen wird gegenüber anderen Nichtkonsumierenden nicht thematisiert.

In seiner Beschreibung erfolgt der Konsum aller psychotropen Substanzen (außer LSD) ohne sich vorab zu informieren.

>ID 005< […] der Rest dann so war eigentlich die Reine, man bekommt es und probierte es. Man hat schon gefragt, was kann passieren oder so, aber man schaut, was passiert. (Interview >005: 31–32)

Für den Erstkonsum nennt er (außer bei LSD) als Konsummotiv „Neugier". Er erzählt, stets Personen im Umfeld gekannt zu haben, die bereits Erfahrungen mit dem Konsum haben, und von diesen gelernt zu haben. Es kann daher davon ausgegangen werden, dass ein umfängliches Beobachtungswissen dem Konsum vorausgeht und über Erzählungen generiert wird. Die Angaben zu den Konsummotivationen sind für die exzessivste Konsumphase und den letzten Konsum der Partydrogen gleichlautend: „Kontakterleichterung, soziale Anpassung/Anerkennung“, „Rauscherleben“, „Geselligkeit“ und „Wachbleiben/Ausdauer“.

Mit Anfang 30 verändern sich seine Lebensumstände, was mit einem neuen Freizeitverhalten und einem Wohnortwechsel einhergeht. Dabei verringerte er den Konsum von Substanzen, die er mit „Chemie“ (Partydrogen) umschreibt.

>ID 005< Und sicherlich war dann auch Zeit, die Stadt zu wechseln, das Umfeld zu wechseln. Weil ich glaube, wäre ich in [Stadt] geblieben, so in dem Ganzen, ich möchte es nicht Hamsterrad nennen, ich weiß es nicht. In [Stadt] ging auch noch viel, aber da habe ich das Zeug alles weggelassen. Alles, da war mal ein bisschen Kifferei dabei, aber Chemie gar nicht mehr oder kaum, na ja, irgendwie war das dann wirklich gar nicht mehr so richtig relevant. Aber dazu musste ich tatsächlich mal woanders hin. (Interview ID 005: 162–167)

Diese Veränderung wird von ihm als Prozess beschrieben, in dem er der Partydrogenkonsum deutlich reduziert und nur noch punktuell fortsetzt [bis 45]. In den folgenden Jahren verändert er auch seinen Alkohol (Reduzierung) und seinen Cannabiskonsum (Steigerung), wobei er eine am eigenen Wohlbefinden sich ausrichtende Entwicklung beschreibt. Nicht mehr immer und überall dabei sein zu müssen und seinem eigenen Lebensplan zu folgen, steht für ihn nunmehr im Vordergrund, da sich seine Hauptinteressen gewandelt haben. Diese Entwicklung führt er auch auf einer längere Rekonvaleszenzzeit nach dem Alkoholkonsum zurück.

In seinen aktuellen Lebensbezügen besteht weiterhin die Gelegenheit, unterschiedlichste Substanzen zu konsumieren, welche er aber nicht mehr nutzen möchte.

Die Regelmäßigkeit des Cannabiskonsums wird von ihm kritisch betrachtet und über verschiedene Strategien der Risikobewertung hinsichtlich einer Abhängigkeitsproblematik beleuchtet. So werden bewusste Konsumpausen beschrieben, u. a. mehrwöchige Urlaube und Reisen mit Konsumverzicht. In diesen Phasen beschreibt er Selbstreflexionsprozesse, mit denen er das eigene Verlangens als einen Gradmesser für ein regulierungsbedürftiges Konsummuster einschätzt. Angeregt durch einen YouTube-Bericht, in dem ein Cannabiskonsument mit abhängigem Konsummuster von seinen konsumierten Mengen berichtet, überprüft er in einem eigenen ‚Forschungsprojekt‘ seine Konsummengen. Die Fähigkeit, in Situationen auf den Konsum zu verzichten, sieht er als wichtiges Überprüfungskorrektiv.

>ID 005< Aber das Grünzeug sehe ich gar nicht als Problem an. (Interview ID 005: 353)

>ID 005< Ja. das ist natürlich komisch, an der Stelle hänge ich gerade ein bisschen, wenn ich unterwegs bin, so wie jetzt. Ich nehme nichts mit, ich habe auch jetzt gar nichts. Hätte ich jetzt was mit, würde ich abends bei meinem Vater auf dem Balkon

> sitzen und mir eine Tüte reinpfeifen. Hätte ich was mit, also ich habe auch was mit, aber das gebe ich [Name]. Denn ich habe tatsächlich in der Bude einige Gramm, aber die sind für [Name] und da sind die für [Name] und da ist das gut und da muss ich da nicht ran genau, also das geht wirklich gut. (Interview ID 005: 214–218)

Seinen Tabakkonsum [22] gibt er mit Konsummotiv „Neugier“ beim Erstkonsum, in der exzessivsten Konsumphase [42–] und letzten Konsum mit „Genusserleben“ und „Gewohnheit“ an. Er erklärt, den Tabakkonsum über den bereits schon länger bestehenden Cannabiskonsum begonnen zu haben.

Er beschreibt die Entwicklung und den Ausbau seiner Selbstreflexion und -kontrollstrategien als Selbsterfahrungsprozesse, die zu den verschiedenen Entwicklungen beitragen.

Auf die Frage, was aus seiner Sicht hilfreich gewesen wäre, führt er aus:

> >ID 005< Ich hatte halt viel Glück, mir ist ja nichts passiert. Hätte ich jetzt Probleme gehabt, hätte ich nicht unbedingt gewusst, zu wem gehe ich denn, deshalb war das für mich nicht so schlimm. Dass ich keine Anlaufstelle habe, eine Drogenberatung oder so, darüber habe ich mir nie Gedanken gemacht, weil ich es nicht brauchte. Im Zweifelsfalle wäre so etwas dann nötig gewesen, das hätte ich sicher auch in Anspruch genommen, aber vermisst habe ich es nicht. Weil es halt nicht nötig war und sonst von Aufklärung oder so hatte ich auch nicht so einen Bedarf. (Interview ID 005: 379–387)

In dieser Aussage wird deutlich, dass institutionelle Angebote bei ihm direkt mit Problemkonsum verbunden werden und daher für ihn auch als Informationsquelle nicht in Betracht kommen. In einem Blick auf notwendige Veränderungen formuliert er:

> >ID 005< Die objektive Beleuchtung fehlt, da in den Kreisen, die was entscheiden für uns, ist halt alles schlimm. Dass da irgendjemand entscheidet, ich darf diese Pflanze nicht anbauen in meinem Garten, dabei darf ich aber im [Markenname]-Baumarkt Eisenhut kaufen, was eine übelst giftige Pflanze ist. (…) Naja, sowas ist schon sehr merkwürdig, […] Auf der einen Seite kannst du hier irgendwelchen Scheiß erwerben, Alkohol also (…) Wenn sich die Leute, die das nehmen, dafür interessieren, es geht ja durch alle Gesellschaftsschichten, du hast ja Leute, die interessiert es gar nicht. Die hauen sich die Rübe zu und fertig. Wie könnte man es lösen, das Problem, eine objektive Betrachtung und nicht mit einer Scheuklappe durch die Gegend laufen und so, dann geht das schon. (Interview ID 005: 413–427)

3.2.3.6 Frank (ID 006)

Frank (männlich), zum Zeitpunkt der Befragung 46 Jahre alt, ist verheiratet, hat zwei Kinder und wohnt mit seiner Partnerin im Wohneigentum in einer kleinen Großstadt.

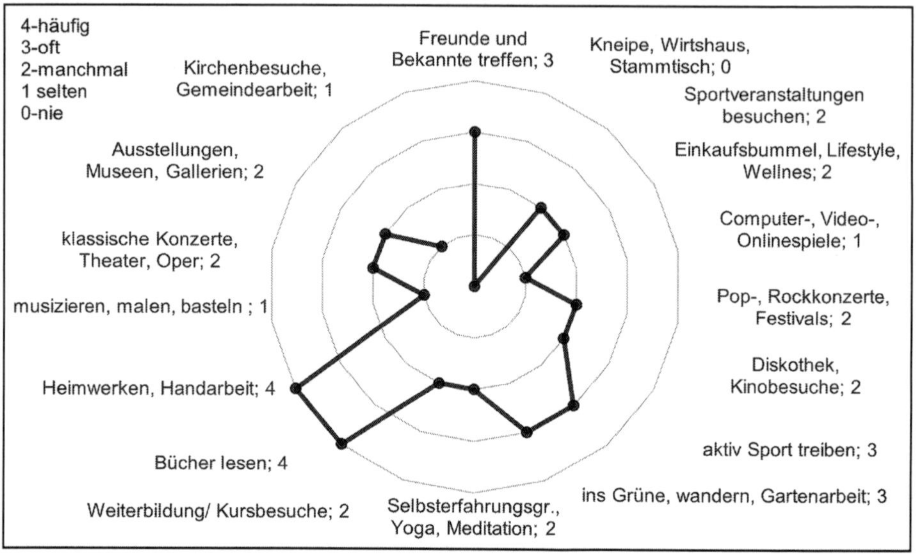

Abbildung 35: Freizeitbeschäftigung von Frank (ID 006)

Er hat Abitur und einen akademischen Abschluss, aktuell arbeitet er Vollzeit und sein monatliches Nettoeinkommen liegt bei über 2 500 €. Er kommt aus Hessen und lebt in Thüringen. Seine Mutter hat Abitur und sein Vater einen Hauptschulabschluss, beide haben einen Facharbeiter-/Meister. Die häufigsten Freizeitbeschäftigungen sind „Bücher lesen“ und „Heimwerken, Handarbeit“.

Frank hat Erfahrungen mit dem Konsum von Alkohol, Tabak, Cannabis und Halluzinogenen. Zu seinem aktuellen Konsumverhalten gibt er einen Konsum von Alkohol und Tabak 2- bis 3-mal pro Woche und einen monatlichen Cannabiskonsum an.

Frank beschreibt, dass er seine erste Erfahrung mit Alkohol im Alter von 16 Jahren hatte, gemeinsam mit einem Freund zu einem besonderen Anlass:

> >ID 006< Alkohol habe ich, über einen Freund, mir ein Sixpack besorgt und wir haben, als ich die mittlere Reife geschafft habe, jeder drei Bier getrunken und am nächsten Tag ging es mir echt übel (lacht). Das war erst einmal ziemlich heilsam. (Interview ID 006: 5–8)

In seiner exzessivsten Alkoholkonsumphase [22–27] gibt er eine Konsumhäufigkeit von 2- bis 3-mal in der Woche an. Er beschreibt in Bezug auf den Umgang mit Alkohol die materiellen Ressourcen als begrenzenden Faktor.

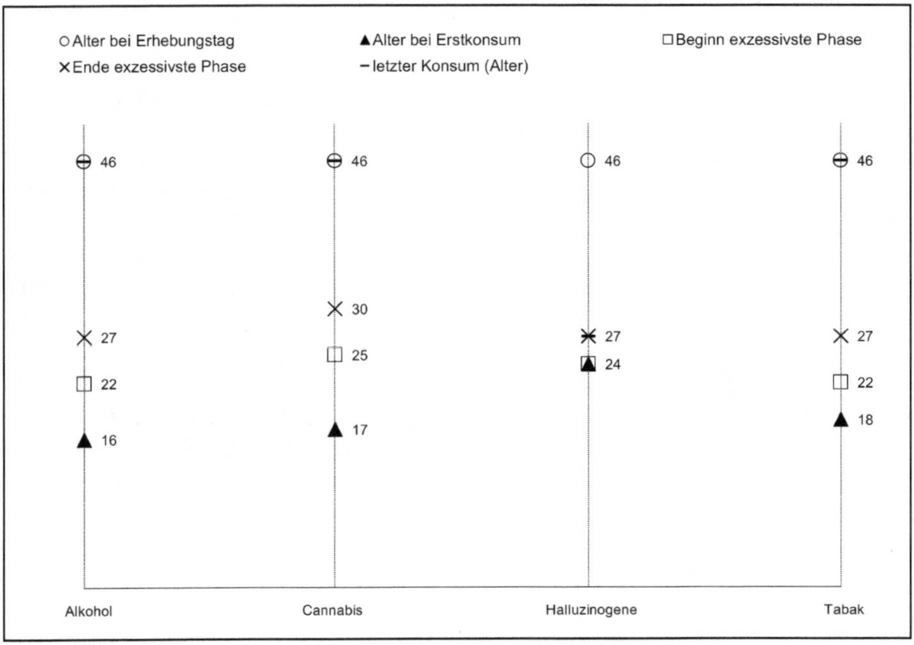

Abbildung 36: Konsumphasen Frank (ID 006) nach psychotropen Substanzen

> >ID 006< Das war dann eine Frage des Geldes. Man hat daheim getrunken, denn woanders war es zu teuer. Wenn man ein gewisses Level hatte, ist man weggegangen. Außerhalb haben wir kaum etwas getrunken. (Interview ID 006: 15–18)

Konsumgründe für den Erstkonsum benennt er mit „Kontakterleichterung, soziale Anpassung und Anerkennung“, „Rauscherleben“ und „Geselligkeit“. Diese Motive bleiben auch für den Konsum in der exzessivsten Konsumphase [22–27] konstant. Eine Veränderung zeigt sich bei der Konsummotivation bezüglich des letzten Konsums [46], für den „Genusserleben“ als einziges Motiv angegeben wurde. Bei der Konsumhäufigkeit wurde beim aktuellen Konsum 2- bis 3-mal pro Woche genannt, was keine Veränderung gegenüber der exzessivsten Konsumphase darstellt, sodass die Veränderung der Konsummotivation u. a. auf die Verringerung der Konsummenge zurückgeführt werden könnte. Als Veränderungsmotivation formuliert er die steigende Verantwortungsübernahme im Alltag, in Verbindung mit Familie und Beruf und eine damit in Verbindung stehende Notwendigkeit, präsent zu sein. Hinsichtlich der entwickelten Regelungen für seinen aktuellen Alkoholkonsum legt er dar:

>ID 006< Na ja, aktuell schon, dass ich schon darauf achte, dass es jetzt nicht so zu einer Bewältigungsstrategie wird. Wenn ich Stress habe, dass ich dann trinke oder so. Aber letztlich war das ja nie meine, mein vordringlicher Konsumgrund. Also es geht eher darum, wenn ich den nächsten Tag klar sein muss, dann soll ich nicht so viel trinken und am Abend auf keinen Fall was kiffen, denn das merke ich einfach am nächsten Tag. (Interview ID 006, 126–135)

Seine erste Cannabiserfahrung [17] macht er ebenfalls gemeinsam mit einem Freund.

>ID 006< Und beim Cannabis da waren wir einfach superneugierig. Da haben wir uns was besorgt und da habe ich mit einem Freund zusammen, damals haben wir noch gar nicht geraucht. Ich weiß gar nicht, ob wir was gegessen haben, irgendwas gebacken, was auch immer es war, ich glaube, es war so was wie Nussecken oder irgendwie (lacht), hat ekelhaft geschmeckt. Und das Schwierige beim Essen find ich, das was drin ist, da kannst du es nicht mehr kontrollieren. Das heißt, wenn es zu viel war, dann find ich das schwierig, das auszuhalten. Dass es jetzt möglicherweise noch mehr Rausch gibt, auch wenn man das nicht mehr will. Deswegen sind wir dann auf das Rauchen gekommen, weil man es besser kontrollieren kann. (Interview ID 006, 19–32)

Für den Erstkonsum gibt er neben „Neugier" die Konsummotive „Abbau von Anspannung und Stress", „Rauscherleben" und „Selbsterfahrung/Bewusstseinserweiterung" an. Für die exzessivste Konsumphase tritt „Entspannung und Erleichterung" an die Stelle von „Abbau von Anspannung und Stress". Die Konsummotive „Rauscherleben" und „Selbsterfahrung/Bewusstseinserweiterung" bestehen über die exzessivste Konsumphase bis zum letzten Cannabiskonsum [46]. Die Konsumhäufigkeit von 2- bis 3-mal pro Woche stellt die exzessivste Konsumphase [25–30] dar. Aktuell konsumiert er Cannabis einmal im Monat.

Für den Beginn seines Tabakkonsums [18] beschreibt er eine Entwicklung im Zusammenhang mit einer höheren Kontrolle des Rausches als beim Cannabiskonsum.

>ID 006< Und beim Tabak bin ich eigentlich nur übers Kiffen gekommen. Und das ist hängengeblieben, wenn ich etwas trinke, dass ich dann eine Zigarette rauche. (Interview ID 006: 58–61)

Als Konsummotiv gibt er vom Erstkonsum bis zum letzten Konsum „Entspannung/Erleichterung" an. Die Konsumhäufigkeit gibt er für die exzessivste Konsumphase [22–27] und den aktuellen Konsum mit 2- bis 3-mal pro Woche an. Die von ihm benannte Kombination mit Alkohol spiegelt sich in den Angaben zur Konsumhäufigkeit wider. Interessant erweist sich dieser Befund hinsichtlich zweier Aspekte. Tabak wird für eine Verbesserung des Konsumvorgangs eines primären Substanzkonsums (Cannabis) begonnen und verfestigt sich dabei in einem Konsummuster in Verbindung mit einer anderen psychotropen Substanz (Alkohol). Hier zeigen sich Übereinstimmungen mit der substanzspezifischen Konsummotivation „Rauscherleben" und

„Entspannung/Erleichterung“, welche zu den unterschiedlichen Konsumzeitpunkten einzeln und/oder in Kombination der Substanzen angegeben werden.

Für seine erste Erfahrung mit Halluzinogenen [24] lässt er sich in den Niederlanden in einem „Coffeeshop“ beraten und zieht weitere Informationen über unterschiedliche Quellen heran.

>ID 006< Das kam über das Meditieren und das Beschäftigen mit schamanischer Literatur und da die ja auch immer mal was genommen haben, haben wir gedacht, das kann man auch mal so nehmen und dann haben wir uns ein paar Pilze besorgt in Holland. Und dann haben wir einen ganzen Tag gefastet, wie wir es nachgelesen haben, und dann haben wir das zelebriert, mit guter Musik und erstmal reizarmer Umgebung. Und als das so ein bisschen gewirkt hat, dann sind wir so ein bisschen rausgegangen und [haben] die Welt in neuen Farben angeschaut. Das war schon ziemlich spannend, wobei es natürlich auch, finde ich persönlich, da muss man schon wirklich aufpassen, denn da kippen die Realitäten schon. (Interview ID 006, 36–51)

Vorrangig handelte es sich um Bücher und Dokumentationen zu Schamanismus und Bewusstseinserweiterung. Informationen aus Filmen und Videos unterschiedlicher Musiker (z. B. Bob Marley, The Doors) werden nicht per se als glaubwürdige Informationsquellen bewertet. Hier zeigt sich eine deutliche Differenzierung der Informationen aus allgemein zugänglichen (Massenmedien) und zielgerichteter Informationsgewinnung und -recherche, deren Ergebnisse direkt angewendet werden:

Neben „Neugier“ als Konsummotivation für den ersten Konsum, gab er für alle drei Konsumzeitpunkte „Selbsterfahrung/Bewusstseinserweiterung“ als Konsummotiv an. Über seine Erfahrungen tauscht er sich mit den ebenfalls konsumierenden Freunden aus:

>ID 006< Wir hatten schon so eine Clique, mit denen wir auch gemeinsam konsumiert haben, zumindest Cannabis und Alkohol. Über Alkohol haben wir uns nie ausgetauscht, das war eigentlich nur zum Weggehen und Partymachen. Aber so über Cannabis und vor allen Dingen Halluzinogene war es ein kleiner Freundeskreis. (Interview ID 006, 41–48)

Der Austausch erfolgt innerhalb einer kleinen Gruppe von Mitkonsumierenden und kann als ein Abwägungsprozess zwischen notwendiger Informationsgewinnung, gemeinsamem Erleben und Informationsbegrenzung gegenüber dem sozialen Umfeld gewertet werden.

Über die exzessivste Konsumphase berichtet er, dass er in dieser Zeit wenig Verantwortung zu tragen hat und viel Raum bleibt, sich mit sich und Bewusstseinserweiterung auseinanderzusetzen.

>ID 006< Ich hatte einfach wenig Verantwortung und viel Zeit (lacht) und Bock sicher auch. Aber es war ja nie etwas, was mit Stress zu tun hatte. Ich habe viel Zeit gehabt, mich mit mir selbst und mit Bewusstseinserweiterung zu beschäftigen, so kam das und

eben auch viel Zeit, um Party zu machen, und am nächsten Tag nicht das Gefühl, wenn ich ein bisschen neben der Spur laufe. Ganz davon abgesehen, dass ich das da konditionell noch wesentlich besser verkraftet habe, war das einfach nicht so entscheidend, morgens früh aufzustehen und irgendwohin zu gehen. Ob ich jetzt beim Studium die erste Vorlesung verpasse oder nur körperlich anwesend war, war da nicht so entscheidend. (Interview ID 006: 88–94)

Die Veränderungen in seinem Konsumverhalten bezieht er auf die stärkere Verantwortungsübernahme in seinem Leben und die wahrgenommenen körperlichen Auswirkungen.

>ID 006< Familie, Arbeit und Verantwortung. Morgens einfach wirklich präsent zu sein. Feste Zeiten, wann man aufsteht und eben letztlich dann schon auch das Gefühl, das körperlich nicht mehr so wegstecken zu können, wie als ich jünger war. Es tut mir nicht mehr so gut, dieser exzessive Konsum. (Interview ID 006: 116–122)

Über die weiteren Möglichkeiten der Informationsgewinnung über institutionelle Materialien im Umgang mit psychotropen Substanzen äußert er sich wie folgt:

>ID 006< Logischerweise gab es die schon, aber ich habe die nie, es hat mir nie einer zugetragen. Ich wüsste auch nicht, dass das mal Thema in der Schule war, ich glaube es fast nicht und wenn, war es so langweilig oder es war nicht die Erinnerung wert. (Interview ID 006: 81–86)

Auf die Frage, was aus seiner Sicht hilfreich gewesen wäre, beantwortet er folgendermaßen:

>ID 006< Ich denke schon, dass eine gute Aufklärung, ich weiß nicht, ob Schule das richtige Mittel ist, aber ich sag mal, in englischen Medien, die nicht mit erhobenem Zeigefinger, sondern mit einer ehrlich offenen Aufklärung, mit Risiken und durchaus mit Chancen, dass das schon hilfreich gewesen wäre. (Interview ID 006: 147–154)

3.2.3.7 Fritz (ID 007)

Fritz (männlich) ist zum Zeitpunkt der Befragung 49 Jahre alt, ledig, hat zwei Kinder und wohnt mit Partnerin in einer Mietwohnung. Er war auf einer weiterführenden Schule und hat einen Facharbeiter-/Meisterabschluss, sein monatliches Nettoeinkommen liegt zwischen 1 000 und 2 500 €. Er kommt aus und lebt in einer kleineren Großstadt in Thüringen. Seine Mutter hat einen Facharbeiter-/Meisterabschluss, sein Vater einen akademischen Abschluss. Seine häufigste Freizeitbeschäftigung ist „Musik hören“.

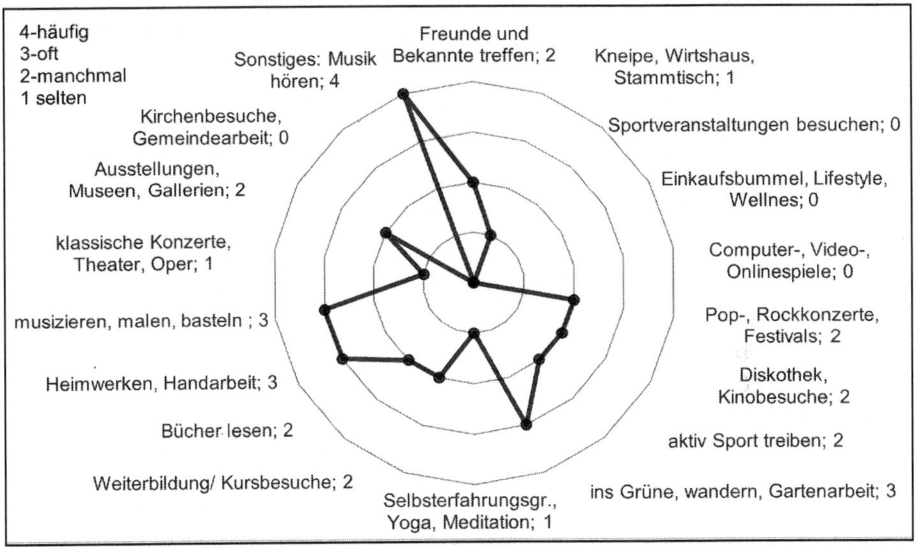

Abbildung 37: Freizeitbeschäftigung Fritz (ID 007)

Fritz hat Erfahrungen mit dem Konsum von Alkohol, Tabak, Cannabis, Opiaten, Amphetamin, Methamphetamin, Kokain, Exstasy und Halluzinogenen. Aktuell konsumiert er alle genannten Substanzen außer Opiaten.

Fritz lernt im Freundeskreis durch Beobachtung die Wirkung von psychotropen Substanzen kennen und gleicht sie mit den eigenen Erfahrungen ab.

> >ID 007< Das hat mich neugierig gemacht, in dem Zusammenhang habe ich aber erst mal eine Weile gebraucht, um die Wirkung für mich selbst einzuschätzen und um da einen Umgang damit zu finden. Das hat eine Weile gebraucht. (Interview ID 007: 8–12)

Diesen Zugang beschreibt er für alle psychotropen Substanzen, mit Ausnahme von Halluzinogenen. Bei der Wirkung von Cannabis [13] bemerkte er Veränderungen im Verlauf seiner Konsumerfahrungen in seinen Gedanken, die er in der Öffentlichkeit nicht teilen will, und dass für ihn der Konsum nachdenkliche Aspekte erzeugt. Die meditativen Zustände bedürfen für ihn keiner Ablenkung von außen.

> >ID 007< Bei Marihuana war mir völlig klar bei der Wirkung, dass ich in mancher Situation nicht gerne unbedingt einen Stadtbummel gemacht habe oder ein Eis essen gegangen bin. (Interview ID 007: 19–21)

Beim Exstasykonsum [21] verschafft er sich über einschlägige Literatur zusätzliche Informationen.

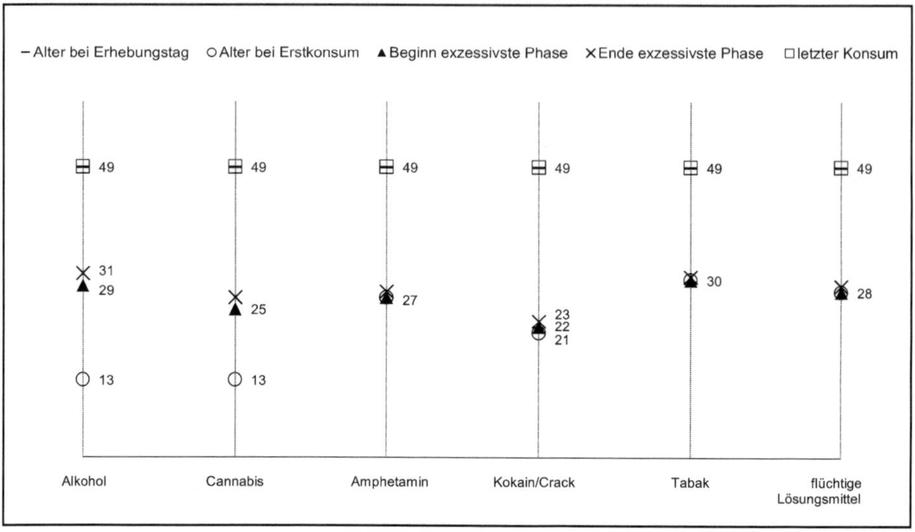

Abbildung 38: Konsumphasen Fritz (ID 007) nach psychotropen Substanzen

>ID 007< Da muss ich sagen, das habe ich eigentlich außer bei Exstasy über einige Literatur, habe ich Sachen erfahren. (Interview ID 007: 25)

>ID 007< Dass es ratsam wäre, das einmal im Vierteljahr nur zu gebrauchen, und ich muss auch selber feststellen oder wenn ich das mehrmals genommen habe, also öfter als einmal im Vierteljahr ist tatsächlich eine Erlebnisqualität verloren gegangen. Also das war, das hatte keine großartigen negativen Nebenwirkungen, aber der Rausch war nicht mehr so lebhaft. (Interview ID 007: 46–52)

Zur weiteren Informationsbeschaffung gibt er an, umfänglich mit anderen Konsumierenden zu kommunizieren. Über seine Selbsterfahrung gleicht er diese dann für sich ab und berücksichtigt dies in seinem Konsumverhalten.

>ID 007< Das kam tatsächlich durch Leute, die selbst die Substanzen genommen haben, ansonsten Leute, die neugierig waren. Mit denen konnte man sich auch darüber auseinandersetzen. Wo man das abgleichen konnte oder die einen Abgleich stellenweise wollten, von dem, was sie wussten, und dem, was jemand anders erlebt hatte. Ansonsten tatsächlich der Freundeskreis, der mit ähnlichen Substanzen einfach auch schon Erfahrungen hatte. (Interview ID 007: 81–87)

Beim Konsum von Halluzinogenen [21] informiert er sich vorher durch Lesen und Hören von Interviews, da in seinem Freundeskreis keine Erfahrungen mit Halluzinogenkeine vorhanden sind.

>ID 007< Das Herangehen war bei allen Substanzen eigentlich ähnlich, außer bei Halluzinogenen, die ich bis dato nicht kannte. Auch dass ich nicht gewusst habe, wie, da ich auch keine Freunde kannte, über die habe ich tatsächlich nachgelesen bzw. mir Interviews von Leuten angehört, in dem Umfang habe ich mir das dann erschlossen, die Art und Weise, damit umzugehen. (Interview ID 007: 8–12)

Seine exzessivsten Konsumphasen zu verschiedenen psychotropen Substanzen beschreibt er in einer Lebensphase von 21 bis 31 Jahren. In dieser Zeit konsumiert er diese Substanzen jeweils über max. 2- bis 3 Jahre. Von diesem Muster unterscheidet sich der Exstasykonsum [21] dessen exzessivste Konsumphase [47–48] deutlich abweicht. Bei den Konsummotiven zeigt sich ein Spektrum, welches sich dadurch auszeichnet, dass zu jeder Substanz und über alle Zeitpunkte nahezu unverändert mehrere Konsummotive benannt werden. Dies lässt sich als Auseinandersetzung mit den eigenen Konsumerfahrungen und als Ausdruck gezielter Rauschintentionen interpretieren.

>ID 007< Arbeiten gehen und rauchen [[Cannabis]], das funktioniert nicht gut bei mir, also musste ich das auf Zeiten verlegen, wo es mir tatsächlich gut tun konnte und gut getan hat und ich mich dem Rausch auch hingeben konnte ohne Ablenkung. (Interview ID 007: 117–119)

>I 2< Also Arbeit und Amphetamine das hat auch nicht zusammengepasst.

>ID 007< Hat nicht zusammengepasst. Man war zwar unglaublich an [wach] und mit vollster Konzentration, aber das mit seiner Körperlichkeit übereinzubringen in einer konzentrierten hochfeinen Arbeit hat für mich zumindest überhaupt nicht gepasst. Das war eher, ich habe die Lust verloren, etwas Stupides vor mich hinzuarbeiten. (Interview ID 007: 132–139)

Über den Konsum und die Selbstreflexion seiner Erfahrungen beschreibt er den Zuwachs an Informationen im Umgang mit den psychotropen Substanzen.

>ID 007< Also, in Krisensituationen, würde ich sagen, passt es auch gar nicht. Also in Krisenzeiten, wo man wirklich sämtliche Sinne irgendwie fokussieren muss, finde ich es auch völlig abträglich. (Interview (ID 007: 141–144)

Der Erfahrungsaustausch mit anderen Konsumierenden über das Erlebte und ein Abgleich mit den eigenen Erkenntnissen erfolgte in verschiedenen Gruppen von Bekannten und Menschen, die er im Partykontext kennenlernt.

>ID 007< Also bei Amphetamin war, ist es tatsächlich so, da hat es mit einem gewissen Lebensgefühl zu tun gehabt, wo Amphetamine in einer gewissen Gruppierung gut funktioniert haben und wo man sich gegenseitig oder miteinander Ideen leben konnte. Durch Veränderung solcher Konstellationen war es auch manchmal, dann konnte man es zumindest nicht mehr so in diesem Ausmaß gebrauchen oder es hat sich einfach verändert [...] Wenn die Konstellation sich verändert hat, es dann nicht mehr so fruchtbar

war und von daher Lebensumstände, die sich verändert haben, und der Kontext hat einfach nicht mehr gestimmt. (Interview ID 007: 92–101)

Den Veränderungsprozess sieht er beim Amphetaminkonsum im Zusammenhang mit seinem sich verändernden Lebensgefühl und den damit einhergehenden neuen Kontexten und Gruppenbezügen, die mit einem wahrgenommenen psychischen Wandel zu einer Veränderung des Konsummusters führen.

Seine Konzentration auf zielgerichtete Rauscherfahrungen führt für ihn zu klaren Regeln im Zusammenhang mit dem Mischkonsum verschiedener Substanzen:

>ID 007< Ja, also Halluzinogene würde ich nicht mit Amphetaminen zum Beispiel nehmen, das ist für mich eine Geschichte, auch nicht mit Opiaten. [...] Die Wirkung ist gegensätzlich, also man hätte einen rasanten LSD-Trip, wenn man noch Speed nehmen würde, das ist eine Sache, da würde ich mich gehetzt fühlen. Das bringt auch lange nicht dieses All-eins-Erlebnis bzw. das Fokussieren auf die Sachen, die passieren, man gerät eher in einen Panikzustand oder die Gefahr ist eher da, in einen Panikzustand zu kommen, was ich auch schon erlebt habe, dass Trips mit Amphetaminen in einer Tüte transportiert wurden, da hat man solche Effekte durchaus. Die habe ich zumindest als sehr nachteilig erlebt (Interview ID 007: 194–208)

Ein weiterer Kontext, in dem Fritz den Konsum für sich als nicht nützlich ansieht, sind Krisenzeiten. Auch in der exzessivsten Konsumphase erfolgten diese nicht im Zusammenhang mit Vermeidungsstrategien, sondern für ein gemeinsames Erleben.

>ID 007< [...] bei Opium ja, aber es hat mir auch nicht so ein Gefühl verschafft, dass ich das permanent haben wollte. Also, es ist ein wunderbarer Zustand, aber das permanent zu wiederholen, ich brauche keine Sachen, um irgendwas zu verdrängen. Vielleicht ist das auch ein Grund, dass ich da keine Angst vor Süchten habe oder also als Ersatzbefriedigung für etwas, das ist nicht mein Thema. (Interview ID 007: 268–278)

Die Beachtung von Auslaufzeiten nach dem Konsum ohne Verpflichtungen wurde zu einer festen Regel. Er beschreibt für sich die Wichtigkeit, dass der Substanzgebrauch zeitlich und im passenden Umfeld bzw. in passenden Situationen stattfindet.

>ID 007< Ich kann mehr konsumieren, allerdings mit dem Gebot, dass, also bei Amphetaminen zum Beispiel, das kann ich mal einen Tag machen oder einen ganzen Abend. Aber da weiß ich auch, da fühle ich mich die ganze Woche ausgelaugt, das muss ich in Kauf nehmen. Aber wenn ich die Woche habe und ich habe keine anspruchsvollen Sachen zu erledigen, da kann ich das auch mal so vollziehen. (Interview ID 007: 181–192)

Fritz berichtet über den Nutzen der Regeln zum Erreichen einer guten Konsumerfahrung.

>ID 007< Mein Wissen hilft mir dabei, also was ich als Erfahrung gemacht habe und das Wissen, was ich darüber habe, lässt mich zumindest die Situation so gut einschätzen, dass ich, selbst, wenn ich eine Grenze überschreite, mir das auch bewusst ist, das

> hat nichts mit anderen Personen zu tun, weder positiv noch negativ. (Interview ID 007: 216–221)

Bezogen auf das Risiko, durch den Konsum psychotroper Substanzen abhängig zu werden, reflektiert er:

> >ID 007< Ist in meinem Erlebniskreis gar nicht so gewesen, weil ich, es ist eher so die Geschichte, danach die Gefahren bei vielen Substanzen kannte ich einfach vorher und die Süchte, ok, Nikotinsucht, es gibt bestimmt auch eine Abhängigkeit von Marihuana, aber ist für mich, also ich habe sie für mich nicht so erlebt. Dass ich es als Ersatz für irgendwas nehme, ich will ein gutes Erleben damit haben [...] es ist für mich nicht vordergründig, irgendwie einen permanenten Rausch zu haben, sondern eher das aktive Erleben mit der Substanz, das steht bei mir im Vordergrund. (Interview ID 007: 254–265)

Bei der Frage, was er als hilfreich empfunden hätte, nennt er eine offene und neutrale Aufklärung ohne Verbote.

> >ID 007< Eine umfassende Aufklärung, ich finde ein guter Drogenunterricht gehört irgendwie in die Schule. Da ist echt meine Meinung, schon alleine, dass es nicht nur eine Verteufelung gibt oder Verbote aufgestellt werden und Gefahren ganz vorne angeschrieben werden. Verbote sind immer so, man will es dann immer trotzdem machen. Es ist dann auch, egal was man da noch für Tipps kriegt, eine umfassende Aufklärung finde ich das oberste Gebot bei solchen Sachen. Weil, je mehr man darüber weiß, umso selbstverantwortlicher und bewusster kann man damit umgehen. (Interview ID 007: 223–231)

3.2.3.8 Yoserian (ID 008)

Yoserian (männlich) ist zum Zeitpunkt der Befragung 45 Jahre alt und ledig. Er hat Abitur und einen Facharbeiter-/Meisterabschluss. Er ist nicht berufstätig und hat ein monatliches Nettoeinkommen von unter 1 000 €. Seine Mutter hat einen Facharbeiter-/Meisterabschluss und sein Vater ist Akademiker. Er kommt aus einer kleinen Mittelstadt. Die häufigsten Freizeitbeschäftigungen sind „ins Grüne, Wandern, Gartenarbeit".

Yoserian hat Erfahrungen mit dem Konsum von Alkohol, Tabak, Cannabis, Amphetamin, Methamphetamin, Kokain, Exstasy, Halluzinogenen und flüchtigen Lösungsmitteln. Aktuell konsumiert er Alkohol, Cannabis, Amphetamin, Methamphetamin, Exstasy, Halluzinogene und Tabak.

Yoserian beschreibt seine ersten Erfahrungen mit Alkohol [14]:

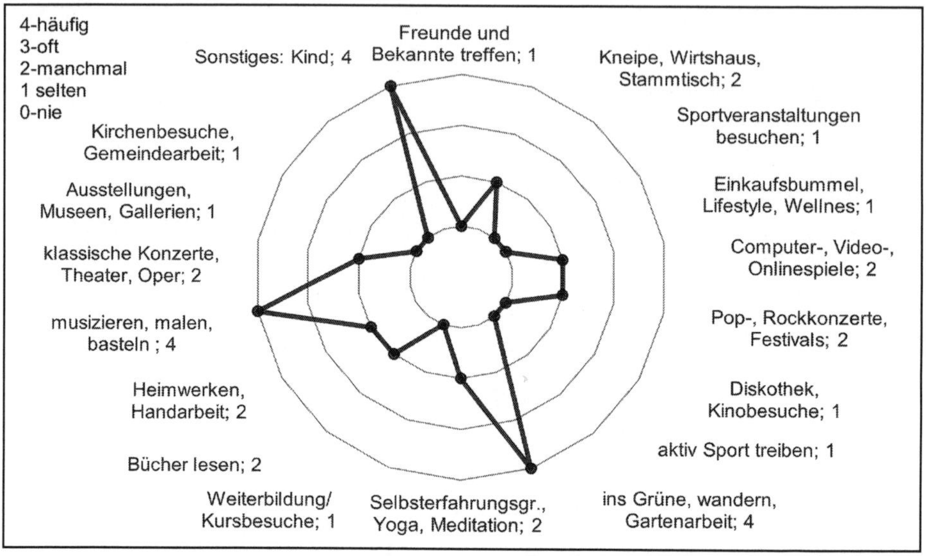

Abbildung 39: Freizeitbeschäftigung Yoserian (ID 008)

>ID 008< Wie soll ich das beschreiben (lange Pause)? Naja, das ist so: Alkohol habe ich einfach gesoffen, hirnlos einfach, also wirklich gesoffen, um zu saufen. (Interview ID 008: 15–17)

Er entscheidet sich dazu, überwiegend von seinem Konsum illegalisierter Substanzen sprechen zu wollen.

>ID 008< […] also sogenannten illegalen Substanzen angefangen habe, da war es für mich halt wirklich so ein Schwarz-Weiß-Ding, so normale Sachen und das andere sind halt die „Drogen". (Interview ID 008: 21–23)

Cannabis [17] lernt er innerhalb der Punkszene kennen, nachdem ihn ein Bekannter darauf hingewiesen hat, dass es dort in seinem Umfeld konsumiert wird. Nach seiner anfänglichen Irritation darüber, dass er dies nicht wahrnahm, folgte eine durch Neugier gekennzeichnete Beobachtungsphase.

>ID 008< Und als ich es dann mitgekriegt habe, dass die kiffen, dann kam dann auch gleich schon, also erstmal so ein Entsetzten und dann eine Neugier und ich fand die ja cool, so wie die waren und dann dachte ich, na wenn die das machen, dann muss ja was dran sein. Und dann habe ich die, sag ich mal ein Jahr lang beobachtet. Weil ich ja die Vorurteile, die es dann nach der Wende gab, ja Drogen das ist hier der absolute Niedergang. Da kommst du nicht wieder raus, wirst abhängig und verfällst halt sozial. Und aus dem Grund habe ich mir die praktisch angeschaut und nach dem Jahr habe

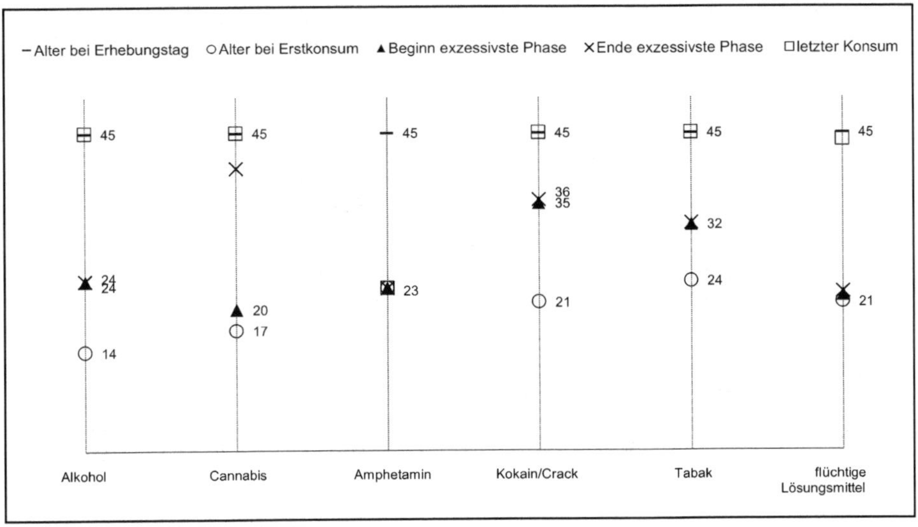

Abbildung 40: Konsumphasen von Yoserian (ID 008) nach psychotropen Substanzen

ich mitgekriegt, das da gar nicht weiter jetzt, also das die jetzt nicht abrutschen (vgl. ID 008: 33–39).

Als er dann von einem Freund erfährt, dass dieser auch schon Cannabis konsumiert hatte und trotzdem seiner Ausbildung weiter nachgeht (diesen trifft er bei einem Besuch im Heimatort), entschiedet er sich dazu, es selbst zu probieren. Die vorher bestandene negative Beurteilung hatte sich durch seine im Umfeld gemachten Beobachtungen nicht bestätigt und steht daher der Neugier nicht mehr im Wege.

>ID 008< Die ersten zwei-, dreimal als ich gekifft habe, da habe ich gar keine Wirkung gespürt. Das kam dann erst ein bisschen später und das war dann praktisch mit solchen während des Musikhörens, da habe ich dann praktisch gedacht, dass ich jetzt das erste Mal Musik hören kann. Es gab eine Tiefe, die ich vorher, die mir völlig unbekannt war. (Interview ID 008: 44–47)

Weitere Informationen erlangt er über Bücher wodurch er Ängste bzgl. einer Abhängigkeit abbaut. Er beschreibt für seinen anfänglichen Cannabiskonsum, dass dieser im Rahmen von Gruppenereignissen und gesellschaftlichen Anlässen (Konzerte etc.) erfolgt, da dort die Konsumgelegenheiten bestehen und er keine anderen Zugänge hat. In dieser Zeit versucht er, wenn in der Gruppe ein Joint herumgeht, so viel wie möglich abzubekommen. Später erlebt er eine (und die einzige) Überdosierung mit Cannabis, als er mit Freunden bei sich zu Hause konsumierte:

>ID 008< […] und gedacht, ach scheiße, meine Eltern kommen ja morgen wieder, was mach ich denn jetzt mit dem. Ich hätte es ja einpacken können, aber ich habe gedacht, ach, ich rauche das jetzt noch weg, damit die das nicht merken. (Interview ID 008: 72–73)

>ID 008< Dass es mir dann richtig schlecht ging, dass ich mich praktisch wirklich überdosiert hatte. Praktisch, faktisch bewegungslos und willenlos im Sessel gesessen hatte und dann nur noch, zwar hatte ich noch außen alles wahrgenommen, aber ich konnte nicht mehr darauf regieren. Aber das war auch das einzige Mal und dann habe ich schon gewusst, ok du musst halt schauen, dass es nicht zu viel wird, und das war, also ich könnte mich jetzt nicht erinnern, dass ich dann nochmal überdosiert hatte. (Interview ID 008: 61–65)

Er erinnert sich an eine weitere Situation, in denen er negative Erfahrungen macht. Dies war im Rahmen einer Weihnachtsfeier während seines Zivildienstes. Er erkennt, dass die Wirkung des Cannabis nicht in diesen Kontext passt, weshalb er es als unangenehm und anstrengend empfindet.

>ID 008< […] da bin ich praktisch völlig stoned dort aufgelaufen und habe dort mitgekriegt, Alter, das geht ja gar nicht (lacht) (…), das ging einfach nicht, ich konnte nicht und ich wollte auch nicht und … die Zeit ist wie stehengeblieben und ich habe gehofft, hoffentlich ist das so schnell wie möglich vorbei, dass ich dort wegkomme, aus diesem Kreis. (Interview ID 008: 89–96)

Er berichtet über viele angenehme Erfahrungen, die er mit anderen Konsumierenden macht. Die exzessivste Konsumphase erlebt er im Internat mit einem Mitschüler, der über die finanziellen Mittel verfügt und das Cannabis besorgt. Gemeinsam konsumieren sie in ihrer Freizeit. Darüber hinaus konsumiert er auch noch mit anderen Cannabiskonsumierenden in unterschiedlichen sozialen Kreisen.

>ID 008< Und da gab es eine Zeit, da ist mir erst im Nachhinein aufgefallen, dass ich wirklich nur die besucht habe, die eine Bong[60] zu Hause hatten. Die anderen haben mich nicht interessiert, wenn ich wusste, ich kann dort nur eine Tüte rauchen, dann bin ich da nicht hin. In dem Moment habe ich das gar nicht mitgekriegt, ich fand dann diesen Kick, dieses Extreme, weil du ja innerhalb kürzester Zeit extrem viel Volumen und damit auch den Stoff inhalieren konntest, fand ich irgendwie reizvoll. (Interview ID 008: 158–162)

Er berichtet von gelegentlichen kurzen Pausen des Cannabiskonsums, wenn er mit seinem Vater in den Urlaub fährt. Erst mit 35 Jahren beginnt er eine längere bewusste Konsumpause (er sah vorher keinen Anlass oder Bedarf einer Pause).

60. Bong: Wasserpfeife.

>ID 008< Das war aber auch nicht von mir verursacht, diese Pause, sondern weil ich mich in ein Mädel verschossen hatte. Die wollte halt nicht mit einem Kiffer zusammen sein, ok, dann (…). (Interview ID 008: 146–147)

Die anfängliche Fremdmotivation (Beziehungswunsch) führt bei Yoserian zu einer selbstinitiierten Konsumpause, die er zwei Jahre durchhält, ohne dass die Beziehung zustande kommt. Nach dieser Zeit erfolgt der Konsumwiedereinstieg über das Angebot von bzw. die Gelegenheit mit einem Freund. Seinen Konsum danach beschreibt er als weniger intensiv. Er reflektiert eine Veränderung seines Konsumverhaltens und der wahrgenommenen Wirkung.

>ID 008< Am Anfang ist es noch cool, und dann ist es aber, dass ich dann extrem dumpf werde. Also, wie es am Anfang war, so eine Lustigkeit und eine Bewusstseinserweiterung, das spür ich dann gar nicht mehr. Und nach zwei, drei Tagen bin ich dann einfach nur absolut unmotiviert und lebensunwillig und habe eigentlich absolut eingeschränkte Interessen. Die beziehen sich dann nur noch auf Rumliegen, irgendwelchen Blödsinn im Fernsehen schauen und Süßigkeiten essen und das ist dann irgendwie nicht für mich sonderlich attraktiv, das geht mal, aber auf Dauer geht das, geht im Prinzip nicht mehr. (Interview ID 008: 166–169)

Im weiteren Verlauf schildert er, dass über verschiedene Freunde aus der Technoszene ihm von unglaublichen Erlebnissen berichtet wird, welche in ihm Interesse weckten, dies Erfahrungen selbst zu machen. Vor dem ersten LSD-Konsum [21] hat er verschiedene Bücher gelesen, hauptsächlich Erfahrungsberichte.

>ID 008< Und also mein ersten LSD-Trip habe ich zwar zu dritt in einem Garten genommen, von meinen Eltern, in der Nähe vom Waldesrand. Der war auf jeden Fall der absolute Horrorfilm, also ich hab halt am Anfang, hat man halt so gehört von Leuten, die das schon mal genommen haben, man soll einen Spiegel bei sich haben, der Spiegel ist irgendwie, was Magisches, da hab ich dann im Spiegel was gesehen, was halt gar nicht lustig war, also zumindest hab ich das so interpretiert. […] Ich habe gedacht, ich nehme LSD und es tut sich so schöne Zauberwelt auf, hat sich zwar eine Zauberwelt aufgetan, aber halt eine sehr dunkle und für mich absolut erschreckende und da habe ich dann eine Weile gebraucht. Und ich wollte dann nicht akzeptieren, dass dieser Zustand bleibt, bin ich schon halb ausgerastet und so auf den Boden gestampft. Das soll aufhören, das soll aufhören. Hat alles nicht genützt, erst als ich gesagt habe, ok, meine Freunde haben dann gesagt, die waren schon LSD-erfahren, los, jetzt gehen wir aber gemeinsam rüber in die andere Welt und da sind wir in den Nachbarraum gegangen […] Aber das hat sich dann ruckzuck in dem Moment, wo ich dann durch diese Tür durchgelaufen bin, hat sich das auch gleich wieder aufgelöst und ich war beruhigt und dann war im Prinzip alles gut und ich war beruhigt und dann war alles schön […] Da hat sich das dann gezeigt, die schöne magische Seite von unserer Welt. (Interview ID 008: 185–215)

Es wird deutlich, dass er für die erste Rauscherfahrung keinen öffentlichen Ort gewählt hat (keine Technoparty), um die Wirkung kennenzulernen, und seine Freunde wichtige Unterstützung leisten. Die positiven Erfahrungen, die er mit verschiedensten halluzinogenen Substanzen macht, sieht er als Bereicherung an.

>ID 008< Also sowas praktisch, so meine Lieblingssachen sind halt diese ganzen entheogenen Drogen[61], LSD, Psilocybin, Meskalin und DMT[62], die habe ich halt gebraucht und da hat es mir auf jeden Fall einen extremen innerlichen Entwicklungsschub [[gegeben]]. Ich habe da irgendwie das Leben ganz anders betrachtet, in Bezug auf, wie die Dinge nun in Wirklichkeit sind. Das war beim Kiffen halt schon so ein bisschen, aber so richtig aufgesprengt hat es dann so richtig durch diese Substanzen. (Interview ID 008: 266–268)

Yoserian versucht, seine für ihn so wertvollen Erfahrungen seinen Freunden nahezubringen. Anderen Substanzen gegenüber nimmt er anfänglich eher eine negative Haltung ein, da er Konsumierende auf Technopartys erlebte.

>ID 008< […] ich habe dann Gruppen kennengelernt, die so auf Exstasy waren, Gruppen kennengelernt, die so auf Stimulanzien wie Kokain und Speed waren. Und die fand ich alle, da habe ich richtig gemerkt, wie die, also die Exstasy-Menschen waren mir alle so wie kleine Kinder verspielt. Die waren praktisch so, zwar lustig drauf, aber zurückentwickelt. (Interview ID 008: 266–268)

Diese anderen Substanzen lernt er später mit ihren positiven Wirkweisen schätzen.

>ID 008< Klar habe ich auch gute Erfahrungen mit MDMA gemacht, das sind auch zwischenmenschlich gute Sachen passiert. Und auch gerade viele Sachen konnte ich dann auch über so verborgene intime Sachen, auch dadurch reden. Das, was mir auch gutgetan hat, dann auch mich verbal so zu öffnen, das kann ich bei Exstasy sagen. (Interview ID 008: 276–279)

Über seine unterschiedlichen Erfahrungen nimmt er Zusammenhänge zwischen Rauschintensität und Mondphasen für sich wahr. Diese berücksichtigt er seitdem bezüglich seiner Konsumumgebung und -gesellschaft.

>ID 008< Ich meine, ich habe auch Ayahuaska[63] probiert, im Prinzip kann ich sagen, was das Aller-, Aller-, Allerbeste oder [die] wertvollste Erfahrung war, dass Ayahuaska zu nehmen. Das war irgendwie, da lief alles synchron im Grunde, das hat sich richtig gut körperlich und psychisch und vom Gefühl her angefühlt, […] Da kam nichts ansatzweise ran. (Interview ID 008: 301–304)

---

61. Entheogene (Synonym Psychodelika): Substanzen, die Rauscherfahrung einer Gott-Verbindung ermöglichen (vgl. Geschwinde 2018: 152).

62. DMT (vgl. Geschwinde 2018: 344ff).

63. Ayahuasca wird in Lateinamerika im Rahmen ritueller Kontaktaufnahme mit den Vorfahren genutzt und wirkt stark halluzinogen, mystisch-orgiastisch (vgl. Geschwinde 2018: 270ff).

Für diese Erfahrung hat er sich vorher informiert und wird hierbei von einem Schamanen angeleitet. Das Ritual ist in umfängliche Vorbereitungen eingebettet. In der Reflexion bereut er keine Erfahrung und merkt im Rückblick an, dass er vielleicht noch mehr auf seine innere Stimme hätte hören können.

> >ID 008< Es sind halt alles Erfahrungen, die zum Leben gehören, also es sind nicht nur die guten, sondern auch die anderen Sachen, die machen das Leben meiner Meinung nach aus. Manchmal denke ich, ok, das Leben gehört [dazu], ich bitte nur darum, [...] die verschiedensten Arten von Erfahrungen zu machen, so praktisch, die komplette, nicht die komplette, aber die große Bandbreite auszuschöpfen, zu erleben. (Interview ID 008: 347–350)

Für ihn sind die Umstände des Konsums im Besonderen zu beachten:

> >ID 008< Na, dass ich halt wirklich sage, es gibt Drogen und es gibt halt Medizin und die Psychedelika empfinde ich als eine, die haben eine absolut große Heilwirkung. Wenn [[sie]] in einem richtig in so einer Weise angewandt werden können. Die einen einzelnen Menschen und vielleicht auch die ganze Menschheit oder haben uns auch schon voran- sehr vorangebracht. Und dass wir uns dessen tief bewusst sind und im Endeffekt denk ich, dass jeder Mensch so eine psychodelische Erfahrung machen sollte, weil das relativ einfach ist, um in die Tiefe zu gehen, die sonst auch erreicht werden kann, aber ich mag halt einfache Sachen. (Interview ID 008: 352–359)

3.2.3.9 Daniela (ID 009)

Daniela (weiblich) ist zum Zeitpunkt der Befragung 42 Jahre alt, ledig, hat ein Kind und wohnt allein in einer Mietwohnung. Sie hat eine weiterführende Schule besucht und einen Facharbeiter-/Meisterabschluss. Sie arbeitet Vollzeit und hat ein monatliches Nettoeinkommen zwischen 1 000 und 2 500 €. Ihre Eltern haben beide einen Facharbeiter-/Meisterabschluss. Sie kommt aus einer kleinen Mittelstadt und lebt in einer kleineren Großstadt in Thüringen. Die häufigsten Freizeitbeschäftigungen sind „ins Grüne, Wandern, Gartenarbeit“ und ihr Kind.

Daniela hat Erfahrungen mit dem Konsum von Alkohol, Tabak, Cannabis, Amphetamin, Methamphetamin, Kokain, Exstasy und Halluzinogenen. Zu ihrem aktuellen Konsumverhalten gibt sie an, Alkohol 2- bis 3-mal pro Woche, Tabak täglich zu konsumieren und nach mehreren Jahren einmalig wieder Kokain und Exstasy konsumiert zu haben.

Daniela machte ihre ersten Konsumerfahrungen in ihrer Clique mit Alkohol [13/14]. Als Konsummotive gibt sie „Bewältigung schwieriger Situationen/ Lebenslagen“, „Abbau von Anspannung und Stress“, „Neugier“ und „Selbsterfahrung/Bewusstseinserweiterung“ an.

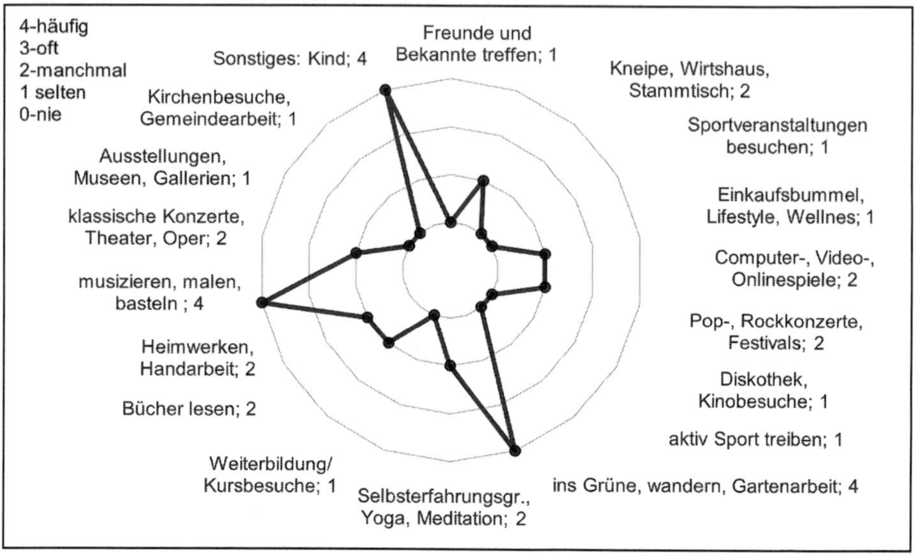

Abbildung 41: Freizeitbeschäftigung Daniela (ID 009)

> >ID 009< Ich habe einfach mitgetrunken Punkt. Es war toll (lacht laut), das erste Mal war toll, das erste Mal war toll. Mir ging es auch nie schlecht am nächsten Tag, also wäre ich, hätte ich ja irgendwie, mir ging es nie schlecht. (Interview ID 009: 5–6)

Sie berichtet, bei allen Konsumerlebnissen [15, Kokain 17] keine negativen Neben- bzw. Nachwirkungen erfahren zu haben. Sie bewegte sich in verschiedenen Freundeskreisen, in denen konsumiert wurde, und sie wollte es dann auch probieren.

> >ID 009< Ich hatte keine Probleme, den Einstieg zu finden, mir war nicht schlecht beim Alkohol […] oder auch beim Cannabis nicht. Ich habe ja gleich mit Eimer angefangen, manche fangen ja mit Jolle[64] an, sondern gleich einen Eimer reingeruppt[65], also wirklich reingeruppt. Die haben da auch wirklich eine Dosis reingemacht (atmet tief ein), ich fand das lustig. (Interview ID 009: 18–22)

Sie erklärt, über Beobachtungen schnell die notwendigen Kenntnisse (u. a. Konsumtechnik) erlernt zu haben. Ihre Erfahrungen bewertet sie durchweg positiv. Sie sieht sich als selbstbewusst, selbstreflektiert und gut in die sozialen Gruppen integriert. Die Konsumeinheiten werden zu Beginn von anderen vorbereitet und sie erzählt,

64. Jolle ugs. für Joint.

65. reingeruppt ugs. für reingezogen bzw. schnell und heftig konsumiert.

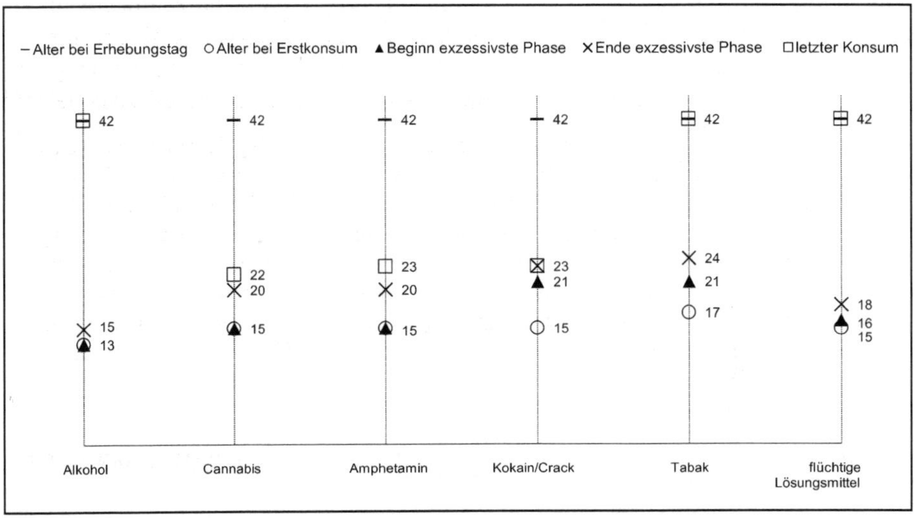

Abbildung 42: Konsumphasen Daniela (ID 009) nach psychotropen Substanzen

schnell größere Konsumeinheiten konsumiert zu haben (keine „Mädchenmischungen"):

>ID 009< Nein, gleich voll rein. Und aber eben auch immer auch gute Erfahrungen damit gemacht. Immer auch gut gegangen. (Interview ID 009: 59–61)

Risiken im Umgang mit psychotropen Substanzen im Umfeld nimmt sie wahr und sind aus ihrer Sicht aber immer gut zu bewältigen. Sie erlebt sich selbst als handlungsfähig. In dieser Phase konzentriert sie sich stets auf ihr Umfeld und beschreibt sich selbst in der Rolle einer „Mutti der Nation". Während der Partys wird darauf geachtet, dass aufeinander aufgepasst wird.

>ID 009< Wenn auf jemanden Verlass war, dann war es auf mich, ich geh auch mit Leuten zur Party und [[d. h. ich]] gehe auch mit Leuten zur Party. Also ich habe auch nie jemanden allein gelassen oder einen Spleen[66] gekriegt, ich muss jetzt hier raus, es war immer gemeinschaftlich, da hatte ich auch immer den richtigen Drogenpartner bei mir. Dass das auch einfach immer gepasst hat, da musste ich mir auch nie Gedanken [machen]. (Interview ID 009: 66–70)

<I 01> Also [hast Du] immer auch eine Handlungsfähigkeit erlebt, egal wie der Rausch war?

66. Spleen: ugs. für überspannte Idee.

>ID 009< Für mich erlebt, ob das immer so war oder nicht, das kann ich nicht beurteilen, aber ich habe damit nie Probleme gehabt. (Interview ID 009: 73–74)

Sie erinnert sich nur an eine als negativ erfahrene Situation, in der sie mit ihrer besten Freundin paranoide Gedanken entwickelt und beide die Situation verließen. Diese Freundin war für sie eine wichtige Bezugsperson, mit der sie sich über die Rauscherfahrungen intensiv und nach jeder Party austauscht.

>ID 009< Wir haben uns da auch immer einen Tag danach getroffen, nachdem wir ausgeschlafen haben, und haben dann die Party oder das, was dann halt stattgefunden hat, immer ausgewertet. Wir haben uns dann immer darüber unterhalten, wie fandest denn du das oder wie hast du das gesehen. Also das hat immer auch gut funktioniert, das fand ich auch immer toll. Weil ich glaube, das war auch wichtig. [[Um nicht]] mit irgendeiner Sache hängen zu bleiben, sag ich jetzt mal, was war denn da oder so. (Interview ID 009: 113–117)

Auch im Freundeskreis wird über das Erlebte kommuniziert, aber es findet kein Austausch mit Nichtkonsumierenden statt. Sie beschreibt ihre eigene Differenzierung von Konsumierenden, die Party machen und ihren Alltag lebten, und anderen, denen dies weniger gelingt.

>ID 009< […] und da gab es auch noch die typischen Druffis[67], wo du es einfach, denen hast Du in die Augen geschaut und wusstest Bescheid und am ganzen Verhalten oder irgendwas oder weißt du, was ich meine. Die nur zur Party kommen, um sich wegzubimmeln[68]. (Interview ID 009: 125–128)

Daniela sieht in ihren komplexen Rauscherfahrungen zum einen eine Alternative zu den Problembelastungen im Elternhaus und zum anderen eine Möglichkeit der Selbsterfahrung und -entwicklung.

>ID 009< Wenn man früher gesehen hat – mit 15 bis 16, wie mein Leben da war, und dann habe ich das halt genommen und konnte mich halt doch schon zu [m]einem jetzt entwickeln. Ich glaub, ohne das wäre das alles gar nicht gegangen. Ich würde, glaub ich, heute noch unter dem Scheffel[69] von meinen Eltern stehen und denken, ich wäre blöd. Keine Ahnung, es war auch nicht toll zu Hause und nur deswegen bin, ich glaube ich, auch zu diesem Exzessiven gekommen. Wenn mein zu Hause schön gewesen wäre, hätte ich es never ever gemacht oder auch nicht, weiß man nicht, aber nicht so. Könnte sein, dass es auch sozusagen das unterstützt hat. Also ich habe das viel für mich genutzt, muss ich auch ganz offen und ehrlich sagen, ganz viel. (Interview ID 009: 133–141)

---

67. Druffis: ugs. für stark berauschte Konsumierende.

68. Wegbimmeln: ugs. für intensiv konsumieren bzw. stark berauscht sein.

69. Unterm Scheffel stehen: ugs. für bevormundet, beherrscht werden.

Ihre Konsummotive werden für den Erstkonsum und exzessivste Konsumphase für die konsumierten Substanzen mit einem Motivationsspektrum von „Bewältigung schwieriger Situationen/Lebenslagen“, „Abbau von Anspannung und Stress“, „Neugier“ und „Selbsterfahrung/Bewusstseinserweiterung“ angegeben. Für den Erstkonsum von Halluzinogenen wird von ihr das Einzelmotiv „Rauscherleben“ angegeben, welches in der exzessivsten Konsumphase für die anderen konsumierten Substanzen hinzukommt. „Entspannung/Erleichterung“ wird in der exzessivsten Konsumphase für Amphetamin, Methamphetamin und Tabak zusätzlich benannt. Für Tabak kommt in der exzessivsten Konsumphase „Genusserleben“ hinzu.

> >ID 009< Aber diese Halluzinationen oder wie manche Leute so richtig, aber die können sich, glaub ich, drauf einlassen, ich glaub, ich konnte mich da nie drauf einlassen. Das hat ja, glaub ich auch, viel mit dem Unterbewusstsein oder mit dem eigenen Bewusstsein zu tun. Oder das Loslassen oder keine Ahnung, wie man das nennt, ich musste immer so eine gewisse [[Art]], weil ich wusste, ich muss ja immer wieder nach Hause. Ich konnte keine 3 bis 4 Tage wegbleiben, ich musste nach Hause und dann, wollte ich nie verbimmelt[70] vor meinen Eltern stehen. Das glaub ich, wäre etwas schwierig gewesen, die haben das über Jahre nie mitgekriegt, fand ich auch erstaunlich, also muss ich ja irgendeine gewisse Selbstkontrolle gehabt haben. (Interview ID 009: 88–97)

Auch in der Zeit ihrer Ausbildung konsumiert sie weiter. Die Intensität wird rückwirkend als „schwachsinnig“ empfunden und sie ist heute verwundert darüber, dass ihr Körper das damals mitgemacht hat. Sie beschreibt für die exzessivste Konsumphase, den Alltagsaufgaben, u. a. Schule und Ausbildung, immer nachkam und den Konsum von Exstasy und Amphetamine hauptsächlich auf die Wochenenden beschränkt. Körperhygiene beschreibt sie als eine, für sich wichtige Regel für ihr Wohlbefinden und sieht hierin ein Anzeichen für die Selbstkontrolle.

Eine grundlegende Veränderung des Konsumverhaltens stellte sich bei ihr abrupt ein. Gemeinsam mit einem Freund steht sie in ihrer chaotischen Wohnung und begann, ihre Situation zu hinterfragen.

> >ID 009< Ich glaube, ich habe einfach realisiert, dass das jetzt mit mir und dem Außen nicht mehr harmoniert hat. Dass das einfach überhaupt nicht mehr unter Kontrolle [war], ob das familiär war, ob Freunde technisch war, ob es beruflich war, ob es überhaupt. Wenn man sich die Wohnung angeguckt hat. Chaot war ich schon immer, aber das waren keine Zustände mehr, fand ich, wenn ich mein Leben und, wie gesagt, habe ich mit meinem Freund den Rotz vor mir gesehen und hab gesagt, warum eigentlich? Und dann so mit einem Schlag waren wir beide dafür bereit und haben das ins Klo geschüttet, ab dem Moment war wirklich Ruhe. (Interview ID 009: 143–151)

70. Verbimmelt: ugs. für stark berauscht.

Sie will ihre Lebensumstände verbessern und hat den Konsum als hierfür hinderlich wahrgenommen. Einige Zeit ging sie noch auf Partys und feierte gemeinsam mit Konsumierenden, jedoch ohne selbst zu konsumieren. Rückblickend sagt sie, in dieser Zeit einen Mangel an Unterstützung aus ihrem sozialen Umfeld empfunden zu haben. Sie bricht die Beziehungen, die aus ihrer Sicht hinderlich für die Umsetzung der angestrebten Veränderung waren, ab.

>ID 009< Noch nicht mal, ich will was anderes, es war einfach, ich hatte die Schnauze voll. Viele Freunde zerbrochen sind, weil jeder seinen Film geschoben hat, [...] Mir flossen eigentlich so meine engsten Herzensmenschen (...) davon. (Interview ID 009: 182–185)

Aktuell stehen in ihrem Alltag Kind und Beruf im Lebensmittelpunkt. Sie ist stolz auf die Dinge, die sie in ihrem Leben erreicht hat. Der Konsum psychotroper Substanzen wird von ihr bis heute als wünschenswerte und entwicklungsfördernde Erfahrung gesehen, welche aber aktuell nur sehr punktuell und vom Alltag abgeschottet erfolgt. Sie sieht in den sehr positiven Erfahrungen und Erinnerungen ein Risiko, wieder in ein regelmäßigeres Konsummuster zu rutschen. Dem stehen aber die Verpflichtungen des Alltags ebenso gegenüber wie das, was sie bisher erreicht hat.

>ID 009< Das, was ich mir jetzt erbaut und erreicht hab, will ich mir durch eine scheiß fucking Line nicht kaputt machen. Du bist superschnell wieder drin, dich schützt da keiner, das ist – bäm – und dann wars das. Und dann lass das eine blöde Situation in meinem Umfeld sein, und dann bist Du ja noch schneller drin. (Interview ID 009: 235–237)

Mit der von ihrer benannten Selbstkontrolle schwingt an mehreren Punkten der Befragung eine schon frühe Selbstständigkeit und -verantwortung mit. Dies formuliert sie am deutlichsten bei der Frage nach Unterstützung.

>ID 009< Ok, das war wieder so, du bist dir selbst der Nächste und wenn du dir nicht vertraust, dann keinem anderen und das mach ich heute noch. Das ist was, was dich auch immer sozusagen zur Selbstreflexion bringt und sagt, ich muss schauen wie, ich [[zurechtkomme]]. Ja, genau nur ich ganz alleine und kein anderer. Ich lass mir da auch nicht mehr reinreden, ich höre mir das an, ich höre mir auch viel von [Name] an, aber ich setze, aber auch vieles nicht um. Ich muss ja trotzdem schauen, wie ich damit klarkomme, wie ich mein Leben bestreite. Ich muss für mich eine Basis finden, ob das immer richtig oder falsch ist, mag dahingestellt sein. (Interview ID 009: 263–272)

3.2.3.10 Yvonne (ID 010)

Ivonne (weiblich), zum Zeitpunkt der Befragung 39 Jahre alt, ist ledig und hat ein Kind. Sie wohnt in einer Mietwohnung, hat studiert, arbeitet Vollzeit und hat ein monatliches Nettoeinkommen von über 2 500 €. Ihre Eltern haben beide einen Facharbeiter-/Meisterabschluss. Sie kommt aus einer kleinen Mittelstadt (ab 20 000 Einwohnern) und lebt in einer kleineren Großstadt in Thüringen. Die häufigsten Freizeitbeschäftigungen sind „Einkaufsbummel, Lifestyle, Wellness", „aktiv Sport treiben", „ins Grüne, Wandern, Gartenarbeit", „Bücher lesen" und ihr Kind.

Yvonne hat Erfahrungen mit dem Konsum von Alkohol, Tabak, Cannabis, Amphetamin, Methamphetamin, Kokain, Exstasy und Halluzinogenen. Zu ihrem aktuellen Konsumverhalten gibt sie an, Alkohol einmal pro Woche, Tabak täglich, Kokain und Exstasy einmal pro Jahr zu konsumieren.

Yvonne erzählt, Alkohol [14] im jugendlichen Umfeld kennen gelernt zu haben. Konsummotive waren zum Erstkonsum „Bewältigung schwieriger Situationen/Lebenslagen", „Entspannung/Erleichterung" und „Rauscherleben".

> >ID 010< … also, weil halt alle irgendwie getrunken haben und zu Hause war es kacke, dann habe ich halt mitgetrunken. Und mit Bier hat es angefangen, dann, na, so harte Sachen habe ich eigentlich nie, also Wein und Sekt. (Interview ID 010: 14–17)

Ihre exzessivste Konsumphase schloss sich direkt mit einem täglichen Konsum über ca. ein Jahr und den Konsummotiven „Bewältigung schwieriger Situationen/ Lebenslagen" und „Geselligkeit" an.

> >ID 010< Naja, hast du halt einfach reingeschüttet (lacht) und, naja, mal mehr, mal weniger, nicht beobachtet, einfach nur konsumiert, ohne darüber nachzudenken. (Interview ID 010: 20–22)

Diesen Konsum beschreibt sie als eher unreflektiert. Sie merkt des Weiteren aber an, dass es eigene Beschränkungen bei der Wahl von Alkoholika gab: mit Bier fing es an, dann nur Wein und Sekt, Schnaps gab es nicht. Über Freunde kam es zu den ersten Partybesuchen, bei einem erhielt sie ihre erste Exstasy-Pille [16].

> >ID 010< Na, ich hatte eine Freundin, von der hast du vorhin schon gehört [Name], genau, die hat mich so in die Szene mit reingenommen. Ich habe, mir ging es damals nicht gut, ich hatte einen Freund, der ist tödlich verunglückt auf Arbeit, und entsprechend down war ich. Und da wurden mir Drogen verabreicht, dass es mir wieder etwas besser geht so. Genau so bin ich dazu [gekommen], also ich musste eigentlich auch nicht, sondern ich bin für dich da, nimm das und du nimmst das, so trink Wasser dazu und ich pass auf dich auf, so war das. (Interview ID 010: 3–9)

Am Anfang konsumiert sie Exstasy-Pillen. Im Laufe der Zeit wird ihr gezeigt, wie man sich eine „Line legt" (für den nasalen Konsum von Stimulanzien), der Konsum psychotroper Substanzen stellt für sie eine willkommene Abwechslung in der Trauerphase dar. Zu diesem Zeitpunkt war sie in diesem Umfeld mit ihren Freunden unterwegs und es kann von umfänglichen Beobachtungslernerfahrungen ausgegangen

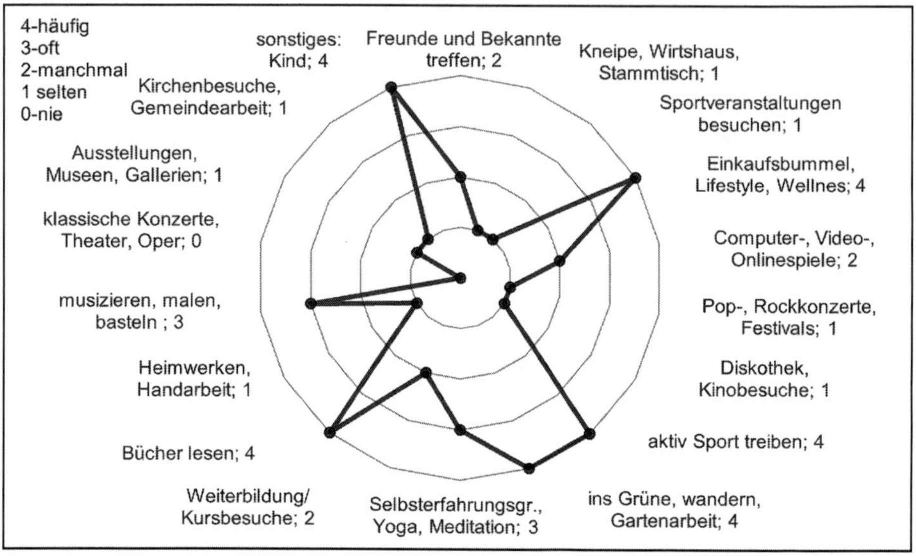

Abbildung 43: Freizeitbeschäftigungen Yvonne (ID 010)

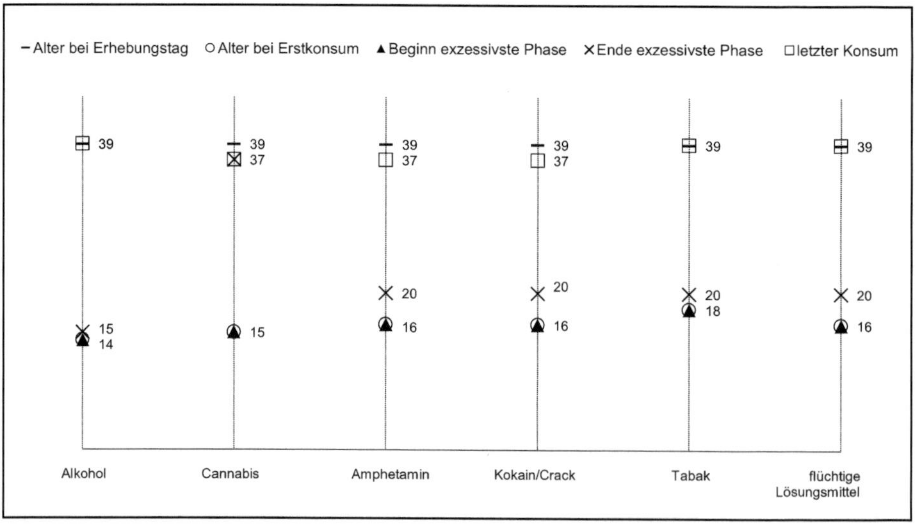

Abbildung 44: Konsumphasen von Yvonne (ID 010) nach psychotropen Substanzen

werden. Sie beschreibt konkrete Beobachtungen, die auf sie einen direkten Einfluss hatten.

> >ID 010< Die heftig durch waren, ja, also ich habe mich ja nicht so weggeknallt. Was macht es, wenn ich jemanden sehe, der ganz woanders ist, [...] Ich habe mir dann immer gesagt, nein, der hat einfach keine Grenzen gehabt, der hat den Hals nicht vollgekriegt, mich hat das nicht zum Nachdenken angeregt so. (Interview ID 010: 49–53)

> >ID 010< Ich bin die Person, die immer gegangen ist, wenn es am schönsten war, weil ich auch Verantwortung zu Hause sitzen hatte, ich hatte einen Hund, ich konnte gar nicht so wie die anderen, sondern ich habe ab einem gewissen Punkt, habe ich mich verabschiedet und bin meiner Verpflichtung nachgegangen. (Interview ID 010: 63–67)

Sie orientierte sich an ihren eigenen Grenzen und lässt sich darüber hinaus nicht von anderen und deren Konsum beeinflussen. Sie lehnte das übliche „Nachlegen" dankend ab.

> >ID 010< [...] nein, nur weil die das [machen], ich zieh mir das ja in meine Nase, mein Körper verarbeitet das ja anders (Interview ID 010: 89–90)

Über ihre Ausbildung erhält sie Zugang zu Mitarbeitenden im Bereich der akzeptierenden Drogenarbeit und setzt sich bewusst mit „safer use" auseinander. Vorher erhielt sie Informationen aus dem Freundeskreis und achtete auf die Reaktionen ihres Körpers. Das Nein Sagen-Können und die Einhaltung eigener Grenzen im Konsum beschreibt sie als Folge von Beobachtung und Selbstbildabgleich:

> >ID 010< Manche waren ja auch völlig unkontrolliert mit Gesichtsfasching[71]. Um Gottes willen, also so will ich ja nicht aussehen. Kontrollverlust, das ist ja noch nie meine Baustelle. Kontrollverlust, das geht ja gar nicht, auch nicht unter Drogen. Ja, weißte so. Ja, ist das so eine klare Grenze und beobachtet, dass das auch anders aussehen kann oder ich glaube, beim Kokain war es ein bisschen schwieriger so, aber bei dem ganzen Crystalzeug und so ist es mir einfacher gefallen. (Interview ID 010: 122–130)

> >ID 010< [...] in so einen Zustand kommst du ja nur, wenn du dich einfach wegballerst, ohne Ende, ohne Nein sagen zu können, das war für mich ja, war für mich klar, dass das für mich nicht infrage kommt. (...) Ein bisschen die Contenance bewahren. (Interview ID 010: 58–61)

Ein Gefühl von Kontrolle war ihr in allen Konsumphasen wichtig. Der Austausch erfolgt bei ihr mit ihren Partnern und Personen, mit denen sie gemeinsam auf Partys ging. Häufig handelte es sich um das Thematisieren des „Herunterkommens" und wie man ein besseres Setting dafür schaffen kann.

---

71. Gesichtsfasching: ugs. für Kieferkontraktionen (Nebenwirkung von Meth-und Amphetamin).

Yvonne berichtet für diese Zeit von einer Trennung zwischen Schule und Party, einzelne Konsum-Experimente unter der Woche werden als Einzelfälle beschrieben.

> >ID 010< Ja, eine strikte Trennung, ja, Schule ist Schule und Party ist Party und das ist wichtig. Ja wir haben auch mal spaßeshalber ein paar Pilze in der Schule gefressen, einfach mal so oder wenn ich total müde war, und musste aber trotzdem die Schule überstehen, dann habe ich auch mal eine Line gezogen, aber meine Priorität war die Schule gewesen und da musste ich halt hin. (Interview ID 010: 168–172)

Die Priorität lag in der Bewältigung der Alltagsanforderungen in Schule, Studium etc. In Bezug auf Halluzinogene [16] hat sie sich dafür entschieden, diese nicht in der Öffentlichkeit zu konsumieren, sondern zu Hause. Ihre Konsummotive entwickeln sich diesbezüglich von „Neugier", „Rauscherleben" und „Selbsterfahrung/Bewusstseinserweiterung" beim Erstkonsum zu „Geselligkeit" in der exzessivsten Konsumphase [16–20] und ihrem letzten Konsum [39].

Welche Risiken mit dem Konsum psychotroper Substanzen einhergehen können, hat sie in ihrem Umfeld von anderen erfahren und entsprechende Regeln für sich aufgestellt.

> >ID 010< [...] aber für mich war es wichtig, mein Führerschein hat mich sehr viel Geld gekostet. Ich war froh, dass ich das alles beim ersten Mal bestanden hab, [...] und das wollte ich nicht, ich wollte auch niemanden in Gefahr bringen. (Interview ID 010: 194–196)

Sie beschreibt vorbereitende und konsumbegleitende Faktoren, die als wichtig erachtet werden und regelhaft in den Konsumpraktiken Berücksichtigung finden.

Es gab auch Substanzen, die sie nicht probieren wollte, z. B. Heroin, da sie nicht intravenös konsumieren wollte und bei dieser Substanz von einer sofortigen Abhängigkeit ausging.

> >ID 010< Ja, aber da habe ich viel zu viel Schiss davor gehabt, also vor Sachen, wo ich Schiss davor habe, also wenn mir da nicht wohl dabei ist. Da will ich das gar nicht konsumieren, da habe ich schon so [gedacht] [...] das nimmst du einmal und dann bin ich abhängig so. (lacht), will ich nicht (...). Für mich ist Heroin immer das Schlimme gewesen und da lässt du die Finger davon. (Interview ID 010: 232–234)

Zu diesem Zeitpunkt bestand nach ihrer Informationslage und deren Einschätzung nur für den Konsum von Heroin ein Abhängigkeitsrisiko.

Ein Ortswechsel, der mit dem Beginn ihres Studiums einhergeht, führt zu einer Veränderung ihres Konsumverhaltens bzw. dem Ende der exzessivsten Konsumphase.

> >ID 010< Ich bin aus meiner Heimatstadt weggezogen und [[habe]] mit Studieren angefangen und hatte hier noch so ein leitendes Erlebnis gehabt, dass ich bei [Name] in der Wohnung war, und da war der Küchentisch voll mit Drogen, also ich kann dir nicht sagen, wie viele, hunderte Pillen und Zeug und da war für mich klar, nein, wenn jetzt

hier die Polizei reinkommt, da fragen die dich nicht, mitgehangen, mitgefangen – und da hab ich für mich gesagt, und das hat sich für mich jetzt hier erledigt, ich wünsche euch ein schönes Leben. So, da habe ich gesagt, das brauche ich nicht mehr, denn ich habe studiert, also ich hatte auch jemanden kurzzeitig kennengelernt, da habe ich dann mitgekriegt, der dealt hier mit Drogen so (lacht), nein, dort ist die Tür, brauch ich nicht, weiß ich nicht. (Interview ID 010: 236–248)

Die Neuausrichtung ihrer Prioritäten in der Lebensgestaltung veränderte den weiteren Umgang mit Drogen:

>ID 010< Nein, nicht, ich hab nicht eine absolute Nullgrenze gezogen, sicherlich war ich auch nochmal auf einer Party und hab da noch was gezogen, aber also mit den ganzen exzessiven und so regelmäßigen so, war für mich klar, ich studiere jetzt und das Kapitel ist jetzt zu. [...] Da hast Du das Umfeld halt auch gewechselt, bist mit anderen Leuten, hast mit anderen Leuten Kontakt gehabt. (...) Also eben nicht endgültig, aber in der Form, wie das stattgefunden hat, hat sich für mich dann erledigt gehabt, das war auch ok so, dem habe ich jetzt nicht nachgetrauert. (Interview ID 010: 250–262)

Diese Entwicklung setzte sich weiter fort und veränderte sich noch einmal durch das eigene Kind.

>ID 010< Mit Kind sowieso, das ist ja die tragende Rolle in meinem Leben, kann ich ja nicht, also weißt du, kann ich nicht spontan, will ich auch gar nicht. (Interview ID 010: 294–296)

Im Rückblick auf die Partyzeit hat sie immer das Gefühl, aufgehoben gewesen zu sein und dass sich jemand gekümmert hat, wenn es notwendig wäre. Ein allein erfolgender Konsum wäre für sie nie infrage gekommen. Für den aktuellen Konsum werden klare Rahmenbedingungen beschrieben und vorbereitet.

>ID 010< Natürlich geht man da heute ganz anders an die Sache ran, also als ich mit [Name], ich weiß gar nicht mehr, wie es geht. Man ist ganz aufgeregt und so und erstmal nur ein kleines bisschen und schauen, wie es wirkt, ... früher hat man sich eine ganze Pille geschmissen. Das würde ich heute nicht machen, da fängt man mit einer Viertelsten [[viertel Pille]] an und da kann man immer noch nachladen, weißte so, also das ist so nicht reinballern so, sondern erstmal schauen, wie kommt es an. wie verarbeitet es der Körper, und wenn es dir gut geht, dann kannst du nochmal nachlegen. (Interview ID 010: 274–285)

3.2.2.11 Fairy (ID 011)

Fairy (weiblich) ist zum Zeitpunkt der Befragung 48 Jahre alt, ledig und lebt in einer Partnerschaft in einer Mietwohnung. Sie hat einen akademischen Abschluss und arbeitet Vollzeit mit einem monatlichen Nettoeinkommen von über 2 500 €. Ihre Mutter hat einen Facharbeiter-/Meisterabschluss, ihr Vater ist Akademiker. Sie kommt aus einer kleinen Mittelstadt und lebt in einer kleineren Großstadt in Thüringen. Die häufigsten Freizeitbeschäftigungen sind „aktiv Sport treiben“, „ins Grüne, Wandern, Gartenarbeit“, „Selbsterfahrungsgruppe, Yoga, Meditation“, „Bücher lesen“ und „klassische Konzerte, Theater, Oper“.

Fairy hat Erfahrungen mit dem Konsum von Alkohol, Tabak, Cannabis, Amphetamin, Methamphetamin, Kokain, Exstasy, Halluzinogenen und flüchtigen Lösungsmitteln. Zu ihrem aktuellen Konsumverhalten gibt sie an, Alkohol 2- bis 3-mal pro Woche und Cannabis einmal im Monat zu konsumieren.

Wie Fairy berichtet, kam es mit 14 zu ihrer Jugendweihe zum ersten Alkoholkonsum. Es ging um ein oder zwei Gläser Sekt, die sie zu diesem Anlass offiziell mit der Familie trinken durfte und durch die sie sich leicht beschwipst fühlt. Es folgen mit 14/15 weitere Alkoholerfahrungen in der Disco und zu anderen Anlässen im Freundeskreis, bei denen sie sich ausprobiert.

> >ID011< So, ich weiß nicht, mit 15, 16, 17 so die Zeit, wo ich aus meiner heutigen Sicht meinen exzessivsten Alkoholkonsum hatte, weil dann irgendwann kannte ich meine Grenzen, irgendwann wusste ich, wenn man so und so viel trinkt geht es einem nicht gut und das hat mir nicht gefallen im Nachgang. Auch zu der Zeit wahrscheinlich nicht, aber da konnte ich es noch nicht abschätzen und das hat mir nicht gefallen. Und ab dem Moment, wo ich das ausgetestet hatte, hatte ich so das Gefühl, ich kann Alkohol ziemlich gut dosieren. Gerne mit einem Schwips, gerne auch mal ein ganz bisschen mehr als einen Schwips, aber nicht so, dass man den nächsten Tag leiden muss und Kontrollverlust hat, oder Filmriss hat, das fand ich nicht gut [...] (Interview ID011: 33–45)

In dieser exzessivsten Konsumphase [17–18] erfährt sie ihre eigenen Trinkgrenzen und nimmt entsprechende Regulierungen für sich vor. Ihre Konsummotive zum Erstkonsum waren „Neugier“, „Rauscherleben“ und „Selbsterfahrung/Bewusstseinserweiterung“ und werden in der exzessivsten Konsumphase erweitert durch „Kontakterleichterung, soziale Anpassung/Anerkennung“, „Geselligkeit“ und „Jugendweihe“[72]. Sie gibt heute an, nach dieser Zeit keinen Vollrausch durch Alkohol mehr erlebt zu haben, und dass beim letzten Konsum die „Geselligkeit“ als Konsummotiv im Mittelpunkt stand.

> >ID011< [...] was wir in unserem Kulturkreis tatsächlich überall haben, ist Alkohol. Ich glaub, dass ich damit einen relativ kontrollierten Umgang habe, aber ich glaube, ich kenne keinen in meinem Freundeskreis, der da, sehr viel anders als ich, nein sagt. (Interview ID011: 49–51)

72. Jugendweihefeiern im sozialen Umfeld als gesellschaftlicher Trinkanlass

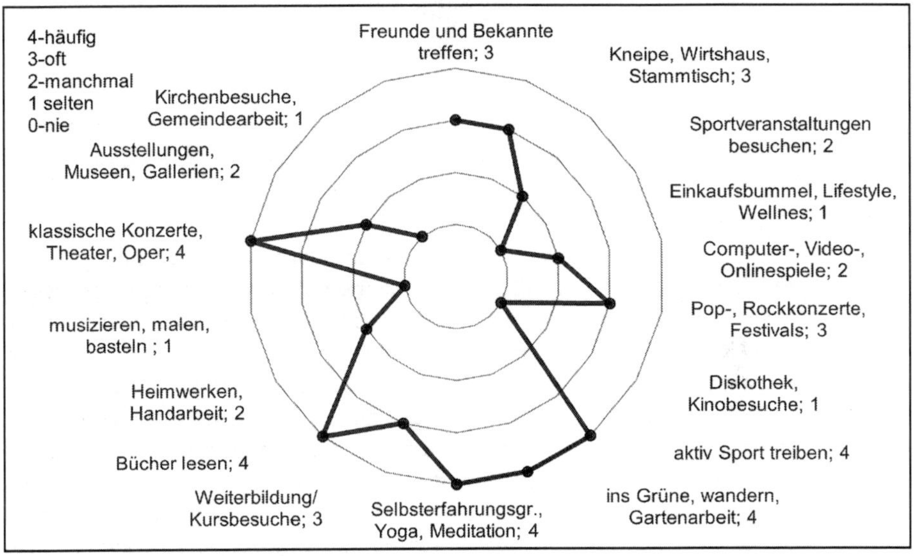

Abbildung 45: Freizeitbeschäftigung Fairy (ID 011)

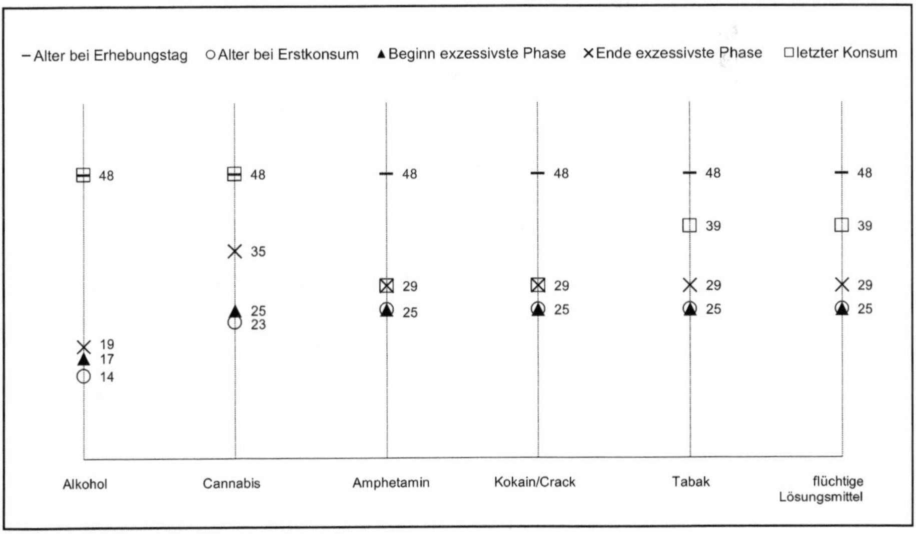

Abbildung 46: Konsumphasen Fairy (ID 011) nach psychotropen Substanzen

Ein Erlebnis, an welches sie sich bezüglich der Discobesuche erinnert, beschreibt sie als einen einmaligen Probierkonsum mit „Nuth“ (Fleckenentferner):[73]

>ID 011< […] das war da auch in der Disco, bei ein, zwei Leuten da so in der Grufti-Szene, und da hatte ich auch so einen Freund, der das ab und zu mal gemacht hat, und da hab ich dann auch mal dran gerochen, aber das war schräg, das war doof, oh böse, und wir werden alle drogenabhängig und das Gehirn zersetzt sich jetzt schon, das war nichts, was wiederholt werden musste (lacht), nein das ging nicht wirklich. (Interview ID 011: 699–708)

Die Konsumgelegenheit entstand unter Freunden, welche schon über Erfahrungen mit dieser Substanz verfügen, und die von ihr als unangenehm empfundene Rauschwirkung wird als nicht wiederholungswürdig bewertet. Bei dieser Erfahrung kann davon ausgegangen werden, dass die im Vorfeld erfolgten Beobachtungen und Einschätzungen für die Konsumentscheidung eine wichtige Rolle gespielt haben.

Beim Tabakkonsum erfolgte das erste Probieren mit Anfang 20 in einer Prüfungsstressphase im Studium. Aufgrund von Erzählungen aus ihrem Umfeld weiß sie, dass andere bei Stress Zigaretten rauchen. Ihre eigene Erfahrung ist jedoch sehr negativ:

>ID 011< […] dann probiere ich das auch und dann gab es die Mörderzigarette R1[74]. Die, ich kann mich da genau daran erinnern, wo ich gewohnt habe, wo ich die geraucht habe, auf dem Bett sitzend eine R1 und nach hinten umgefallen, das Zimmer hat sich um mich gedreht und kurz darauf musste ich kotzen. (Interview ID 011: 69–73)

Dies ist besonders interessant, da es sich um die einzige Beschreibung eines alleinigen Erstkonsums einer psychotropen Substanz innerhalb der Befragungen für diese Arbeit handelt. Es wird angenommen, dass diese Konsumentscheidung sowohl aufgrund des Alters und der bereits vorangegangenen Rauscherfahrungen und des Beobachtungslernens als risikoarm eingeschätzt wird. Die von ihr benannte Stresssituation zeigt sich im angegebenen Konsummotiv „Bewältigung schwieriger Situationen/Lebenslagen“ und wird bei keinem weiteren Konsum von ihr benannt. Diese Konsumsituation steht somit als ein Einzelerlebnis in Bezug auf die Erstkonsumerfahrung von psychotropen Substanzen.

Nach dieser negativen Konsumerfahrung bleibt sie vorerst weiter Nichtraucherin. Einige Jahre später, nach einer Trennung [24], wurde ihr von Freundinnen eine Zigarette angeboten:

>ID 011< […] das war so der Einstieg ins Rauchen. Das war ein langer und langsamer Prozess, wo man weggegangen ist, mal zaghaft eine zu rauchen, aber so was steigert sich ja. Dann auch auf der Party – zack, zack –, habe ich, lange nur beim Weggehen

73. Nuth® (flüchtiges Lösungsmittel) wurde in der DDR in Grufti-, Gothic- und NewWave-Szene als berauschende Substanz inhaliert (geschnüffelt ugs.).

74. R1®: Zigarettenmarke mit dem damals geringsten Nikotingehalt.

geraucht. Aber irgendwann hat man dann festgestellt, oh, ich glaube, ich bin doch irgendwie Raucher und ich glaub, das war zu Hochzeiten auch eine Schachtel am Tag, nicht immer. (Interview ID 011: 94–99)

Bei der beschriebenen Erfahrung steht auch eine belastende Situation zu Konsumbeginn, dieser ist aber über die Freundinnen gerahmt und sozial eingebunden. Sie beschreibt die Entwicklung ihres Tabakkonsums als genussorientiert und es gelang ihr, mit dem Tabakkonsum wieder aufzuhören [40]. Erst in einer sehr stressigen Ausnahmesituation fing sie wieder an. Das Tabakrauchen war in ihrem Umfeld zu dieser Zeit omnipräsent, es gab immer auch Kontexte, in denen sie nicht geraucht hat (bei Besuchen ihrer Eltern und während mehrtägiger Ausbildungsaufenthalte).

>ID 011< […] da war ich schon in [Weiterbildung] und ich wusste ja immer, wenn ich zur Ausbildung gegangen bin, dass man dort nicht rauchen kann. Wenn ich da 14 Tage, drei Wochen war, war das für mich überhaupt kein Problem, nicht mal eine Sekunde, weil nichts dort war mit Rauchen belegt. Es gab da keine Momente, wo ich rauchen wollte, überhaupt nicht, allerdings war bis dato immer, kaum ist man ins Auto gestiegen und zurückgefahren: Geil, kannst du wieder rauchen. (Interview ID 011: 140–147)

Die Kenntnis dieser rauchfreien Phasen stärkt ihr Selbstwirksamkeitserfahrung. Bei einem weiteren Versuch, den Tabakkonsum zu beenden, entwickelte sie ihre Strategie aufgrund der Beobachtung des Ausstiegsverhaltens anderer. Sie entschied sich, nach einem dreiwöchigen Ausbildungsblock nicht wieder mit dem Rauchen anzufangen. Mit dieser Strategie gelang es ihr, den Tabakkonsum ein weiteres Mal zu beenden. Zur Stabilisierung motivierte sie sich mit einem Spruch eines Bekannten, der auch mit dem Rauchen aufgehört hatte:

>ID 011< […] da hat er gesagt, da wäre ich ja dumm, wenn ich wieder anfange. Und desto länger dieses Nichtrauchen ist, desto dümmer musst du ja sein, wenn du wieder anfängst. Und das fand ich einen tollen Spruch, denn ich bin doch nicht dumm. Das soll zwar so ein witziger Spruch [sein], den ich mit einem Lächeln immer so im Hinterkopf hatte, aber es ist mir tatsächlich wirklich nicht schwergefallen, aber für mich stand von Anfang an fest, dass ich ganz konsequent bleiben muss. (Interview ID 011: 192–198)

Die von ihr immer wieder deutlich beschriebene starke Kontextbezogenheit ihrer Konsumerfahrungen ermöglicht ihr als Ex-Raucherin im Rahmen eines künstlerischen Projektes einen temporären[75] Tabakkonsum, den sie im Anschluss nicht fortsetzte.

>ID 011< […] und das hat nichts mit meinem Leben zu tun gehabt. Das hat also mein privates Leben überhaupt nicht berührt. (Interview ID 011: 217–218)

75. Dieser wird mit einmal in der Woche eine Zigarette während der künstlerischen Darbietung angegeben und endete mit dem Ende des Projektes.

Der Konsum verschiedener anderer psychotroper Substanzen erfolgt über Technopartys und den Freundeskreis.

>ID 011< Man hat es vorher schon gewusst und gesehen, war ein bisschen neugierig und irgendwann war die Situation, dass da eine Line dalag. Was so genau, weiß ich gar nicht, was als Erstes mal da war, es war eine weiße Line. Es waren Freunde, ringsum die Bässe haben gewummert, alle waren gut drauf, es war mitten in der Nacht oder am Morgen. (Interview ID 011: 238–243)

Die unterschiedlichen Substanzen, die sie konsumiert (Amphetamin, Methamphetamin, Kokain), können zu Beginn [25] nicht differenziert werden, erst im Laufe der Zeit und durch zunehmende Konsumerfahrungen wird es ihr möglich, die Substanzen für ihren Konsum gezielter auszuwählen.

>ID 011< Immer in einem Bekannten- und Freundeskreis, manchmal auch ein lockererer Freundeskreis, den man ja dann erst so mit kennengelernt hat, wo immer schon immer irgendwer da war, den man kannte. Ich habe dafür nie einen Pfennig ausgegeben, es war immer irgendwo da. (Interview ID 011: 273–278)

>ID 011< Es war ein relativ vertrauensvoller Bekanntenkreis, alle haben es gemacht, man hat gesehen, dass alle damit irgendwo klarkamen. (…) Aber was die Wirkung betrifft, habe ich nie wirklich eigentlich Bock auf Speed oder Crystal gehabt. Das war mal irgendwo mit im Umlauf, als ich noch keine Erfahrung hatte. Wo man es probiert hat, aber ich [[habe]] ziemlich schnell festgestellt, das ist nicht meine Droge, nur schnell brauche ich nicht, ich will es schon ein bisschen bunt und schick haben, nur schnell ist Quatsch. Als ich dann irgendwann so weit war, dass man da auch gefragt hat oder fragen konnte oder unterscheiden konnte, da habe ich dann größtenteils bei Speed[76] und Crystal[77] gesagt: Nein, brauche ich nicht. Kokain fand ich cooler, weil das einfach auch das Ego […] noch ganz anders gepuscht hat und irgendwie interessanter war. (…) Und Exstasy hat mir eigentlich am besten gefallen, denn das hat wirklich bunt gemacht, also das war schön, das kann ich anders nicht sagen. (Interview ID 011: 336–364)

Über die beschriebene Verfügbarkeit der unterschiedlichen Substanzen im Partykontext und den gemeinsamen Konsum im Bekanntenkreis entwickelte sie eigene, auf den Wirkerfahrungen basierende Präferenzen. Dies ermöglichte es ihr, gezielter mit Substanzangeboten umzugehen, und sie ihren Bedürfnissen entsprechend anzunehmen.

>ID 011< Mit dem Exstasy ist es immer so gewesen, ich habe das immer mit meiner Freundin geteilt, eine Pille geteilt, um zu schauen, wie was geht. So ein bisschen Verstand war letztendlich immer noch da und es hat ganz oft ganz unterschiedlich gewirkt, bei meiner Freundin und bei mir. (Interview ID 011: 281–285)

76. Speed: ugs. für Amphetamine

77. Crystal: ugs. für Methamphetamin.

Der Erfahrungsaustausch über die Wirkung der verschiedenen Substanzen erfolgt in erster Linie im Bekanntenkreis der Konsumierenden und am intensivsten mit ihrer besten Freundin. Die geteilten Exstasy-Pillen ermöglichen einen Erfahrungsabgleich, der beiden zeigt, dass die Wirkung durchaus unterschiedlich ausfallen kann. Der gemeinsame Konsum beinhaltet auch die Regelung, aufeinander zu achten und sich umeinander zu kümmern. Hinsichtlich der Dosierung der unterschiedlichen Substanzen führt sie aus:

>ID 011< […] vielleicht, dass man noch eine zweite Halbe [Tablette] nachgegangen, aber mehr war es nie. Also ich glaub, ich habe nie mehr als eine genommen und auch mit den Lines, da ist man irgendwann, ob das jetzt Speed oder Kokain oder Crystal gewesen ist. Da ist (…) irgendwann (…) nochmal eine kleine Babyline nachgezogen worden, aber nicht bis […]. Da haben viele damals sehr vielmehr konsumiert. Also eine gewisse Verstandsbremse gab es da immer. (Interview ID 011: 293–298)

Diese Selbstregulierung begründet sie mit dem Wunsch, die Kontrolle nie vollständig abgeben zu wollen, und mit der negativen Sicht auf das, was sie bei anderen Konsumierenden beobachtet.

<ID 011> Man hat es ja auch bei anderen gesehen, besser wurde das alles nicht, das wurde dann einfach irgendwann doch nur noch gegen Morgen, Mittag und so, nur noch traurig. Und das waren dann so die Momente, ich glaube, ich bin dann meistens bei den Partys so um vier, um fünf, um sechs spätestens gegangen. Die haben ja durchgezogen bis weit in den Nachmittag hinein. Ich bin dann manchmal in der „afterhour" ausgeschlafen nochmal dazugekommen und wo du gesehen hast, da ist ja bei allen nur noch Gulasch, da kam ja gar nichts mehr, was nicht irgendwo vom Drogenkonsum indoktriniert war. Das war ja alles nur noch, da hatte ich keinen Bock drauf. Da[s] hat mein Verstand, [mir] auch irgendwie von vorneherein, irgendwie gesagt. Auch mit dem Alkohol war ich zu dem Zeitpunkt da. Dass ich das ziemlich gut, dass ich gerne was getrunken habe bei der Party, aber niemals bis zum Koma, get no, kotzen, nein. Und ich glaube, mit den anderen Drogen ist das auch so für mich weitergegangen, dass [ich] das für mich immer … im Griff haben wollte, nicht die Drogen mich im Griff. Sondern, dass ich das für meine Zwecke gerne nutzen wollte, aber halt relativ bewusst, Grenzen schwinden manchmal bestimmt ein bisschen mehr, mal war man doch ein bisschen mehr auf der Party, manchmal dann früher da wieder weg. (Interview ID 011: 307–330)

Die Konsummotive zeigen sich für die Partydrogen in einem Motivationsspektrum von „Neugier" beim Erstkonsum und „Rauscherleben" und „Selbsterfahrung/Bewusstseinserweiterung". In der exzessivsten Konsumphase sind es „Kontakterleichterung, soziale Anpassung/Anerkennung" und „Technoparty". Der Konsum findet gezielt auf den Technopartys statt. Als Konsumhäufigkeit gibt sie für die exzessivste Konsumphase [25–29] 2- bis 3-mal pro Woche Cannabis, einmal im Monat Meth- und Amphetamin und Kokain und Exstasy einmal wöchentlich an. Flüchtige Lösungsmittel hat sie in diesem Zeitraum 2- bis 5-mal (insgesamt) konsumiert.

Über eine räumliche Veränderung des Lebensmittelpunktes (Wohnortwechsel) kam es auch zu einer Veränderung ihrer Lebensumstände und der Freizeitgestaltung. Der Konsum von Amphetamin, Methamphetamin, Kokain und Exstasy auf Technopartys bleibt insoweit bestehen, als es bei „Heimatbesuchen“ zu besonderen Gelegenheiten noch zu punktuellem, anlassbezogenem Konsum kommt, was aber in den veränderten Lebenssituationen im Alltag ohne Bedeutung bleibt. Andere Konsumgelegenheiten, die sich mit diesen Substanzen in der neuen Umgebung ergeben, werden von ihr als „völlig absurd“ beschrieben.

Für ihren Konsum von Halluzinogenen [25] war der Kontextbezug nicht so stark auf Technopartys bezogen und wird auch später noch gelegentlich mit ausgewählten Freunden in einer privaten Atmosphäre zelebriert.

> >ID 011< Die waren nicht ganz so partybezogen, nicht so technopartybezogen, sondern die waren tatsächlich eher so in einem etwas kleineren, eher auserwählten Kreis gewesen, da hat natürlich auch die Neugierde über[[wogen]], das auszuprobieren, [...] sehr interessant, aber ich glaub, da habe ich mehr Respekt vor gehabt, als vor anderen Sachen, weiß jetzt auch gar nicht warum. Das war nie auf so Partys, das war mehr auch auf Partys auf kleineren, wo dann auch ganz andere Musik gehört worden ist, alte, die ganze psychodelische Mucke aus den 70ern, da hat das dann (...) gepasst und das (...) [[hatte]] nicht[[s]] (...) [[mit]] diesen Technopartys zu tun (...) und [der Konsum von Halluzinogenen] ist tatsächlich sogar in [Ortsangabe] dann noch zwei-, dreimal mit (...) ausgewählten Freunden in der [Ortsangabe] oder bei denen zu Hause im Garten, wo dann jeder so ein bisschen auf seine eigene Reise ging, das war eigentlich (...) auch ganz schön, aber offensichtlich hatte ich da mehr Respekt als vor anderen (lacht). (Interview ID 011: 499–529)

Beim Cannabis erinnert sie sich an die Spannung beim gemeinsamen Gruppenritual des Konsums und die Haptik beim Drehen von Cannabiszigaretten.

> >ID 011< [...] und man kommt gemeinsam in einen Laberflash[78] oder Kicherflash oder sagt gar nichts mehr, das war eigentlich auch interessant und während das mal so Ausflüge waren am Anfang, wo man sich es abgeguckt hat, wie geht das, und mal ausprobiert hat mit ungeschickten Fingern zu basteln, irgendwann wollte man es natürlich auch, dass man es kann und dass es schön aussieht, ich konnte sehr schöne Damenjoints[79]. (Interview ID 011: 534–540)

Cannabis konsumiert sie gelegentlich auch mit ihrem Partner, aber auch in geringer Dosis, um nur einen leichten Rauschanklang zu erhalten. Die hochdosierten Cannabisprodukte wirken auf sie fast wie andere Halluzinogene und der in den Joints enthaltene Tabak führt bei ihr auch nicht zu einem Rückfall in den Tabakkonsum.

78. Laberflash: ugs. für unkontrollierten Rededrang.

79. Damenjoints – sie beschreibt sehr dünne, elegante Cannabiszigaretten.

Für die verschiedenen Konsumerfahrungen mit Partydrogen und Halluzinogenen beschreibt sie eine klare Zuordnungen von Konsumkontexten (u. a. Technoparty, private Zusammenkünfte).

>ID 011< Ja, und andere Kontexte, also das sind ganz andere Drogenkontexte für mich gewesen. Das eine hätte ich nicht in diesem Kontext, das andere nicht in dem anderen Kontext konsumiert, es war wirklich richtig situationsgebunden. (Interview ID 011: 519–523)

Ihren Informationsbedarf beschreibt sie rückblickend als für ihre Zwecke durch die Freunde und Bekannten ausreichend gedeckt. Die Erfahrungen werden von ihr als durchaus positiv und in den Lebensabschnitten als wertvoll angesehen. Der spirituelle Zugang, den der Substanzgebrauch mit sich gebracht hat, wird als förderlich für heutige meditative und spirituelle Erlebnisse wahrgenommen.

4 Ergebnisse und Diskussion

Die Konsumerfahrungen der Befragten mit psychotropen Substanzen weisen hinsichtlich der unterschiedlichen Konsumdeterminanten eine hohe Heterogenität auf und verdeutlichen die Komplexität der Entwicklung von Konsumpraktiken. Die nachfolgende schematische Darstellung veranschaulicht sowohl das existierende Spannungsfeld innerhalb des Konsumkontinuums als auch die Einordnung selbstregulierter Konsumpraktiken als ein, verschiedene Konsumformen umspannendes Phänomen.

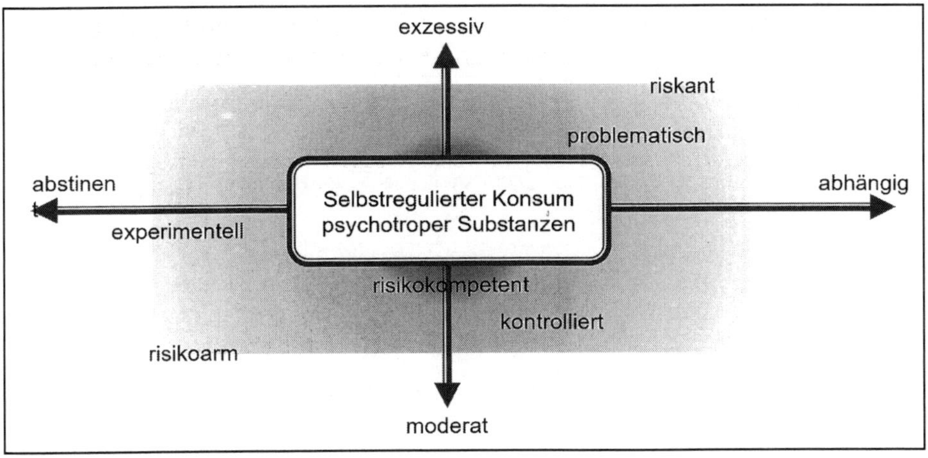

Abbildung 47: Einordnung des selbstregulierten Konsums innerhalb des Konsumspektrums psychotroper Substanzen

Aufgrund der Teilnahmevoraussetzungen für die Untersuchung stellen die vorliegenden Ergebnisse eine zu berücksichtigende Einschränkung hinsichtlich der Gesamtheit von Entwicklungsverläufen der Konsumpraktiken psychotroper Substanzen dar.

Aus den Befragungen werden die mehrdimensionalen Veränderungsprozesse über unterschiedliche Lebensphasen hinweg sichtbar. Diese teilweise Jahrzehnte zurückliegen Erinnerungen unterliegen zum einen dem Phänomen des Vergessens bzw. einer ungenauen Erinnerung und dagegenstehend der mit der Thematik verbundenen hohen Emotionalität der Erfahrungen. Daher wurde im Rahmen der Befragung ein Kurzfragebogen vorangestellt, der gezielt als reaktivierendes Mittel in der Befragungsstrategie eingesetzt wurde (vgl. Reuband 1988: 64).

Die explorative Auseinandersetzung mit dem Datenmaterial ermöglichte eine erkenntniserweiternde Perspektive auf die Entwicklung selbstregulierter Konsumpraktiken. Im Folgenden werden die zentralen Ergebnisse entlang der handlungsleitenden Forschungsfragen zusammenfassend dargestellt, wobei auf exemplarische Transkriptstellen zur Veranschaulichung verwiesen wird.

4.1 Wie entwickeln Konsumierende psychotroper Substanzen einen selbstregulierten und sozial-integrierten bzw. kontrollierten Konsum?

In der vorliegenden Analyse standen die Entwicklungsverläufe sowie die Veränderungsprozesse des Konsums psychotroper Substanzen im Zentrum des Interesses. Es zeigte sich, dass in allen durchgeführten Befragungen eine deutliche und konsistente Ausrichtung auf die Bewältigung von Alltagsanforderungen sowie die Trennung von Alltag und Freizeit besteht. Diese Orientierung wird auch während der exzessivsten Konsumphase als handlungsleitend erkennbar:

>ID 001< Mein Wohlbefinden im Alltag ist mir wichtiger als (…) trallala (lachen). (Interview ID 001: 119)

>ID 003< Also nicht so im normalen Alltag, nicht vor der Schule, das hätte mich zu sehr angestrengt, aber so nachmittags, abends, am Wochenende recht regelmäßig, auf Partys sowieso und das hat sich dann erst reguliert, als ich schon ganz andere Drogen genommen habe. (Interview ID 003: 153–157)

>ID 004< Nein, in der Woche nicht, nein auf keinen Fall, es war ja alles so für den Spaß so nebenher, beim Arbeiten braucht man das ganz sicher nicht. (Interview ID 004: 282–284)

>ID 005< Es war an sich ein volles Doppelleben, das haben wir auch immer so gesehen. Wir haben unser Arbeitsleben und wir haben unser Partyleben sozusagen und da gab es wirklich, im Technoumfeld, das waren ja viele. (Interview ID 005: 114–117)

Die Befragten beschreiben, dass der Konsum psychotroper Substanzen (außer Tabak) unter der Prämisse erfolgt, die Auswirkungen auf den Alltag möglichst gering zu halten, um die Bewältigung der Alltagsanforderungen nicht zu beeinträchtigen. Es wird deutlich, dass bei drohender Beeinträchtigung von Alltagsanforderungen regulierende Handlungen und Maßnahmen initiiert werden, um die Bewältigung der Alltaganforderungen zu bewerkstelligen:

>ID 006< Familie, Arbeit und Verantwortung. Morgens einfach wirklich präsent zu sein. Feste Zeiten, wann man aufsteht und eben letztlich dann schon auch das Gefühl, das körperlich nicht mehr so wegstecken zu können, wie als ich jünger war. Es tut mir nicht mehr so gut, dieser exzessive Konsum. (Interview ID 006: 116–122)

>ID 009< Ich glaube, ich habe einfach realisiert, dass das jetzt mit mir und dem Außen nicht mehr harmoniert hat. […] und hab gesagt, warum eigentlich? Und dann so mit einem Schlag waren wir beide dafür bereit und haben das ins Klo geschüttet, ab dem Moment war wirklich Ruhe. (Interview ID 009: 143–151)

Im Hinblick auf den Umgang mit der Konsumhäufigkeit bei einem Anstieg äußerer, als belastend wahrgenommener Faktoren zeigte sich in den Befragungen ein ambivalentes Bild: Einerseits wurde eine Steigerung des Konsums im Sinne eines „Entlastungskonsum“ beschrieben:

>ID 005< Aber die Kifferei ist dann halt mein, wie kann man das nennen, die Alternative. […], das mache ich, wenn ich abends, wenn ich weiß, mein Tag ist jetzt so weit so gut gelaufen fertig. […] und da kann ich ja entscheiden, was ich mache. (Interview ID 005: 202–212)

Andererseits berichten die Befragten auch von einer bewussten Konsumvermeidung in belastenden Situationen:

>ID 006< Na ja, aktuell schon, dass ich schon darauf achte, dass es jetzt nicht so zu einer Bewältigungsstrategie wird. Wenn ich Stress habe, dass ich dann trinke oder so. Aber letztlich war das ja nie meine, mein vordringlicher Konsumgrund. (Interview ID 006, 126–130)

>ID 007< Also, in Krisensituationen, würde ich sagen, passt es auch gar nicht. Also in Krisenzeiten, wo man wirklich sämtliche Sinne irgendwie fokussieren muss, finde ich es auch völlig abträglich. (Interview (ID 007: 141–144)

Für die Erklärung der zugrundeliegenden Selbstregulationsprozesse standen insbesondere die äußeren Problemsituationen und Lebenslagen im Fokus der Veränderungserzählungen. Die in diesen Kontexten wahrgenommenen Umbrüche wurden als maßgebliche Faktoren für konsumregulierende Maßnahmen beschrieben. Diese selbstregulierenden Prozesse basieren auf der Wahrnehmung von Selbstwirksamkeit und Handlungsoptionen im Alltag. Bemerkenswert ist, dass diese Prozesse von den Befragten häufig erst in der Retrospektive klar benannt und reflektiert werden konnten:

>ID 002< Es war eine Zeit lang, wo die Selbstregulierung eher nicht stattfand. […], das kam dann erst in der Verbindung mit der geänderten Lebenssituation. […], weil andere Dinge wichtiger wurden oder ja, also dass es sich dann nicht mehr auf den Alkohol konzentriert hat, es war kein Fluchtweg mehr oder keine Fluchtmöglichkeit mehr, weil es gab keine Anlässe mehr zu flüchten in diese Genusswelt. (Interview ID 002: 191–201)

Dies verweist auf ein handlungsorientiertes Vorgehen, dessen strategische Ausrichtung sich an habitualisierten Handlungsmustern ausrichtet und auf erprobte Verhaltensweisen basiert.

In der Entwicklung der Konsumpraktiken lassen sich zudem kontextuelle Verknüpfungen zu substanzspezifischen Konsumsettings erkennen. Für die Befragten bieten diese Kontexte eine sinnstiftende Rauscherfahrung und beeinflussen die Erlebnisqualität maßgeblich. Dabei bleibt der Konsum gezielt auf die Settings beschränkt:

>ID 003< Ja, da gibt es Unterschiede, [...] Also zum Beispiel nicht in der Woche andauernd mal ein Bier trinken, [...]. Beim Cannabis hat es sich ja so gut reguliert, im Alltag würde ich nie kiffen [...] eine Regel, dass ich am Tag nicht kiffen würde. [...] Und ja, Partydrogen dann, wenn es eine wirklich gute Party gibt, wenn die Leute, die mit mir da unterwegs sind, passen, wenn es mir gut geht. Eigentlich das, was man schon von Leary weiß, Setting und Set und Dosis soll man beachten. (Interview ID 003: 415–427)

>ID 004< Das war eine andere Konsumform, das war ja eine reine Technodroge [Speed, Kokain], das hatten wir immer nur zu irgendwelchen Veranstaltungen eingenommen, [...] das gehört irgendwie mit dazu. (Interview ID 004: 107–113)

>ID 011< Die [Halluzinogene] waren nicht ganz so partybezogen, nicht so technopartybezogen, sondern die waren tatsächlich eher so in einem etwas kleineren, eher auserwählten Kreis gewesen, [...], wo dann auch ganz andere Musik gehört worden ist, alte, die ganze psychodelische Mucke aus den 70ern, [...] ausgewählten Freunden in der [Ortsangabe] oder bei denen zu Hause im Garten, wo dann jeder so ein bisschen auf seine eigene Reise ging, [...]. (Interview ID 011: 499–529)

Die bewusste Trennung zwischen Alltagsbewältigung und Rauscherfahrungen sowie die substanzspezifischen Konsumkontexte bilden ein zentrales Spannungsfeld, innerhalb dessen sich sozial-integrierte Konsumpraktiken ausstrukturieren. Dies verdeutlicht, wie wichtig die Kontextualisierung des Konsums im Zusammenhang mit der subjektiven Bedeutung und der sozialen Funktionen ist, um die Entwicklung und das Verständnis der jeweiligen Konsumpraktik nachzuvollziehen. Dabei spielt die individuelle Motivation als auch die sozialen Normen eine entscheidende Rolle, da sie das Verhalten in den jeweiligen Settings beeinflussen und die Entwicklung der Konsumpraktik mitprägen.

In der weiteren Analyse der beschriebenen Veränderungen in den Konsumpraktiken der Befragten zeigen sich verschiedene Konsumreduktionsprozesse, die sich mit bekannten Ergebnissen früherer Studien decken. Genannt werden u. a.:

– der Wegfall des Konsuminteresses (2004):

>ID 001< Es hat sich – der Bedarf, ist nicht öfter da gewesen und so war das eben. Ich habe mir da auch nie Sorgen gemacht, dass das öfter nötig sein könnte. Man geht einem geregelten Leben nach und ich weiß, dass ich den nächsten Tag fit sein muss, dann ist das eben nicht so. (Interview ID 001: 101–106),

– ein Herausreifen bzw. -wachsen (manturing-out, Winick 1962):

> >ID 004< Ich meine, Party ist Party und normales Leben, ich meine, ist einfach nur normales Leben. (Interview ID 004: 286–287),

- das Ausbalancieren zwischen Alltagsanforderungen und Konsuminteressen (arranging-with, Kemmesies 2004):

> >ID 006< Familie, Arbeit und Verantwortung. Morgens einfach wirklich präsent zu sein. Feste Zeiten, wann man aufsteht und eben letztlich dann schon auch das Gefühl, das körperlich nicht mehr so wegstecken zu können, wie als ich jünger war. Es tut mir nicht mehr so gut, dieser exzessive Konsum. (Interview ID 006: 116–122),

- sowie eine Konsumreduzierung im Zusammenhang mit sich verändernden sozialen Rollen (slowly decreasing use, Boeri *et al.* 2009):

> >ID 010< Mit Kind sowieso, das ist ja die tragende Rolle in meinem Leben, kann ich ja nicht, also weißt du, kann ich nicht spontan, will ich auch gar nicht. (Interview ID 010: 294–296)

Darüber hinaus werden körperliche, mentale und soziale Auswirkungen des Konsums als Anlass für Veränderung genannt (Pettersen *et al.* 2018):

> >ID 003< […], mit so Halluzinogenen mal ganz schön reingerutscht bin, in so einen Trip, der mich ganz schön stark beschäftigt hat, über Jahre eigentlich noch, da hatte ich immer ein bisschen Angstzustände, das war so hängen geblieben, so ein flirrendes unruhiges Gefühl mit so kleinen Panikattacken und ich hatte dann immer wieder gemerkt, wenn ich kiffe, passiert mir das einfach wieder. (Interview ID 003: 159–164)

Ebenso spielt das Erleben eines markanten biographischen Wendepunktes (turning points) oder das plötzliche Eintreten eines „Nicht-mehr-Gefallens" („looking glass effect") eine Rolle (vgl. Weber & Schneider 1997; Kemmesies 2004; u. a. Klingemann & Sobell 2006; Werse 2007; Hösselbarth 2014; Hoffmann 2021):

> >ID 009< […], ich will was anderes, es war einfach, ich hatte die Schnauze voll. Viele Freunde zerbrochen sind, weil jeder seinen Film geschoben hat, […] Mir flossen eigentlich so meine engsten Herzensmenschen (…) davon. (Interview ID 009: 182–185)

Die Veränderungsprozesse wurden von den Befragten übergreifend als in sich stimmige Erlebnisphasen beschrieben, in denen Konsumveränderungen eng mit umfassenderen Veränderungen in verschiedenen Lebenskontexten verbunden sind:

> >ID 005< Und sicherlich war dann auch Zeit, die Stadt zu wechseln, das Umfeld zu wechseln. […] Aber dazu musste ich tatsächlich mal woanders hin. (Interview ID 005: 162–167)

Dabei wurde die Veränderung häufig als intrinsisch motiviert und eingebettet in persönlich bedeutsamen Lebenszusammenhängen wahrgenommen. Die Entwicklung selbstregulierter Konsumpraktiken zeigt sich in dieser Untersuchung als vielschichtiger, manchmal mehrere Lebensphasen umspannender Lernprozess. Die Konsumpraktiken durchlaufen dabei über die Jahre vielschichtige reflexive Anpassungsprozesse hinsichtlich Dosierung, situativem Kontext und subjektivem Befinden:

>ID003< Ja, da gibt es Unterschiede, [...] Also zum Beispiel nicht in der Woche andauernd mal ein Bier trinken, sondern auch einfach anders zur Ruhe kommen, anders runterkommen, [...] im Alltag würde ich nie kiffen abends rauche ich mal ein bisschen mit. [...] Und ja, Partydrogen dann, wenn es eine wirklich gute Party gibt, [...] Eigentlich das, was man schon von Leary weiß, Setting und Set und Dosis soll man beachten. (Interview ID003: 415–427)

Der Konsum wird somit nicht als statisches Verhalten, sondern als prozesshaftes Geschehen verstanden, das sich kontinuierlich im Spannungsfeld zwischen individueller Lebensführung, sozialer Einbettung und erfahrungsgeleiteter Selbstregulation weiterentwickelt.

Besonders hervorzuheben sind einzelne Aspekte, welche sich im Rahmen der Befragungsauswertung hervortaten. Die Konsumpraktiken der Befragten werden dabei als in sich stimmige, zugleich aber dynamisch weiterentwickelnde Konstrukte beschrieben. Wiederkehrende Konsumgelegenheiten werden – nach einer bewussten Veränderung der Konsumpraktik – entweder nicht mehr wahrgenommen oder nur noch im Sinne der neuen etablierten Praktik aufgegriffen, ohne dass dies mit herausfordernden Kontrollanstrengungen verbunden ist:

>ID003<Alle anderen haben immer noch weiter gekifft und ich habe dann eine Kippe geraucht, ich dreh euch die gerne, aber (...) (Interview ID003: 184–186).

>ID011< [...] und das hat nichts mit meinem Leben zu tun gehabt. Das hat also mein privates Leben überhaupt nicht berührt. (Interview ID011: 217–218)

Dies unterstreicht die Flexibilität und Anpassungsfähigkeit innerhalb der Gesamtheit des Konsumkontinuums psychotroper Substanzen.

Im Selbstbild der Befragten wird das Risiko einer Abhängigkeitsstörung reflektiert:

>ID001< Tabak, da weiß ich auch, dass es nicht so gesund ist, und das ist, glaub ich, eine richtige Sucht. [...] mit längerfristigen Unterbrechungen immer so im Rahmen von zwei Jahren (...), ja irgendwie ist man in geselliger Runde und dann geht es halt wieder los. (Interview ID001: 57–69)

und führen zu unterschiedlichen Überprüfungs- und Abgleichungsprozessen, die selbstreflexiv durchführt werden und sich an der eigenen Selbstwirksamkeit sowie Handlungsfähigkeit ausrichten:

>ID 005< Da muss ich jetzt mal aufpassen und die Sache beobachten, ich beobachte mich auch selbst, also früher nicht so viel wie jetzt. Ich habe ja dennoch erstaunlicherweise im Laufe der Jahre ja viel gelernt. (Interview ID 005: 129–131)

Zugleich wird der Kreis jener Personen, die über den Konsum informiert sind, bewusst begrenzt. Da diese selektive Offenlegung zugleich eine Ab- und Ausgrenzung gegenüber externen Zuschreibungen bewirkt, die mit Abhängigkeitsproblematiken in Verbindung gebracht werden, findet der Austausch über Konsumerfahrungen und die Reflexion vorrangig – teilweise sogar ausschließlich – innerhalb des Personenkreises der am Konsum beteiligt ist statt.

>ID 005< Ja, so in der Art, du bist ein bisschen komisch, was ist denn los? Die das nicht wussten, denen habe ich natürlich auch nicht gesagt, ich habe mir irgendeine Pille geworfen und keine Ahnung, das ist dann das Ergebnis gewesen von dem Zeug. (Interview ID 005: 142–145)

Auf diese Weise kann das Risiko exkludierender Effekte in anderen sozialen Bezügen reduziert und zugleich der Schutz vor stigmatisierenden Zuschreibungen im Sinne des Labeling-Approach-Ansatz[40] aufrechterhalten werden (vgl. Kleve 2009: 26).

Die Ausführungen verdeutlichen den selbstreferenziellen Charakter der Informationsprozesse, die von den Konsumierenden selbst gesteuert werden. Die Aneignungsprozesse dienen zum einen der Optimierung des Rauscherlebnisses, der Risikominderung sowie der Vermeidung negativer Erfahrungen. Andererseits zielen sie auf eine Abstimmung mit den jeweiligen Lebensumständen und aktuellen Lebensbewältigungsaufgaben ab:

>ID 003< … sich nur in so einer vergeistigten, halluzinogenen Welt bewegen oder nur auf Party, sondern du brauchst die andere Realität, die du mit vielen Menschen teilst. Mit meinen Freunden, die nicht konsumieren, zum Beispiel, mit denen ich auch noch in Kontakt bleiben wollte, weil ich die mochte, oder meiner Familie oder meinen Arbeitskollegen […]. (Interview ID 003: 349–358)

>ID 004< Nein, in der Woche nicht, nein auf keinen Fall, es war ja alles so für den Spaß so nebenher, beim Arbeiten braucht man das ganz sicher nicht. (Interview ID 004: 282–284)

Diese Informationsbeschaffung und -auswertung erfolgt vor dem Hintergrund habitualisierter Erfahrungsschemata. Dies zeigt sich u. a. darin, dass alle Befragten rückblickend angaben, über ausreichendes Wissen für die Ausgestaltung der eigenen Konsumpraktiken verfügt zu haben:

40. Labeling-Approach: Etikettierungsansatz von Erving Goffman und folgend von Howard S. Becker & Edwin M. Schur beschreibt den Effekt, „dass durch die helfende Intervention bestimmte Problem- bzw. Devianzkarrieren erst geschaffen werden“ (Kleve 2009: 26).

>ID 004< [[Die richtigen Freunde]] die einen vor gröberen Abstürzen bewahrt haben, ich könnte nicht sagen das es irgendwie hätte besser laufen können. Also ich glaube nicht, ich glaube, für mich war das schon immer die perfekte Variante gewesen. (Interview ID 004: 378–384)

Die individuell variierenden Handlungsspielräume innerhalb der Konsumpraktiken können über habitualisierte Erfahrungsschemata bzw. milieuspezifische Handlungsbefähigungen ausgedeutet werden (vgl. Grundmann 2006: 18). Die strukturierenden und handlungsleitenden Dispositionen werden von Kolte (2005) treffend „als eine fast schon ‚selbstverständliche' Gestaltung und Rahmung des Konsums" beschrieben und als determinierendes Element kontrollierten Konsums psychotroper Substanzen verstanden (u. a. Harding 1982; Kemmesies 2004; Kolte 2005; Schmidt-Semisch & Kolte 2019).

Diese Annahmen werden durch die vorliegende Befragung gestützt. Auf die Frage nach expliziten Regeln für den Konsum psychotroper Substanzen in einer Leitfadenfrage zeigten sich viele Befragte zunächst irritiert. Die von ihnen beschriebenen handlungsleitenden Festlegungen für den Konsum wurden von ihnen jedoch nicht als formale Regeln wahrgenommen. Im offenen Kodierungsprozess konnten dennoch 246 Codierungen im Zusammenhang mit beschriebenen Konsumregeln identifiziert werden. Dies deutet auf ein lebensweltliches Erfahrungswissen hin, das im Sinne „alltagskulturelle[r] Verankerung von Handlungsbefähigung" (Grundmann 2010: 131) verstanden werden kann. Dessen pragmatische Orientierung formt sich über milieuspezifische Handlungs- und Gestaltungsmöglichkeiten aus (vgl. Grundmann 2010: 131).

Ein exemplarisches Beispiel für eine solche Handlungsorientierung, die nicht als formale Regel, sondern als pragmatisch verankerte Praxis substanzübergreifend (außer Tabak) etabliert wurde, ist: kein Konsum allein:

>ID 004< Weder rauchen noch trinken, noch alle anderen, irgendwelche Geschichten. Wollte ich auch nie alleine irgendwo, ich bin da eher so der Gesellige, keine Ahnung warum. (Interview ID 004: 64–68)

>ID 002< Beim Cannabis […] oder allein die Erfahrung zu machen und wirklich nur im Freundeskreis, in dem Moment, in der Situation. (Interview ID 002: 65–76)

Zusammenfassend lässt sich feststellen, dass die beschriebenen Entwicklungen von Konsumpraktiken psychotroper Substanzen durch eine flexible, kontextabhängige und selbstregulative Handlungsorientierung geprägt sind. Diese basiert auf lebensweltlichem Erfahrungswissen, das milieuspezifisch verankert ist und sich an die individuellen Lebensumstände sowie die sozialen szenespezifischen Normen anpasst. Dabei spielen sowohl bewusste Strategien zur Risikominderung als auch unbewusste, habitualisierte Muster eine zentrale Rolle. Die Entwicklung und Veränderung dieser Praktiken sind somit keine statischen Prozesse, sondern dynamische, reflexive

Lernprozesse, die eng mit persönlichen biographischen Wendepunkten und den unterschiedlichen sozialen Kontexten verflochten sind.

4.2 Wie erfolgen Lernerfahrungen und Wissensvermittlung im Umgang mit dem Konsum psychotroper Substanzen?

Die aus dieser Befragung herausgearbeiteten Kontexte des ersten Konsums psychotroper Substanzen bestätigen, dass eigene Konsumerfahrungen im Rahmen vertrauter sozialer Kontakte mit Konsumerfahrungen gemacht werden (u. a. REUBAND 1994; RAITHEL 2004; QUENSEL 2009). Es zeigt sich zudem, dass sich dieses Muster auch bei den nachfolgenden, oft erweiterten Erfahrungen mit den jeweiligen Substanzen wiederholt:

> >ID 005< Aber vielleicht kam das so, ja ich würde sagen, durch ältere Freunde, können ja nur Freunde sein, kann ja niemand anders, ja, so würde ich es nennen. (Interview ID 005: 6)

In den Befragungen wurden gemeinschaftliche Erlebnisse als bedeutende Erfahrungsräume beschrieben, in denen eine Vielzahl der konsumbezogenen Elemente zwar einen Anteil haben, aber nicht den ausschließlichen Gruppenbezug ausmachten. Die in den Gruppenbezügen gesuchte und wahrgenommene Sicherheit und das Vertrauen sind entscheidend für das Sich-Ausprobieren auf verschiedenen Ebenen der Identitätsentwicklung (vgl. KRAPPMANN 1973):

> >ID 003< Da konnte man erste Erfahrungen machen, wie das ist, wenn man zu viel getrunken hat und es dann eklig wird und dann komisches Zeug gemacht hat und sich hinterher geärgert hat oder nicht mehr ganz genau wusste, was da eigentlich los war. [...] Dann gab es auch mal eine Zeit, da haben wir Alkohol scheiße gefunden und haben gesagt, wir machen nur noch Teepartys und haben uns Tees gekocht, Grüntee, schwarzen Tee, da gab es auch so einen kleinen Rausch und dann hatten wir plötzlich wieder so eine Phase, wo man wieder Alkohol getrunken hat. (Interview ID 003, 29–44)

Die Besonderheit gemeinschaftlichen Erlebens durch den Konsum psychotroper Substanzen, insbesondere wenn die Konsumpraktiken nicht allgemein oder in allen sozialen Strukturen akzeptiert sind, führt zwangsläufig zu einer Stilisierung und Abgrenzung der jeweiligen Gruppe. DOLLINGER (2002: 15) formuliert dies treffend mit dem Begriff der „Implikation der Expressivität und Bindungsrealisation“:

> >ID 006< Wir hatten schon so eine Clique, mit denen wir auch gemeinsam konsumiert haben, zumindest Cannabis und Alkohol. Über Alkohol haben wir uns nie ausgetauscht, das war eigentlich nur zum Weggehen und Partymachen. Aber so über Cannabis und vor allen Dingen Halluzinogene war es ein kleiner Freundeskreis. (Interview ID 006, 41–48)

>ID 011< Es war ein relativ vertrauensvoller Bekanntenkreis, alle haben es gemacht, man hat gesehen, dass alle damit irgendwo klarkamen. (Interview ID 011: 336–337)

Die von einigen Befragten beschriebenen frühen Experimente, die häufig mit Gleichaltrigen oder Familienmitgliedern als „Mutprobe" durchgeführt wurden, stellen keine Ausnahme dar. Diese Konsumerfahrungen zeichnen sich dadurch aus, dass ohne die Beteiligung von Erfahrenen keine ausreichenden Lernerfahrungen im Umgang mit dem Konsum und den Wirkeffekten psychotroper Substanzen möglich waren (u. a. Becker 2019; Harding 1982; Zinberg 1984). Dies verweist auf eine für das Rauscherleben notwendige Deutungskomponente, die über Zuschreibung von Wirkung über den Erfahrungsaustausch unter Konsumierenden erfolgt und entsprechende Anleitung von Erfahrenen voraussetzt (u. a. Korte 2007; Legnaro 1982, 2019):

>ID 001< Das war im (…) jugendlichen Leichtsinn (…) mit einer Freundin. Auf der Suche, in der Wohnung ihrer großen Schwester (lacht), also auch so vom Hörensagen und eine gewisse Neugier und dann einfach mal ausprobiert, nichts ist passiert und das war es dann auch für viele Jahre. (Interview ID 001: 6–9)

Einige Befragte berichteten zudem über Kontakte zu unterschiedlichen Konsumerfahrungskreisen, denen sie angehörten oder zu denen sich im Laufe der Zeit Kontakte entwickelten. Die Konsumerfahrung stellt nur einen Bestandteil der Erfahrungswelt dar. Ein Teil der Konsumerfahrungen wurden im Rahmen der Technokultur als lebensstilakzentuierende Erfahrungswelt erlebt und beschrieben. Der gemeinsame Besuch von Technopartys wurde sowohl mit als auch ohne Konsum psychotroper Substanzen als durch den Lebensstil geprägter Erfahrungsraum und ebensolche Erfahrungswelt genutzt:

>ID 009< Wenn auf jemanden Verlass war, dann war es auf mich, ich geh auch mit Leuten zur Party und [[d. h. ich]] gehe auch mit Leuten zur Party. Also ich habe auch nie jemanden allein gelassen oder einen spleen[41] gekriegt, ich muss jetzt hier raus, es war immer gemeinschaftlich, da hatte ich auch immer den richtigen Drogenpartner bei mir. Dass das auch einfach immer gepasst hat, da musste ich mir auch nie Gedanken [machen]. (Interview ID 009: 66–70)

Die in diesem Kontext erworbenen Konsumerfahrungen sind auf diesen Kontext situations- und anlassbezogen beschränkt (vgl. Kemmesies 2004: 207):

>ID 011< Ja, und andere Kontexte, also das sind ganz andere Drogenkontexte für mich gewesen. Das eine hätte ich nicht in diesem Kontext, das andere nicht in dem anderen Kontext konsumiert, es war wirklich richtig situationsgebunden. (Interview ID 011: 519–523)

41. Spleen: ugs. für überspannte Idee.

Die Auswertung der Befragungen zeigt, dass dem Konsum psychotroper Substanzen in der Regel ein Prozess des Beobachtungslernens vorausgeht. Dieser erfolgt in unterschiedlicher Intensität und dient der Informationsgenerierung über die Wirkungsweisen und Risiken der jeweiligen psychotropen Substanzen. Das Kennenlernen der Effekte erfolgt dabei durch das Beobachten und Vergleichen von Verhaltensweisen in verschiedenen sozialen Kontexten (vgl. Hurrelmann & Bründel 1997; Raithel 2004), etwa innerhalb der Familie (Alkohol), im Freundeskreis oder in anderen sozialen Gruppen (Cannabis und andere illegalisierte psychotrope Substanzen):

> >ID 003< Ja, ich fang mal beim Alkohol an, da hat man ja schon viele Erfahrungen, bevor man das erste Mal was trinkt. Weil, also zumindest bei uns in der Familie war es so, dass zu allen Feiern konsumiert wurde, und zwar heftig [...] und dann konnte man noch beobachten, Mama trinkt abends Rotwein und Papa trinkt sein Bier, schön auf der Couch gemütlich, aber dann halt nicht in Feierlaune, sondern so zum Runterfahren gemütlich machen irgendwie. So was war damit verknüpft. (Interview ID 003, 3–11)

> >ID 008< Dann hat ein guter Kumpel von mir, der hat eine Ausbildung im Westen gemacht, auch das [[Cannabis]] probiert und den ich sehr schätze und dann habe ich dann gedacht und wenn der das macht und da war ich Feuer und Flamme und dann will ich das jetzt auch probieren. (lacht). (Interview ID 008: 40–41)

Diese Beobachtungen und die auf anschließende Reflexion basierende Aneignung von Erfahrungen spielt eine zentrale Bedeutung bei der Entwicklung der eigenen Konsumentscheidung. Dabei wurden zwei Hauptmuster identifiziert: Zum einen die ablehnende Konsumhaltung, die häufig durch das Beobachten von Verhaltensweisen anderer Konsumierender geprägt ist, die nicht mit dem eigenen Selbstbild sowie den individuellen Normen und Werten übereinstimmen. Solche negativen Beispiele führen dazu, dass die Befragten den Konsum dieser psychotropen Substanz für sich ablehnen:

> >ID 003< da hast du ja Substanztabus, wenn man Leute beobachtet hat, die sich Poppers reingeknallt haben. Nein scheiße, das sieht doch so dumm aus, so dumm sieht das schon aus und die benehmen sich auch gerade so wie in einem Comic, als hätten sie einfach nur einen Hammer auf die Birne gekriegt und sind einfach nur Matsch im Kopf, so will ich nicht, das will ich nicht. (Interview ID 003, 310–317)

> >ID 010< Ja, aber da habe ich viel zu viel Schiss davor gehabt, also vor Sachen, wo ich Schiss davor habe, also wenn mir da nicht wohl dabei ist. Da will ich das gar nicht konsumieren, da habe ich schon so [gedacht] [...] das nimmst du einmal und dann bin ich abhängig so. (lacht), will ich nicht (...). Für mich ist Heroin immer das Schlimme gewesen und da lässt du die Finger davon. (Interview ID 010: 232–234)

Zum anderen wurden für eine positive Konsumentscheidung umfassendere Beobachtungsprozesse beschrieben, die über einzelne situative Momente einer Konsumsituation hinausgingen. Hierbei beobachteten die Befragten nicht nur das unmittelbare

Verhalten, sondern auch den Verlauf und mögliche negative Auswirkungen im Zusammenspiel mit anderen lebensweltlichen Alltagsanforderungen:

<ID 007> Wie habe ich das kennengelernt? Ich habe das kennengelernt (…) im Freundeskreis, dadurch dass es andere konsumiert haben und ich die Wirkung beobachten konnte. Das hat mich neugierig gemacht, in dem Zusammenhang habe ich aber erst mal eine Weile gebraucht, um die Wirkung für mich selbst einzuschätzen und um da einen Umgang damit zu finden. Das hat eine Weile gebraucht. (vgl. ID 007: 3–6)

Ein weiterer wichtiger Aspekt ist die Orientierung an Personen aus dem engeren sozialen Umfeld, dies ermöglichte es den Befragten, über längere Zeiträume weitere alltagsbezogene Beobachtungen in ihre Entscheidungen einzubeziehen:

<ID 008> Und als ich es dann mitgekriegt habe, dass die kiffen, dann kam dann auch gleich schon, also erstmal so ein entsetzten und dann eine Neugier und ich fand die ja cool, so wie die waren und dann dachte ich, na wenn die das machen, dann muss ja was dran sein. Und dann habe ich die, sag ich mal ein Jahr lang beobachtet. Weil ich ja die Vorurteile, die es dann nach der Wende gab, ja Drogen das ist hier der absolute Niedergang. Da kommst du nicht wieder raus, wirst abhängig und verfällst halt sozial. Und aus dem Grund habe ich mir die praktisch angeschaut und nach dem Jahr habe ich mitgekriegt, das da gar nicht weiter jetzt, also das die jetzt nicht abrutschen. (vgl. ID 008: 33–39)

Selbst bei Konsumvorgängen, die von den Befragten als spontan oder ungeplant beschriebenen werden, erfolgen diese in sozialen Kontexten in denen die Befragten zuvor längere Zeit eingebunden sind, sodass auch hier von einem entsprechenden Beobachtungslernen ausgegangen werden kann. Dies bedeutet, dass auch scheinbar impulsive Konsumentscheidungen auf dem Hintergrund von längeren Beobachtungs- und Erfahrungsprozessen beruhen.

Neben den Beobachtungprozessen, die als orientierungsleitend bei der Informationsgenerierung dienen, spielen auch Erzählungen und Berichte über Substanzwirkungen und -erfahrungen von anderen Konsumierenden aus dem persönlichen Umfeld eine wichtige Rolle.

Für die Gruppe der Befragten mit Konsumerfahrungen von halluzinogenen Substanzen zeigt sich eine intensivere Informationsgenerierung und -recherche die mithilfe unterschiedlicher Literatur- und Datenquellen erfolgt:

>ID008< Ja hauptsächlich waren es Bücher, klar hatte ich auch so ein paar Erfahrungsberichten, so von Menschen. Aber hauptsächlich habe ich mein Wissen so über diese Bücher so geholt z.B. Albert Hofmann gelesen, von Stanislav Grof. (Interview ID 008: 251–253)

Dabei zeigt sich, dass die Informationsgenerierung auf der substanzspezifischen Ebene in unterschiedlich bewussten Prozessen erfolgt: Manche Personen recherchieren gezielt und systematisch, während andere eher auf informelle, mündliche Überlieferungen und persönliche Erfahrungen zurückgreifen. Insgesamt verdeutlicht dies, dass die Vorbereitung auf den Konsum psychotroper Substanzen nicht nur durch Beobachtungslernen geprägt ist, sondern auch durch bewusste Auseinandersetzung mit verschiedenen Wissensquellen und ein wichtiger Bestanteil der Entscheidungsfindung ist, die vor dem eigentlichen Konsum stattfindet:

> >ID 001< Halluzinogene Substanzen, das hab ich auch schon bei Leuten gesehen, das wusste ich von Anfang an, um Gottes [[willen]], das will man ja nicht wirklich haben, in der Öffentlichkeit schon gleich gar nicht. (Interview ID 001: 79–81)

> >ID 003< da hast du ja Substanztabus, wenn man Leute beobachtet hat, die sich Poppers reingeknallt haben. Nein scheiße, das sieht doch so dumm aus, so dumm sieht das schon aus und die benehmen sich auch gerade so wie in einem Comic, als hätten sie einfach nur einen Hammer auf die Birne gekriegt und sind einfach nur Matsch im Kopf, so will ich nicht, das will ich nicht. (Interview ID 003, 310–317)

Die aufgezeigten Lernprozesse und Handlungsstrategien von Konsumierenden psychotroper Substanzen beinhalten individuelle Strategien, die sich aus den habitualisierten Handlungsbefähigungen und Selbstwirksamkeitserfahrungen generieren und die Entwicklung von Konsum- und Rauschkompetenz strukturieren:

> >ID 002< [...], sondern auch, ob mir danach ist, das war eine Erfahrungssache, dass ich mir ein- oder zweimal die Seele aus dem Leib gekotzt habe und dann gesagt habe, also wenn ich merke, mir ist nicht danach, oder ich schon vorher was getrunken habe, dann lass ich es, denn das wird nichts. (Interview ID 002: 119–125)

> >ID 007< Mein Wissen hilft mir dabei, also was ich als Erfahrung gemacht habe und das Wissen, was ich darüber habe, lässt mich zumindest die Situation so gut einschätzen, dass ich, selbst, wenn ich eine Grenze überschreite, mir das auch bewusst ist, das hat nichts mit anderen Personen zu tun, weder positiv noch negativ. (Interview ID 007: 216–221)

Unter Konsumkompetenz werden Fähigkeiten in Bezug auf den Konsumvorgang bzw. die Applikationstechnik, Wissen im Zusammenhang mit der Dosierung und Wirkungsweise der Substanzen sowie die Gestaltung des Konsums im Hinblick auf Set und Setting gefasst. Bei der Rauschkompetenz stehen der Umgang mit einem veränderten Bewusstseinszustand und die Integration der Erfahrung in den Alltag im Zentrum:

> >ID 003< Halluzinogenen, da würde ich auch lieber so ein bisschen wenig nehmen. Aber dann hast du halt, wenn du die Erfahrung willst, da brauchst du halt die Dosis, die auch wirkt, den ansonsten haste da nur so einen leichten Anklang. Aber da regelt es sich halt, wenn du die Erfahrung willst, da brauchst du eben auch einen ganzen Tag Zeit und

einen ganzen Tag danach und eben auch einen guten Ort, eine gute Musik und Leute, die auch aufpassen. (Interview ID 003: 440–444)

>ID007< Also, dass ich eine Auslaufzeit brauche, nachdem ich Substanzen gebraucht habe. Die sind bei vielen Substanzen unterschiedlich [...] und dann wieder in den normalen Bewusstseinszustand runterfährt. Wenn die Wirkung nachlässt und diese Zeit erlebe ich unterschiedlich, manche Substanzen kann man tatsächlich einfach im Alltag unbedarft unterbringen, aber bei manchen Sachen Alkoholsession z. B., bin ich zwei Tage nicht mehr zu gebrauchen und da will ich da hinterher auch die Freizeit haben. Ansonsten wird die Nachzeit anstrengend. (Interview ID 007:153–167)

Beide Kompetenzen entwickeln sich durch Lernprozesse die auf basalen Handlungsbefähigungen beruhen. Die wechselseitige Beeinflussung dieser Kompetenzen steuert den Kompetenzgewinn und ermöglicht den Konsumierenden risikoärmere Erfahrungen im Umgang mit psychotropen Substanzen (vgl. u. a. DOLLINGER 2002).

In den Befragungen wurden Lernprozesse beschrieben, die auch gescheiterte Konsumtechniken aufgrund fehlender Erfahrungen einschließen. Dabei werden die Fehlschläge als wertvolle Erfahrungsquellen betrachtet, die handlungsleitend in die Entwicklungsprozesse integriert werden:

>ID006< Und beim Cannabis da waren wir einfach super neugierig. Da haben wir uns was besorgt und da habe ich mit einem Freund zusammen, damals haben wir noch gar nicht geraucht. Ich weiß gar nicht, ob wir was gegessen haben, irgendwas gebacken, was auch immer es war, ich glaube, es war so was wie Nussecken oder irgendwie (lacht), hat ekelhaft geschmeckt. Und das Schwierige beim Essen find ich, das was drin ist, da kannst du es nicht mehr kontrollieren. Das heißt, wenn es zu viel war, dann find ich das schwierig, das auszuhalten. Dass es jetzt möglicherweise noch mehr Rausch gibt, auch wenn man das nicht mehr will. Deswegen sind wir dann auf das Rauchen gekommen, weil man es besser kontrollieren kann. (Interview ID 006, 19–32)

Für diese Entwicklungsprozesse kommt den Erfahrungsgruppen durch den Austausch eine zentrale Bedeutung zu:

>ID 009< Wir haben uns da auch immer einen Tag danach getroffen, nachdem wir ausgeschlafen haben, und haben dann die Party oder das, was dann halt stattgefunden hat, immer ausgewertet. Wir haben uns dann immer darüber unterhalten, wie fandest denn du das oder wie hast du das gesehen. Also das hat immer auch gut funktioniert, das fand ich auch immer toll. Weil ich glaube, das war auch wichtig. [[Um nicht]] mit irgendeiner Sache hängen zu bleiben, sag ich jetzt mal, was war denn da oder so. (Interview ID 009: 113–117)

Die Intensität der Auseinandersetzung mit den eigenen Erfahrungen im Vergleich zu den anderen variiert je nach Substanz. Während beim Alkohol und Tabak der Austausch eher gering ausfällt, ist er bei Halluzinogenen ausgeprägt. Die Intensität hängt zudem vom individuellen Bedürfnis ab und reicht von gelegentlichem Austausch bis hin zu einem kontinuierlichen Dialog mit einer Bezugsperson im Anschluss an die Konsumerfahrung.

Die Ergebnisse verdeutlichen, dass sich der Konsum psychotroper Substanzen wesentlich durch beobachtungs- und erfahrungsbasierte Lernprozesse in lebensweltlichen Kontexten ausstrukturiert.

4.3 Welche Einflüsse haben milieu- und szenespezifische Hintergründe auf die Entwicklung von sozial-integrierten Konsumpraktiken?

Die im Herkunftsmilieu erworbenen habitualisierten Muster umfassen eine Vielzahl vorstrukturierender Handlungsmuster und -befähigungen, die sich in der Reflexion als Grundlage für eine gelungene Risikoeinschätzungen erweisen. Ihre Grundstrukturen konnten jedoch nicht vollständig aufgelöst werden. Es ist davon auszugehen, dass diese milieuspezifischen Handlungskompetenzen und -befähigungen bei der Wahl des Freundes- und Bekanntenkreises von grundlegender Bedeutung sind. Sie beeinflussen, welche sozialen Gruppen und Personen als vertrauenswürdig oder unterstützend wahrgenommen werden und beeinflussen somit maßgeblich die soziale Selektion und die Gestaltung des sozialen Umfelds der Individuen:

> >ID 004< [[Die richtigen Freunde]] die einen vor gröberen Abstürzen bewahrt haben, ich könnte nicht sagen das es irgendwie hätte besser laufen können. Also ich glaube nicht, ich glaube, für mich war das schon immer die perfekte Variante gewesen. (Interview ID 004: 378–384)

> >ID 009< Wenn auf jemanden Verlass war, dann war es auf mich, ich geh auch mit Leuten zur Party und [[d. h. ich]] gehe auch mit Leuten zur Party. Also ich habe auch nie jemanden allein gelassen oder einen Spleen[42] gekriegt, ich muss jetzt hier raus, es war immer gemeinschaftlich, da hatte ich auch immer den richtigen Drogenpartner bei mir. Dass das auch einfach immer gepasst hat, da musste ich mir auch nie Gedanken [machen]. (Interview ID 009: 66–70)

Über selbstreferenzielle Prozesse entwickeln Konsumierende einen vorstrukturierten Handlungsspielraum, der sich an den eigenen Bedürfnissen orientierten zukünftigen Handlungsmöglichkeiten eröffnet:

> >ID 007< [...] bei Opium ja, aber es hat mir auch nicht so ein Gefühl verschafft, dass ich das permanent haben wollte. Also, es ist ein wunderbarer Zustand, aber das permanent zu wiederholen, ich brauche keine Sachen, um irgendwas zu verdrängen. Vielleicht ist das auch ein Grund, dass ich da keine Angst vor Süchten habe oder also als Ersatzbefriedigung für etwas, das ist nicht mein Thema. (Interview ID 007: 268–278)

---

42. Spleen – ugs. für überspannte Idee.

>ID 011< […] vielleicht, dass man noch eine zweite Halbe [Tablette] nachgegangen, aber mehr war es nie. Also ich glaub, ich habe nie mehr als eine genommen und auch mit den Lines, da ist man irgendwann, ob das jetzt Speed oder Kokain oder Crystal gewesen ist. Da ist (…) irgendwann (…) nochmal eine kleine Babyline nachgezogen worden, aber nicht bis […] Da haben viele damals sehr vielmehr konsumiert. Also eine gewisse Verstandsbremse gab es da immer. (Interview ID 011: 293–298)

Diese Prozesse finden im Austausch mit dem sozialen Umfeld bzw. System statt und werden im Spannungsfeld von Risikoeinschätzung, Selbstwirksamkeit und Handlungserwartung fortlaufend reproduziert (vgl. Schwarzer & Jerusalem 2002; Scholz & Schwarzer 2005):

>ID 001< Beim Kokain (…) habe ich festgestellt, dass Leute auf den Partys, wo ich war, auf denen ich war, immer viel länger durchgehalten haben (kichert) […] Ich war einfach nur sehr fit, also überraschend fit, […] Das habe ich von Anfang an irgendwie zu dosieren gewusst, also kein Gramm am Abend und dann kann man auch schlafen, wenn man morgens um fünf nach Hause kommt. Und ja, man wird älter und weiß, dass es nicht so gesund ist, und dann macht man es halt auch nicht mehr so, ja. (Interview ID 001: 31–55)

Bei den Befragten zeigt sich, basierend auf Vorbeobachtungen und deren Bewertungen, entweder Ablehnung oder Motivation in Bezug auf einen möglichen Konsum einer psychotropen Substanz. Darüber hinaus wurde von den Befragten die Konsummuster für die eigene Konsumerfahrung eingeschränkt, die durch die individuell erwünschten Rauscherlebnisse und die als Risiko wahrgenommenen Faktoren bedingt waren:

>ID 003< [[Exstasy-Pillen]] Sind nicht gut beschriftet, irgendwann hat man die Erfahrung gemacht, dass eine ganze Pille eigentlich meistens zu viel ist. […] Also haben wir dann irgendwann gemerkt, probierst erstmal eine viertel Pille und schaust mal, wie die wirkt. Die wirkt ja auch meistens schon. […] also lieber so richtig wenig und schauen, wie es wirkt. (Interview ID 003: 429–439)

>ID 006< […] haben wir uns ein paar Pilze besorgt in Holland. Und dann haben wir einen ganzen Tag gefastet, wie wir es nachgelesen haben, und dann haben wir das zelebriert, mit guter Musik und erstmal reizarmer Umgebung. Und als das so ein bisschen gewirkt hat, dann sind wir so ein bisschen rausgegangen und [haben] die Welt in neuen Farben angeschaut. Das war schon ziemlich spannend, wobei es natürlich auch, finde ich persönlich, da muss man schon wirklich aufpassen, denn da kippen die Realitäten schon. (Interview ID 006, 40–51)

Die sich individuell unterscheidenden Handlungsspielräume innerhalb unterschiedlicher Konsumpraktiken lassen sich über habitualisierte Erfahrungsschemata bzw. milieuspezifische Handlungsbefähigungen deuteten (vgl. Grundmann 2006: 18). Diese strukturierenden und handlungsleitenden Dispositionen werden von Kolte

(2005) treffend „als eine fast schon ‚selbstverständliche' Gestaltung und Rahmung des Konsums" beschrieben und als determinierendes Element kontrollierten Konsums psychotroper Substanzen verstanden (u. a. Harding 1982; Kemmesis 2004; Kolte 2005; Schmidt-Semisch & Kolte 2019).

Insgesamt verdeutlicht dies, dass die individuellen Handlungsspielräume im Kontext des Konsums stark durch habitualisierte Erfahrungsschemata und milieuspezifische Handlungsbefähigungen geprägt sind, die das Verhalten in Bezug auf psychotrope Substanzen maßgeblich beeinflussen.

4.4 Wie kann vorhandenes (Erfahrungs-)Wissen für andere Konsumierende zugänglicher gestaltet werden?

Das mehrdimensionale und überwiegend komplexe Erfahrungswissen, dass sich in den Befragungen abbildet, zeigt eine lebensweltliche Kontextualisierung durch komplexe, selbstreferenzielle und habitualisierte Aneignungsprozesse, bei denen Handlungsbefähigung und Selbstwirksamkeit im Mittelpunkt stehen. Die Analyse offenbart eine Orientierung an Informationsquellen, die als „vertrauensvoll" bzw. „authentisch" wahrgenommenen werden, sowie einen inhaltlichen Abgleich mit bereits vorhandenen lebensweltlichen Erfahrungen:

> >ID 001< Aber da denk ich auch wieder dran auch mit dem Alkohol, dass meine Mutter schon immer gesagt hat: Nichts Süßes, nicht durcheinander und das gibt Kopfschmerzen, war ja dann auch so, sie hatte ja auch Recht. (Interview ID 001: 123–128)

> >ID 002< Nein, da waren die Angebote eher begrenzt, die waren da in der Zeit, wo ich dazu neigte, gab es diese Angebote wenig. Und wenn, habe ich es einfach aus Furcht abgelehnt. Die Furcht kam dann aus Informationen, aus dutzenden von Quellen. Ob nun Freunde gesagt haben, nein, mach das nicht, oder Familie oder aus Medien, die dann gesagt haben: „Das würde ganz schlimm" und habe es dann gar nicht erst probiert [...]. (Interview ID 002: 35–50)

> >ID 007< Das kam tatsächlich durch Leute, die selbst die Substanzen genommen haben, ansonsten Leute, die neugierig waren. Mit denen konnte man sich auch darüber auseinandersetzen. Wo man das abgleichen konnte oder die einen Abgleich stellenweise wollten, von dem, was sie wussten, und dem, was jemand anders erlebt hatte. Ansonsten tatsächlich der Freundeskreis, der mit ähnlichen Substanzen einfach auch schon Erfahrungen hatte. (Interview ID 007: 81–87)

Diese lebensweltliche Repräsentanz von Informationen innerhalb der Erfahrungsräume ist wegweisend und erfordert ein integratives Mitdenken der medialen Vergemeinschaftungsformen (vgl. Hugger 2010; Kutscher & Otto 2010; Hugger 2013).

Die Teilnahme an dieser Studie zeigt einerseits die Motivation der Befragten, ihre eigenen Erfahrungen zu teilen. Andererseits weist sie durch das ausgeprägte Bedürfnis nach Anonymität auf einen gesellschaftlichen Hintergrund hin, der durch die Stigmatisierung von Konsumierenden mit negativen Abhängigkeitskonnotationen geprägt ist (vgl. Gölz 2004: 167; Schomerus 2011: 109; Klingemann 2017: 65ff). Das strategische Umgehen dieser negativen gesellschaftlichen Konnotation sowie des damit verbundenen Risikos einer Identitätsfalle (Sen 2020) gewinnt bei der Entwicklung sozial-integrierter Konsumpraktiken zentrale Bedeutung. Es wird als gelungener Umgang mit dem nach wie vor bestehenden Risiko der Exklusion aus sozialen Bezügen bewertet. Zugleich stellt diese Strategie jedoch eine Barriere für die Wahrnehmungssensibilisierung von Selbstkontrollstrategien und Handlungsbefähigungen im Umgang mit Konsumpraktiken dar. Das Sichtbarmachen selbstregulierten Konsumpraktiken durch das Erfahrungswissen von Konsumierenden und Ex-Konsumierenden (vgl. Klingemann & Sobell 2006) eröffnet alternative Perspektiven. Diese stellen sich den über Etikettierungsprozesse konstruierten „erlernten Hilflosigkeiten" (Seligmann 1975, zit. n. Herriger 2002) sowie den daraus resultierenden Konstruktionen von Dysfunktionalität, Krankheit bzw. Fehlverhalten entgegen (vgl. Herwig-Lempp 1994: 57).

Aus dem Kodierprozess der qualitativen Datenanalyse entstand eine kategoriegeleitete Konzeptualisierung sowie eine gegenstandsbezogene Entwicklung eines Modells zur Selbstregulierung des Konsums psychotroper Substanzen. Im Zentrum des entwickelten Modells steht der selbstregulierte Konsum und wird von der ursächlichen Konsummotivation, die sich innerhalb eines Abgleichs mit den lebensweltlichen (Beobachtungs-)Erfahrungen ausbildet. Diese Konsummotivationen werden maßgeblich durch die jeweiligen Umstände beeinflusst, die in vertrauensvollen, situations- und personenbezogenen Erfahrungsräumen kontextualisiert sind. Solche Erfahrungsräume werden durch die individuellen Wahrnehmungs-, Bewertungs- und Handlungsorientierungen geprägt, die als milieu-/szenespezifische Handlungsspielräume sowie habitualisierte Handlungsbefähigungen als intervenierende Bedingungen bei der Entwicklung und Aufrechterhaltung selbstregulierter Konsumpraktiken fungieren. Sie stellen die entscheidenden Faktoren für die intervenierenden Bedingungen für eine Entwicklung von selbstreguliertem Konsum psychotroper Substanzen dar. Die sich hieraus strukturierenden selbstreferentiellen Informationsbefähigungen wirken sich über Selbstbefähigungsprozessen i. S. einer interaktionalen Handlungsstrategie zu Anpassungsregulierung an Lebens-(übergangs-)phasen. Dabei wird deutlich wie eng, die Entwicklung selbstregulativer Kompetenzen mit den jeweiligen sozialen, kulturellen und situativen Kontexten verknüpft sind.

Ausgehend von diesem Modell können selbstregulierte Konsumpraktiken differenzierter betrachtet und weitgehender analysiert werden.

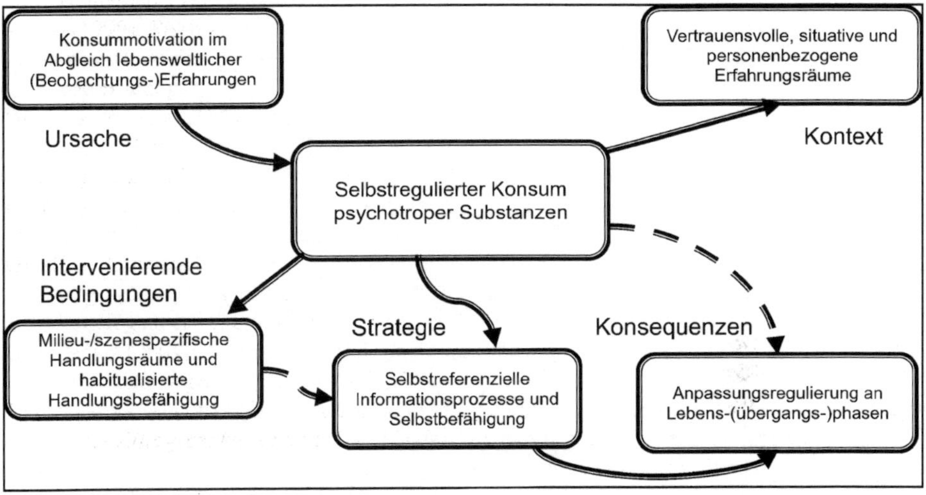

Abbildung 48: Modellentwicklung des selbstregulierten Konsums psychotroper Substanzen

5 Fazit und Ausblick

Die in der vorliegenden Untersuchung gewonnenen Erkenntnisse über die Entwicklungsverläufe und Entstehungsprozesse selbstregulierter und sozial-integrierter Konsumpraktiken erweitern den bestehenden Wissensstand um zentrale Aspekte der komplexen selbstreferenziellen habitualisierten Aneignungsprozesse von Konsumierenden psychotroper Substanzen in ihren lebensweltlichen Bezügen. Die herausgestellten Handlungs- und Erfahrungsmuster eröffnen eine erkenntniserweiternde Perspektive auf eine „Zwischenwelt" von Konsumpraktiken, die durch den Dualismus von Abstinenz und Abhängigkeit geprägt ist und in der (Fach-) und Öffentlichkeit meist ausgeblendet oder marginalisiert wird.

Das Erfahrungswissen der Konsumierenden, insbesondere im Hinblick auf selbstregulierte Konsumpraktiken stellt aus praxeologischer Sicht eine bedeutende Ressource dar. Es umfasst wertvolle Handlungskompetenzen und Erfahrungswerte, die es ermöglichen, Handlungsspielräume für andere Personen zu eröffnen. Dabei spiegeln sich in diesen Praktiken die lebensweltlichen Erfahrungen der Mehrheit der Konsumierenden psychotroper Substanzen wider, was auf eine tiefere, alltagsbezogene Dimension des Konsumierens hinweist.

Aus einer gesundheitsfördernden Perspektive, die sich an salutogenetischen Ansätzen orientiert, kann dieses Erfahrungswissen eine wichtige Grundlage bilden. Es bietet Ansatzpunkte für eine Entwicklung präventiver und unterstützender Maßnahmen, die aus den Ressourcen und Kompetenzen der Konsumierenden aufbauen. Zudem sollte das Wissen zu einem erweiterten und vertieften Forschungsinteresse führen, um die vielfältigen Dynamiken und Potentiale selbstregulierter Konsumpraktiken besser zu verstehen und in die gesundheitsfördernden Strategien zu integrieren.

Vor dem Hintergrund gesellschaftlicher Entwicklungen, die durch Singularisierungsprozesse (Kapitel 2.1.2) geprägt sind, sowie eines auf Selbstverwirklichung ausgerichteten Wertewandels, der von einer zunehmenden Flexibilisierung der „Lebensformkuration" (vgl. RECKWITZ 2022) gekennzeichnet ist, werden Individuen dazu aufgefordert, ihre Lebensgestaltung zunehmend eigenverantwortlich und anpassungsfähig zu gestalten. Diese Entwicklung geht jedoch mit einer erhöhten Enttäuschungsanfälligkeit und Unsicherheit einher. Innerhalb dieses Wertewandels, kann von einer zunehmenden Differenzierung und Erweiterung des Anwendungsspektrums von Konsumpraktiken psychotroper Substanzen ausgegangen werden.

Aufgrund der vielfältigen Einbettung des Konsums psychotroper Substanzen in unterschiedlichste soziale Milieus, Lebensstile und subkulturelle Kontexte kommt lebensweltlich verankerten, handlungsorientierten Selbstbefähigungsprozessen eine zentrale Bedeutung zu. Diese Prozesse spielen eine wesentliche Funktion bei der Entwicklung, Stabilisierung und Aufrechterhaltung selbstregulierter Konsumpraktiken, indem sie den Individuen die notwendigen Ressourcen und Kompetenzen bereitstellen, um ihre Konsumhandlungen in verschiedenen sozialen und kulturellen Kontexten eigenständig zu steuern.

Die dargestellten Entwicklungsverläufe und Untersuchungsergebnisse unterstreichen die zentrale Bedeutung lebensweltlicher und handlungsorientierter Befähigungsansätze in der individuellen Lebensrealität. Für eine wirksame Gesundheitsförderung, die auf Handlungsbefähigung und Selbstwirksamkeit abzielt, ist eine milieusensible und offene Kommunikation über Erfahrungen mit selbstregulierten Konsumpraktiken unerlässlich. Dabei erweist sich eine emanzipatorische Empowerment-Strategie als besonders zielführend und von zentraler Bedeutung, da sie die individuellen Ressourcen und Handlungskompetenzen nachhaltig stärkt und das Recht auf Selbstbestimmung anerkennt.

Eine Perspektive, die die individuellen Bedürfnisse und Erfahrungen stärker in den Mittelpunkt stellt und erzieherische Zielstellungen einer gesundheitspolitischen Gesellschaftsnorm mit einer milieuspezifischen Lebensrealität in Beziehung setzt, berücksichtigt die inkorporierten, habitualisierten Wahrnehmungs-, Denk- und Deutungsmuster. Diese Muster prägen nicht nur das Gesundheitsverständnis und die lebensweltlichen Handlungsbefähigungen, sondern beeinflussen auch die Strukturen für die Informationsintegration sowie die unterschiedliche Erreichbarkeit und Wirkeffekte präventiver Angebote (vgl. u. a. Uhl 2002; Quensel 2004; Barsch 2008).

Ein Konzept der Gesundheitsförderung, das sowohl die Stärkung der Selbstbefähigung als auch "verhaltensmodifizierende Interventionen immer in kontextgestaltenden“ (Drewes *et al.* 2010: 17) Bedingungen gleichrangig berücksichtigt, hat sich seit Jahrzehnten im Rahmen der strukturellen Prävention der Deutschen AIDS-Hilfe als erfolgreich erwiesen. Dieser Ansatz entspricht der in Kapitel 2.3.2 von Hafen (2013: 26f) geforderten Balance zwischen verhaltens- und verhältnisorientierten Maßnahmen.

Die vielfältigen Möglichkeiten digitaler Informations- und Erfahrungsräume bieten eine individuell gestaltbare und selektive Nutzung, die ein hohes Maß an Variabilität in Bezug auf die selbstreferenzielle habitualisierte Informationsregulierung ermöglicht. Darüber hinaus tragen diese digitalen Angebote zur Stärkung des selbstregulierten Handelns bei, indem sie eigenverantwortliche und auf Selbstwirksamkeit ausgerichtete Kompetenzentwicklung fördern (vgl. Hugger 2010, 2013; Mikos, Winter & Hoffmann 2007; Rusch, Schanze & Schwering 2007; Scherenberg & Pundt 2018; Rummler 2012; Oswald 2008).

Die essenzielle Förderung offener Informationszugänge sowie die Schaffung austauschfördernder Erfahrungsräume dürfen nicht durch ein einschränkendes „Gedankengefängnis“ begrenzt werden. Wie Quensel (1982: 44) es treffend formuliert, ist es erforderlich, sich „aus unserem Gedankengefängnis lösen zu können, um uns den wahren Problemen unserer gegenwärtigen Situation zu stellen." Nur durch das Aufbrechen verfestigter Denkmuster und die Erweiterung durch vielfältige Perspektiven kann eine lebensweltorientierte Gesundheitsförderung realisiert werden, die sowohl die individuellen Erfahrungswelten als auch die komplexen gesellschaftlichen Rahmenbedingungen angemessen berücksichtigt.

Eine Integration von Ressourcen und Kompetenzen aus verschiedenen wissenschaftlichen Disziplinen und Ansätzen, sowie mit dem umfangreichen Erfahrungs- und Handlungswissen von Konsumierenden könnten die bestehenden präventiven und gesundheitsfördernden Konzepte ganzheitlich und kontextsensibel weiterentwickelt und gestaltet werden. Eine solche Verbindung kann inhaltlich über die Ansätze der Drogenmündigkeit (Barsch 2000, 2008, 2016) und Drogenerziehung (Quensel 2004, 2009) anknüpfend und ergänzend durch Konzepte wie Empowerment (u. a. Herriger 2002), Risikokompetenz (Franzkowiak 1986, 1999), das Risflecting-Konzept (Koller 2003, 2007) und den Lebenskompetenzansatz (u. a. Weichold 2005; Weichold & Silbereisen 2007, 2014) entwickelt werden. In der Praxis bedeutet dies, Lern- und Erfahrungsräume zu schaffen, die partizipativ, milieusensibel, lebensweltorientiert und ermöglichungsdidaktisch erfahrbar zu machen. Solche Räume fördern die Selbstwirksamkeit, stärken ihre Risikokompetenz und ermöglichen eine reflektierte Auseinandersetzung mit den eigenen Verhaltensmustern. Dabei ist es essenziell, milieusensible Ansätze zu integrieren, um die unterschiedlichen Lebenswelten entsprechend abzubilden. Dies könnte einer einseitigen Informationsvermittlung, die bislang vor allem die negativen Auswirkungen und Risiken beim Konsum psychotroper Substanzen betont, entgegenwirken und gegenübergestellt werden. Indem eine ausgewogenere Darstellung geschaffen wird, lässt sich Fehleinschätzungen sowie einem überfürsorglichen und übergriffigen Präventionsauftrag entgegenwirken, der an den gesellschaftlichen Realitäten seit Jahrzehnten „vorbeiarbeitet". Dem „Damoklesschwert der Abhängigkeit", dass der Vielfalt der Konsumpraktiken per se Risiko und Gefährlichkeit unterstellt, berücksichtigt häufig nicht die funktionale Komplexität und die unterschiedlichen Kontexte, in denen Konsum stattfindet. Statt einer pauschalen Risikoeinschätzung könnten milieuspezifische Befähigungsstrategien weiterentwickelt werden, die die Selbstbefähigung der Individuen stärken.

Ausgehend von der Grundannahme, dass das Phänomen des Konsums psychotroper Substanzen mit seinem komplexen Lernfeld darstellt, in dem die zentralen Elemente – Drug, Set und Setting – nur im Zusammenspiel mit habitualisierten Handlungsbefähigung der Konsumierenden gelingen können, werden präventive Interventionsfelder zur Vermeidung bzw. Reduzierung von problematischer Konsummusterentwicklungen im wechselseitigen Bedingungsgefüge der unterschiedlichen Handlungsbefähigungen und Ressourcen der Konsumierenden nutzbar gemacht und angeregt.

Diese präventiven Interventionen zielen darauf ab, problematische Konsummuster zu vermeiden oder zu reduzieren, indem sie das komplexe und wechselseitige Bedingungsgefüge der verschiedenen Handlungsbefähigungen und Ressourcen der Konsumierenden systematisch berücksichtigen.

Individuelle Entscheidungen darüber, welche Formen der Kommunikation als akzeptabel und nützlich erachtet werden, basieren auf den jeweiligen persönlichen Erfahrungen und sind in die spezifische Lebensrealität sowie subjektive Perspektiven der Menschen eingebettet. Vor diesem Hintergrund sollte die Schaffung einer gesundheitsfördernden Umwelt, die offene Kommunikations- und Erfahrungsräume ermöglichen, ein zentraler Schwerpunkt zukünftiger Forschung und handlungsorientierter Interventionsangebote bilden. Die Aufnahme und Verarbeitung von Informationen erfolgt dabei selbstreferenziell und orientiert sich an der für das Individuum wahrgenommenen Nützlichkeit im Rahmen der eigenen verfügbaren Ressourcen. Eine konsequente Ausrichtung an einer emanzipatorischen Empowermentstrategie trägt diesen Bedingungen Rechnung, indem sie sich an entsprechenden Handlungsmustern und -schemata orientiert. In diesem Zusammenhang gilt: „Die relevante Frage ist nicht, wie manipuliert man optimal, sondern wie informiert man optimal, so dass es die anderen annehmen können, sodass sie verstehen und sodass sie zumindest in die Lage versetzt werden, optimale Entscheidungen für sich und ihr Leben zu treffen" (Uhl 2005: 43).

Mit dem vorrangigen Ziel, selbstregulierte Konsumpraktiken psychotroper Substanzen sichtbar zu machen und förderliche Ansätze für gelingende Konsumerfahrungen zu identifizieren, wurde eine umfassende Analyse durchgeführt. Es zeigt sich jedoch, dass angesichts der hohen Komplexität und Vielschichtigkeit der Konsumpraktiken eine vollständige Ausdifferenzierung dieser förderlichen Ansätze im Rahmen der vorliegenden Arbeit nicht möglich war. Diese Limitation ist als Schwäche der Untersuchung zu betrachten und sollte in zukünftigen Forschungsarbeiten weiter aufgegriffen werden.

Für eine weiterführende und vertiefende Erforschung auf Grundlage der aufgezeigten Daten sowie des durch die Analyse generierten Wissensrepertoires erscheint es erforderlich, weitere Studien durchzuführen. Ziel sollte es sein, mithilfe des erlangten Erfahrungswissens bestehende Wissenslücken zu schließen und einen fundierten Beitrag zur Erweiterung des Diskurses in der (Fach-) Öffentlichkeit zu leisten.

6 Literatur

ABEL, THOMAS; ABRAHAM, ANDREA & SOMMERHALDER, KATHRIN (2009): Kulturelles Kapital, kollektive Lebensstile und die soziale Reproduktion gesundheitlicher Ungleichheit. In: *Probleme, Perspektiven. 2.*, aktualisierte Auflage Wiesbaden: VS, Verlag für Sozialwissenschaften. S. 195–208.

ALHEIT, PETER (1993): Transitorische Bildungsprozesse: Das „biographische Paradigma" in der Weiterbildung. In: MADER, W. (Hg.): *Weiterbildung und Gesellschaft. Grundlagen wissenschaftlicher und beruflicher Praxis in der Bundesrepublik Deutschland.* Bremen: Universität Bremen. S. 343–418.

AMENDT, GÜNTER (2000): Von der Drogensubkultur zur Spaßgesellschaft. In: KEMPER, PETER & SONNENSCHEIN, ULRICH (Hg.): *Sucht und Sehnsucht: Rauschrisiken in der Erlebnisgesellschaft.* Bonn: Bild-Kunst. S. 293–306.

ANTONOVSKY, AARON (1987): *Salutogenese – Zur Entmystifizierung der Gesundheit.* Tübingen: Dgvt-Verlag

ATZENDORF, JOSEFINE; RAUSCHERT, CHRISTIAN; SEITZ, NICKI-NILS; LOCHBÜHLER, KIRSTEN & KRAUS, LUDWIG (2019a): *Kurzbericht Epidemiologischer Suchtsurvey 2018 Tabellenband: Konsum illegaler Drogen, multiple Drogenerfahrung und Hinweise auf Konsumabhängigkeit und -missbrauch nach Geschlecht und Alter im Jahr 2018.* München: Institut für Therapieforschung. https://www.aerzteblatt.de/10.3238/arztebl.2019.0577 (letzter Zugriff 21.03.2022).

——— (2019b): *Kurzbericht Epidemiologischer Suchtsurvey 2018 Tabellenband: Tabakkonsum und Hinweise auf Konsumabhängigkeit nach Geschlecht und Alter im Jahr 2018.* München: Institut für Therapieforschung. https://www.aerzteblatt.de/10.3238/arztebl.2019.0577 (letzter Zugriff 11.04.2022).

——— (2019c): *Kurzbericht Epidemiologischer Suchtsurvey 2018 Tabellenband: Alkoholkonsum, episodisches Rauschtrinken und Hinweise auf Konsumabhängigkeit und -missbrauch nach Geschlecht und Alter im Jahr 2018.* https://www.aerzteblatt.de/10.3238/arztebl.2019.0577 (letzter Zugriff 11.04.2022).

BARSCH, GUNDULA (1996): Die Mythen zu „Drogenwellen". In: NOLTE, FRANK; QUENSEL, STEPHAN & SCHULTZE, ANJA (Hg.): *Wider besseres Wissen: die Scheinheiligkeit der Drogenpolitik.* Bremen: Ed. Temmen. S. 93–101.

——— (2000): *Von der Drogenprävention zur „Drogenmündigkeit".* Verlag nicht ermittelbar. https://www.vision-ev.de/wp-content/uploads/2008/03/gundula_barsch_artikel_drogenmuendigkeit.pdf.

——— (2008): *Lehrbuch Suchtprävention: von der Drogennaivität zur Drogenmündigkeit.* Geesthacht: Neuland-Verlag-Ges.

——— (2014): *Das Drogenthema und wie es in Berufsfeldern der sozialen Arbeit auftaucht.* Leipzig: Engelsdorfer Verlag.

——— (2016): *Drogenerziehung in der Praxis.* Weinheim und Basel: Beltz Juventa.

BARZ, HEINER (2000): *Weiterbildung und soziale Milieus.* Neuwied: Luchterhand.

BECK, ULRICH (1986): *Risikogesellschaft.* Frankfurt am Main: Suhrkamp.

BECKER, JOACHIM (2003): *Genuss als Baustein der Gesundheitsförderung*. Stuttgart: ibidem Verlag.

BECKER, HOWARD (2019): Wie man Marihuana-Benutzer wird. In: FEUSTEL, ROBERT; SCHMIDT-SEMISCH, HENNING & BRÖCKLING, ULRICH (Hg.): *Handbuch Drogen in sozial- und kulturwissenschaftlicher Perspektive.* Wiesbaden: Springer VS. S. 629–641.

BECKER, ROLF & LAUERBACH, WOLFGANG (2013): Bildung als Privileg – Ursachen, Mechanismen, Prozesse und Wirkungen dauerhafter Bildungsungleichheiten. In: BECKER, ROLF & LAUTERBACH, WOLFGANG (Hg.): *Bildung als Privileg: Erklärungen und Befunde zu den Ursachen der Bildungsungleichheit.* 4., aktualisierte Auflage. Wiesbaden: Springer VS. S. 11–50.

——; —— (Hg.) (2013): *Bildung als Privileg: Erklärungen und Befunde zu den Ursachen der Bildungsungleichheit.* 4., aktualisierte Auflage. Wiesbaden: Springer VS.

BERGER, MARKUS (2004): *Handbuch für den Drogennotfall.* Solothurn: Nachtschatten.

—— (2017): *Psychoaktive Drogen: Substanzkunde für mündige Menschen.* Solothurn: Nachtschatten Verlag.

BERGER, PETER L. & LUCKMANN, THOMAS (2012): *Die gesellschaftliche Konstruktion der Wirklichkeit: eine Theorie der Wissenssoziologie.* 14. Auflage. Frankfurt am Main: Fischer Taschenbuch.

BLOMQVIST, JAN (2006): Spontanremission bei Alkohol- und Drogenmissbrauch: die Klassiker. In: *Selbstheilung von der Sucht*, S. 49–82.

Boeri, M. W; Harbry, L. & Gibson D. A (2009): Qualitative Exploration of Trajectories Among Suburban Users of Methamphetamine. *J Ethnogr Qual Res.* 3(3): 139–151.

BOURDIEU, PIERRE (1998): *Die feinen Unterschiede: Kritik der gesellschaftlichen Urteilskraft.* 10. Auflage Frankfurt am Main: Suhrkamp-Taschenbuch-Verlag

—— (2016): *Sozialer Raum und „Klassen": zwei Vorlesungen: mit einer Bibliographie der Schriften Pierre Bourdieus von Yvette Delsaut.* 4. Auflage. Frankfurt am Main: Suhrkamp.

BREMER, HELMUT (2007): *Soziale Milieus, Habitus und Lernen: zur sozialen Selektivität des Bildungswesens am Beispiel der Weiterbildung.* Weinheim: Juventa.

BREUER, FRANZ; MUCKEL, PETRA; DIERIS, BARBARA & ALLMERS, ANTJE (2019): *Reflexive Grounded Theory: eine Einführung für die Forschungspraxis.* 4., durchgesehene und aktualisierte Auflage Wiesbaden: Springer VS.

COUSTO, HANS (2012): *DrogenMischKonsum safer-use-info.* Solothurn: Nachtschatten.

DAWSON, DEBORAH A. (1996): Correlates of past-year status among treated and untreated persons with former alcohol dependence. *Alcoholism: Clinical and Experimental Research* 20: 771–779

DEGKWITZ, PETER (2005): „Sucht" in einer „praxeologischen" Sicht. In: DOLLINGER, BERND & SCHNEIDER, WOLFGANG (Hg.). Berlin: VWB – Verlag für Wissenschaft und Bildung. S. 63–88.

—— (2007): Plädoyer für ein psychosoziales Verständnis von Sucht. In: DOLLINGER, BERND & SCHMIDT-SEMISCH, HENNING (Hg.): *Sozialwissenschaftliche Suchtforschung.* Wiesbaden: VS Verlag für Sozialwissenschaften. S. 59–82.

DOLLINGER, BERND (2002): *Drogen im sozialen Kontext.* Augsburg: MaroVerlag.

——— (2005): Drogenkonsum als sinnhafter Bewältigungsmechanismus. In: Dollinger, Bernd & Schneider, Wolfgang (Hg.): *Sucht als Prozess*. Berlin: VWB – Verlag für Wissenschaft und Bildung. S. 143–167.

——— & Raithel, Jürgen (2006): *Einführung in die Theorie des Abweichenden Verhaltens*. Weinheim und Basel: Beltz Verlag.

Dravenau, Daniel (2006): Die Entwicklung milieuspezifischer Handlungsbefähigung. In: Grundmann, Matthias (Hg.): *Handlungsbefähigung und Milieu*. Berlin: LIT Verlag S. 191–236.

Drewes, Jochen; Gusy, Burkhard; Kraschl, Christoph & Kleiber, Dieter (2010): Strukturelle Prävention – eine Betrachtung aus gesundheitswissenschaftlicher Perspektive. In: Drewes, Jochen & Sweers, Holger (Hg.): *Strukturelle Prävention und Gesundheitsförderung im Kontext von HIV*. Berlin: Dt. AIDS-Hilfe. S. 13–26.

Erhardt, Michael; Hurrelmann, Klaus & Raves-Sieberer, Ulrike (2008): Sozialisation und Gesundheit. In: Hurrelmann, Klaus; Grundmann, Matthias & Walper, Sabine (Hg.): *Handbuch Sozialisationsforschung*. Weinheim [u. a.]: Beltz. S. 424–442.

Estermann, Josef (1996): *Sozialepidemiologie des Drogenkonsums*. Berlin: VWB – Verlag für Wiss. und Bildung.

Flick, Uwe (1998): *Qualitative Forschung: Theorie, Methoden, Anwendung in Psychologie und Sozialwissenschaften* (Rowohlts Enzyklopädie). 3. Auflage. Reinbek bei Hamburg: Rowohlt Taschenbuch Verlag.

——— (2000): *Qualitative Forschung*. Reinbek bei Hamburg: Rowohlt-Taschenbuch-Verlag

Franzkowiak, Peter (1986): *Risikoverhalten und Gesundheitsbewußtsein bei Jugendlichen: der Stellenwert von Rauchen und Alkoholkonsum im Alltag von 15- bis 20jährigen*. Berlin Heidelberg New York: Springer.

——— (1999): *Risikokompetenz und „Regeln der Räusche“*. S. 57–73.

Frohnenberg, Andre (2000): *Du sollst keine Drogen nehmen!* Berlin: VWB – Verlag für Wiss. und Bildung.

Geissler, Rainer (2017): Sozialstrukturanalyse. In: Frankenberger, Rolf & Frech, Siegfried (Hg.): *Soziale Milieus – Lebenswelten in Deutschland*. Schwalbach: Wochenschau Verlag. S. 21–47.

Geschwinde, Thomas (2018): *Rauschdrogen: Marktformen und Wirkungsweisen*. 8. Auflage. Berlin, Germany: Springer.

GESIS – Leibniz-Institut für Sozialwissenschaften; Arbeitsgruppe Regionale Standards (Hg.) (2019): *Regionale Standards: Ausgabe 2019* (GESIS-Schriftenreihe 23). 3. überarbeitete und erweiterte Auflage. Köln: GESIS.

Gölz, Jörg (2004): Stigmatisierung von Drogenabhängigen. *Suchttherapie* 5(04): 167–171. https://doi.org/10.1055/s-2004-813766.

Grundmann, Matthias (2006): *Handlungsbefähigung und Milieu: zur Analyse milieuspezifischer Alltagspraktiken und ihrer Ungleichheitsrelevanz*. LIT Verlag Münster.

——— (2010): Handlungsbefähigung – eine sozialisationstheoretische Perspektive. In: Otto, Hans-Uwe & Ziegler, Holger (Hg.): *Capabilities – Handlungsbefähigung und Verwirklichungschancen in der Erziehungswissenschaft*. Wiesbaden: VS Verlag für Sozialwissenschaften. S. 131–142. https://doi.org/10.1007/978-3-531-91909-6_8.

——; Bittlingmayer, Uwe H.; Dravenau, Daniel & Groh-Samberg, Olaf (2004): *Die Umwandlung von Differenz in Hierarchie? Schule zwischen einfacher Reproduktion und eigenständiger Produktion sozialer Bildungsungleichheit.* S. 124–145. https://doi.org/10.25656/01:5686.

——; ——; —— & —— (2013): Bildung als Privileg und Fluch – zum Zusammenhang zwischen lebensweltlichen und institutionalisierten Bildungsprozessen. In: Becker, Rolf & Lauterbach, Wolfgang (Hg.): *Bildung als Privileg: Erklärungen und Befunde zu den Ursachen der Bildungsungleichheit.* 4., aktualisierte Auflage, [Softcover]. Wiesbaden: Springer VS. S. 51–78.

Häder, Michael (2010): *Empirische Sozialforschung.* Wiesbaden: VS, Verlag für Sozialwiss.

Hafen, Martin (2005): *Systemische Prävention: Grundlagen für eine Theorie präventiver Maßnahmen.* Heidelberg: Carl-Auer Verlag

—— (2013): *Grundlagen der systemischen Prävention.* Heidelberg: Carl-Auer Verlag.

—— (2014): *Mythologie der Gesundheit: Zur Integration von Salutogenese und Phatogenese.* 3. Auflage Heidelberg: Carl-Auer-Systeme.

Halbmeyer, Ernst & Salat, Jana: *Qualitative Methoden der Kultur- und Sozialanthropologie.* http://www.univie.ac.at/ksa/elearning/cp/produktion//qualitative/qualitative-titel.html (letzter Zugriff 05.06.2022).

Harding, M. Wayne (1982): Kontrollierter Heroinkonsum. In: Vögler, Gisela & Welck, Karin von (Hg.): R*ausch und Realität – Drogen im Kulturvergleich* Band 1 3. Reinbeck bei Hamburg: Rowolt Taschenbuch Verlag. S. 1217–1231.

Herriger, Norbert (2002): *Empowerment in der Sozialen Arbeit: eine Einführung.* 6., erweiterte und aktualisierte Auflage. Stuttgart [u. a.]: Kohlhammer.

Herwig-Lempp, Johannes (1991): Akzeptanz und systemisches Denken im Umgang mit Drogenkonsumenten. *Sozialpädagogik* (5): 210–221.

—— (1994): *Von der Sucht zur Selbstbestimmung.* Dortmund: Borgmann.

Herzberg, Heidrun (2005): Lernhabitus als Grundlage lebenslanger Lernprozesse. *Zeitschrift für qualitative Bildungs-, Beratungs- und Sozialforschung* (6): 1–22.

Hitzler, Ronald & Niederbacher, Arne (2010): *Leben in Szenen.* Wiesbaden: VS Verlag für Sozialwissenschaften.

Hoffmann, Laura (2021): *Ausstieg aus dem Drogenkonsum: Biographieanalysen zu Crystal-Meth-Abhängigkeit* (Gesundheit und Gesellschaft). Wiesbaden: Springer VS, Springer Fachmedien Wiesbaden GmbH.

Hösselbarth, Susann (2014): *Crack, Freebase, Stein: Konsumverhalten und Kontrollstrategien von KonsumentInnen rauchbaren Kokains.* Wiesbaden: Springer Fachmedien.

—— (2019): Konsumverhalten und Kontrollstrategien von Crackkonsument_innen. In: Feustel, Robert; Schmidt-Semisch, Henning & Bröckling, Ulrich (Hg.): *Handbuch Drogen in sozial- und kulturwissenschaftlicher Perspektive.* Wiesbaden: Springer VS. S. 593–610.

Hradil, Stefan (2000): *Soziale Ungleichheit in Deutschland.* 8. Auflage Opladen: Leske + Budrich.

—— (2009): Was prägt das Krankheitsrisiko: Schicht, Lage, Lebensstil? In: Hurrelmann, Klaus & Richter, Matthias (Hg.): *Gesundheitliche Ungleichheit: Grundlagen, Proble-*

me, Perspektiven. 2., aktualisierte Auflage Wiesbaden: VS, Verlag für Sozialwissenschaften. S. 35–54.

——— (2013): Soziale Ungleichheit – Eine Gesellschaft rückt auseinander. In: Hradil, Stefan (Hg.): *Deutsche Verhältnisse: eine Sozialkunde.* Durchges. u. aktual. Neuauflage der Ausg. d. Bundeszentrale für Politische Bildung. Frankfurt am Main: Campus-Verlag S. 152–184.

——— (2017): Wie viel soziale Ungleichheit verträgt eine Gesellschaft? In: Frankenberger, Rolf & Frech, Siegfried (Hg.): *Soziale Milieus – Lebenswelten in Deutschland.* Schwalbach: Wochenschau Verlag. S. 72–86.

Hugger, Kai-Uwe (2010): *Digitale Lernwelt.* Wiesbaden: VS Verlag für Sozialwissenschaften.

——— (Hg.) (2013): *Digitale Jugendkulturen.* 2. Wiesbaden: Springer VS.

Hurrelmann, Klaus (2006): *Einführung in die Sozialisationstheorie* (Beltz Studium). 9., unveränderte Auflage. Weinheim Basel: Beltz.

——— (2010): *Lebensphase Jugend.* Weinheim [u. a.]: Juventa-Verlag

——— & Bründel, Heidrun (1997): *Drogengebrauch – Drogenmißbrauch: eine Gratwanderung zwischen Genuß und Abhängigkeit.* Darmstadt: Wiss. Buchgesellschaft.

Jungaberle, Henrik (2004): Rituale des Rausches? – Soziale Invention und Kulturtransfer im Umgang mit psychoaktiven Substanzen. *Paragrana* 13(2): 53–69.

——— (2007): Qualitative Drogen- und Suchtforschung – am Beispiel eines kulturpsychologischen Forschungsprojektes. In: Dollinger, Bernd & Schmidt-Semisch, Henning (Hg.): *Sozialwissenschaftliche Suchtforschung.* Wiesbaden: VS Verlag für Sozialwissenschaften. S. 169–194.

———; Gasser, Peter; Weinhold, Jan & Verres, Rolf (Hg.) (2008): *Therapie mit psychoaktiven Substanzen: Praxis und Kritik der Psychotherapie mit LSD, Psilocybin und MDMA.* 1. Auflage Bern: Huber.

———; Heyden, Maximilian von & Majic, Tomislav (2018): Einführung: Auf dem Weg zu einer transdisziplinären Drug Science. In: *Handbuch Psychoaktive Substanzen* (Handbuch Psychoaktive Substanzen). Berlin: Springer Berlin. S. 3–8.

Kallmeyer, W. & Schütze, F. (1977): Zur Konstruktion von Kommunikationsschemata der Sachverhaltsdarstellung. In: Wegner, D. (Hg.): *Gesprächsanalysen.* Hamburg. S. 159–274.

Kappeler, Manfred (1991): *Drogen und Kolonialismus: zur Ideologiegeschichte des Drogenkonsums – Kritische und selbstkritische Forschungsberichte zur Dritten Welt.* Frankfurt [am Main]: Verlag für Interkulturelle Kommunikation.

——— (1999): *Jugendliche und Drogen: Ergebnisse Einer längsschnittuntersuchung in Ost-Berlin nach der Maueröffnung.* Wiesbaden: VS Verlag für Sozialwissenschaften GmbH.

Kemmesies, Uwe, E. (2004): *Zwischen Rausch und Realität.* Wiesbaden: VS Verlag für Sozialwissenschaften.

Kiss, Gábor (1990): *Grundzüge und Entwicklung der Luhmannschen Systemtheorie.* Stuttgart: Enke.

Kleve, Heiko (2009): *Konstruktivismus und soziale Arbeit: Einführung in Grundlagen der systemisch-konstruktivistischen Theorie und Praxis.* 3., überarb. und erw. Auflage Wiesbaden: VS, Verlag für Sozialwiss.

Klingemann, Harald (2017): *Sucht: Selbstheilung ist möglich.* Lengerich, Westf: Pabst Science Publishers.

——— & Sobell, Linda Carter (2006): *Selbstheilung von der Sucht.* Wiesbaden: VS Verlag für Sozialwissenschaften.

Koler, Peter (2014): *Rausch und Identität – Jugendliche in Alkoholszenen.* Bozen: Bozen Univ. Press.

Koller, Gerald (2003): Förderung der Rausch und Risikokompetenz Jugedlicher – aber wie? In: Rometsch, Wolfgang & Sarrazin, Doris (Hg.): *No Risk – No Fun* (Forum Sucht). Münster. S. 87–91.

——— (2007): *Risflecting – ein pädagogisches Handlungsmodell zur Entwicklung von Rausch- und Risikokompetenz.* https://www.praevention.at/fileadmin/user_upload/09_Infobox/Tagungsunterlagen/Gerald_Koller_risflecting_Grundlagen.pdf.

Kolte, Brigitta (2005): „In einer Spirale nach oben" – Wege zu mehr Selbstkontrolle und reduziertem Drogenkonsum. SCIP – Ein Self Control Information Program für Heroin- und Kokainkonsumenten. In: Dollinger, Bernd & Schneider, Wolfgang (Hg.): *Sucht als Prozess: Sozialwissenschaftliche Perspektiven für Forschung und Praxis.* Berlin: VWB – Verlag für Wissenschaft und Bildung. S. 321–332.

Konietzka, Dirk (1995): *Lebensstile im sozialstrukturellen Kontext: Ein theoretischer und empirischer Beitrag zur Analyse soziokultureller Ungleichheiten.* Wiesbaden: VS Verlag für Sozialwissenschaften.

Körkel, Joachim (2005): Kontrollierter Alkoholkonsum -Risikominderung bei Alkohol- und Drogenkonsumenten. In: Heudtlass, Jan-Hendrik & Stöver, Heino (Hg.): *Risiko mindern beim Drogengebrauch: Gesundheitsförderung, Verbrauchertipps, Beratungswissen, Praxishilfen.* 3., vollst. überarb. und erw. Auflage Frankfurt am Main: Fachhochsch.-Verlag S. 164–188.

Korte, Svenja (2007): *Rauschkonstruktionen.* Wiesbaden: VS Verlag für Sozialwissenschaften | GWV Fachverlage GmbH, Wiesbaden.

Krappmann, Lothar (1973): *Soziologische Dimensionen der Identität.* Stuttgart: Klett-Cotta.

Kraus, Ludwig & Augustin, R. (2005): Epidemiologischer Suchtsurvey 2003 bei Erwachsenen in Deutschland: Konzeption und Methodik. *Sucht* 51 (Sonderheft 1): S6–S18.

Kuckartz, Udo & Rädiker, Stefan (2021): *Fokussierte Inhaltsanalyse mit MAXQDA: Schritt für Schritt.* S.l.: VS Verlag für Sozialwiss.

Kutscher, Nadja & Otto, Hans-Uwe (2010): Digitale Ungleichheit - Implikationen für die Betrachtung medialer Jugendkulturen. In: Hugger, Kai-Uwe (Hg.): *Digitale Jugendkulturen.* Wiesbaden: Springer VS. S. 73-87.

Legnaro, Aldo (1982): Ansätze zu einer Soziologie des Rausches –zur Sozialgeschichte von Rausch und Ekstase in Europa. In: Vögler, Gisela & Welck, Karin von (Hg.): *Rausch und Realität – Drogen im Kulturvergleich.* Reinbeck bei Hamburg: Rowolt Taschenbuch Verlag. S. 93–114.

——— (2016): Drogenkonsum und Verhaltenskontrolle in der Sozialgeschichte Europas. In: Kastenbutt, Burkhard; Legnaro, Aldo & Schmieder, Arnold (Hg.): *Drogenkonsum zwischen Repression und Kontrolle.* Berlin: LIT. S. 11–28.

——— (2018): Drogen – Strafrecht – Herrschaft. In: KASTENBUTT, BURKHARD; LEGNARO, ALDO & SCHMIEDER, ARNOLD (Hg.): *Drogenkonsum zwischen Repression und Kontrolle* (Jahrbuch Suchtforschung Band 9). Berlin: LIT. S. 21–38.

——— (2019): Kleine Soziologie des Rauschs. In: FEUSTEL, ROBERT; SCHMIDT-SEMISCH, HENNING & BRÖCKLING, ULRICH (Hg.): *Handbuch Drogen in sozial- und kulturwissenschaftlicher Perspektive*. Wiesbaden: Springer VS. S. 27–40.

LEWIN, LOUIS (1980): *Phantastika – Die betäubenden und erregenden Genussmittel. Für Ärzte und Nichtärzte*. Vollständige Neuauflage der Ausgabe 1927). Linden: Volksverlag.

LUDEWIG, KURT (2009): *Einführung in die theoretischen Grundlagen der systemischen Therapie* (Carl-Auer Compact). 2. Auflage. Heidelberg: Carl-Auer.

LÜDTKE, HARTMUT (1989): *Expressive Ungleichheit: zur Soziologie der Lebensstile*. Opladen: Leske + Budrich.

——— (1990): Lebensstile als Dimension handlungsproduzierter Ungleichheit. Eine Anwendung des Rational-Choice-Ansatzes. In: BERGER, PETER A. & HRADIL, STEFAN (Hg.): *Lebenslagen, Lebensläufe, Lebensstile*. Göttingen: Schwartz. S. 433–454.

——— (2001): *Freizeitsoziologie – Arbeiten über temporale Muster, Sport, Musik, Bildung und soziale Probleme*. Münster [u. a.]: Lit-Verlag.

LUHMANN, NIKLAS (1987): *Soziale Systeme: Grundriß einer allgemeinen Theorie*. Frankfurt am Main: Suhrkamp.

MAY, MICHAEL (2009): *Aktuelle Theoriediskurse Sozialer Arbeit*. Wiesbaden: VS Verlag für Sozialwissenschaften/GWV Fachverlage GmbH, Wiesbaden.

MAYRING, PHILIPP (1996): *Einführung in die qualitative Sozialforschung: eine Anleitung zu qualitativem Denken*. 3. Auflage Weinheim: Beltz.

MIKOS, LOTHAR; WINTER, RAINER & HOFFMANN, DAGMAR (2007): Einleitung: Medien – Identität – Identifikation. In: *Medienhandeln Jugendlicher*. Wiesbaden: VS Verlag für Sozialwissenschaften | GWV Fachverlage GmbH, Wiesbaden. S. 7–20.

MÜLLER, HANS-PETER (1992): *Sozialstruktur und Lebensstile: der neuere theoretische Diskurs über soziale Ungleichheit*. Suhrkamp-Taschenbuch Wissenschaft

NOHL, ARND-MICHAEL (2012): *Interview und dokumentarische Methode: Anleitungen für die Forschungspraxis*. 4., überarb. Auflage Wiesbaden: Springer VS.

NOLTE, FRANK (1996): Zwischen „Leistungsdroge" und „Amotivationalem Syndrom" – Drogenbilder und deren kulturelle Relativität. In: NOLTE, FRANK; QUENSEL, STEPHAN & SCHULTZE, ANJA (Hg.): *Wider besseres Wissen: die Scheinheiligkeit der Drogenpolitik*. Bremen: Ed. Temmen. S. 113–119.

——— (1998): *Die kulturelle Wirklichkeit der Drogen*. Hamburg: Verlag Dr. Kovač.

OSWALD, HANS (2008): Sozialisation in Netzwerken Gleichaltriger. In: HURRELMANN, KLAUS; GRUNDMANN, MATTHIAS & WALPER, SABINE (Hg.): *Handbuch Sozialisationsforschung*. Weinheim und Basel: Beltz Verlag. S. 321–332.

PETTERSEN, H.; LANDHEIM, A. & SKEIE I. *et al.* (2018): Why Do Those With Long-Term Substance Use Disorders Stop Abusing Substances? A Qualitative Study. *Substance Abuse: Research and Treatment:* 12. doi:10.1177/1178221817752678.

PIEPER, WERNER (2002): *Nazis on Speed*. Werner Pieper und The Grüne Kraft.

QUENSEL, STEPHAN (1982): *Drogenelend*. Frankfurt [usw.]: Campus Verlag

——— (2004): *Das Elend der Suchtprävention*. Wiesbaden: VS Verlag für Sozialwissenschaften.

——— (2009): *Wer raucht, der stiehlt ...*. Wiesbaden: VS Verlag für Sozialwissenschaften.

RAAB-STEINER, ELISABETH & BENESCH, MICHAEL (2012): *Der Fragebogen: von der Forschungsidee zur SPSS-Auswertung*. 3., aktualisierte und überarb. Auflage Wien: Facultas-Verlag

RÄDIKER, STEFAN & KUCKARTZ, UDO (2019): *Analyse qualitativer Daten mit MAXQDA*. Wiesbaden: Springer Fachmedien Wiesbaden.

RAITHEL, JÜRGEN (2004): *Jugendliches Risikoverhalten*. Wiesbaden: VS Verlag für Sozialwissenschaften.

——— (2005): Substanzkonsum als lebensstilistische Inszenierung? In: DOLLINGER, BERND & SCHNEIDER, WOLFGANG (Hg.): *Sucht als Prozess: Sozialwissenschaftliche Perspektiven für Forschung und Praxis*. Berlin: VWB – Verlag für Wissenschaft und Bildung. S. 169–185.

RECKWITZ, ANDREAS (2019): *Das Ende der Illusionen: Politik, Ökonomie und Kultur in der Spätmoderne*. 1. Auflage. Berlin: Suhrkamp.

——— (2021): *Subjekt*. Bielefeld: Uni-Taschenbücher GmbH.

——— (2022): *Die Gesellschaft der Singularitäten: zum Strukturwandel der Moderne*. 6. Auflage, wissenschaftliche Sonderausgabe. Berlin: Suhrkamp.

REINARMAN, CRAIG (2005): Sucht als Errungenschaft: Die diskursive Konstruktion gelebter Erfahrungen. In: DOLLINGER, BERND & SCHNEIDER, WOLFGANG (Hg.): *Sucht als Prozess: Sozialwissenschaftliche Perspektiven für Forschung und Praxis*. Berlin: VWB – Verlag für Wissenschaft und Bildung. S. 23–42.

REUBAND, KARL-HEINZ (1988): Soziale Erwünschtheit und unzureichende Erinnerung als Fehlerquelle im Interview: Möglichkeiten und Grenzen bei der Rekonstruktion von früherem Verhalten – das Beispiel Drogengebrauch. *ZA Information/Zentralarchiv für Empirische Sozialforschung* 23: 63–72.

Reuband, Karl-Heinz (1994): *Soziale Determinanten des Drogengebrauchs*. Wiesbaden: VS Verlag für Sozialwissenschaften.

RICHTER, MATTHIAS & HURRELMANN, KLAUS (2009): Gesundheitliche Ungleichheit: Ausgangsfrage und Herausforderungen. In: HURRELMANN, KLAUS & RICHTER, MATTHIAS (Hg.): *Gesundheitliche Ungleichheit: Grundlagen, Probleme, Perspektiven*. 2., aktualisierte Auflage Wiesbaden: VS, Verlag für Sozialwissenschaften. S. 13–34.

RIDDER, MICHAEL DE (2000): *Heroin: vom Arzneimittel zur Droge*. Frankfurt; New York: Campus.

RÖDING, DOMINIK (2018): *Lebenslagen, Lebensstile und Gesundheit: theoretische Reflexionen und empirische Befund*. Berlin Münster: LIT.

RODRIGUES, M. DARIO & TORRES, N. JAVIER (2007): Autopoiesis, die Einheit einer Differenz: Luhmann und Manturana. In: BIRLE, PETER & SCHMIDT-WELLE, FRIEDHELM (Hg.): *Wechselseitige Perzeptionen. Deutschland – Lateinamerika im 20 Jahrhundert*. S. 79–108.

RUMMLER, KLAUS (2012): *Medienbildungschancen von Risikolernern*. Kassel: (Dissertation) Universität Kassel.

RUSCH, GEBHARD; SCHANZE, HELMUT & SCHWERING, GREGOR (2007): *Theorien der Neuen Medien*. Paderborn: Fink.

SAMORINI, GIORGIO (2016): *Rausch und Mythos die Entdeckung der psychoaktiven Pflanzen.* Solothurn: Nachtschatten Verlag.

SCHABDACH, MICHAEL (2009): *Soziale Konstruktionen des Drogenkonsums und soziale Arbeit.* Wiesbaden: VS Verlag für Sozialwissenschaften.

SCHACHTER, S. (1982): Recidivism and self-cure of smoking and obesity. *American Psychologist* 37: 436–444.

SCHÄFERS, BERNHARD (2013): *Einführung in die Soziologie* (Lehrbuch). Wiesbaden: Springer VS.

SCHEERER, SEBASTIAN (1995): *Sucht.* Reinbeck: rororo.

——— & VOGT, IRMGARD (1989): Drogen und Drogenpolitik. In: SCHEERER, SEBASTIAN & VOGT, IRMGARD (Hg.): *Drogen und Drogenpolitik – Ein Handbuch.* Frankfurt/Main [u. a.]: Campus-Verlag

SCHERBORN, GERHARD (1985): *Konsumentenverhalten und qualitatives Wachstum: Vorstudie zu e. empir. Forschungsprojekt zur Thematik „Industrieges. im Wandel".* Inst. für Haushalts- u. Kosumökonomik.

SCHERENBERG, VIVIANE & PUNDT, JOHANNE (Hg.) (2018): *Digitale Gesundheitskommunikation: zwischen Meinungsbildung und Manipulation.* 1. Auflage. Bremen: Apollon University Press.

SCHETSCHE, MICHAEL & SCHMIED-KNITTEL, INA (2019): Wissenssoziologische Drogenforschung. In: FEUSTEL, ROBERT; SCHMIDT-SEMISCH, HENNING & BRÖCKLING, ULRICH (Hg.): *Handbuch Drogen in sozial- und kulturwissenschaftlicher Perspektive.* Wiesbaden: Springer VS. S. 263–277.

SCHIPPERS, GERARD, M. & CRAMER, EDITH (2002): Kontrollierter gebrauch von Heroin und Kokain. *Suchttherapie* 3: 71–80.

SCHLIPPE, ARIST VON & SCHWEITZER, JOCHEN (2003): *Lehrbuch der systemischen Therapie und Beratung.* 1. 9. Auflage. Göttingen: Vandenhoeck & Ruprecht.

SCHMIDT-SEMISCH, HENNING (1994): *Die prekäre Grenze der Legalität.* München: AG SPAK Bücher.

——— (2010): Überlegungen zu Risiken und Nebenwirkungen des Suchtdiskurses. In: PAUL, BETTINA & SCHMIDT-SEMISCH, HENNING (Hg.): *Risiko Gesundheit*, Göttingen, VS Verlag für Sozialwissenschaften. S. 143–162.

——— (2020): Von der Abstinenz zur Akzeptanz. Wegmarken der deutschen Drogenpolitik und Suchthilfe. *Aus Politik und Zeitgeschichte* 70: 24–30.

——— & KOLTE, BRIGITTA (2019): Kontrollierter Drogenkonsum – Ein prekäres Paradigma? In: FEUSTEL, ROBERT; SCHMIDT-SEMISCH, HENNING & BRÖCKLING, ULRICH (Hg.): *Handbuch Drogen in sozial- und kulturwissenschaftlicher Perspektive.* Wiesbaden: Springer VS. S. 173–191.

——— & NOLTE, FRANK (2000): *Drogen.* Hamburg: Rotbuch Verlag.

——— & THANE, KATJA (2021): Moderne Drogenpolitik aus der Perspektive von Public Health. *Suchtmagazin* 47,3&4: 12–16.

SCHNEIDER, WOLFGANG (2000): *Drogenmythen.* Berlin: VWB – Verlag für Wissenschaft und Bildung.

——— (2006): *Die „sanfte" Kontrolle.* Berlin: VWB – Verlag für Wiss. und Bildung.

Scholz, Urte & Schwarzer, Ralf (2005): *Modelle der Gesundheitsverhaltensänderung*. In: Schwarzer, Ralf (Hg.): *Gesundheitspsychologie. Enzyklopädie der Psychologie*. Göttingen: Hogrefe.

Schomerus, Georg (2011): Warum werden Menschen mit Alkoholabhängigkeit in besonderer Weise stigmatisiert, und was kann man dagegen tun? *Psychiatrische Praxis* 38(03): 109–110. https://doi.org/10.1055/s-0030-1266094.

Schulze, Gerhard (1992): *Die Erlebnisgesellschaft: Kultursoziologie der Gegenwart*. Frankfurt [Main]; New York: Campus.

Schwarzer, Ralf & Jerusalem, Matthias (2002): *Das Konzept der Selbstwirksamkeit*. https://doi.org/10.25656/01:3930.

Schwing, Rainer & Fryszer, Andreas (2018): *Systemisches Handwerk: Werkzeug für die Praxis* (Systemische Therapie). 9., unveränderte Auflage. Göttingen: Vandenhoeck & Ruprecht.

Seitz, Nicki-Nils; Lochbühler, Kirsten; Atzendorf, Josefine; Rauschert, Christian; Pfeiffer-Gerschel, Tim & Kraus, Ludwig (2019): Trends des Substanzkonsums und substanzbezogener Störungen Auswertung des Epidemiologischen Suchtsurveys von 1995 bis 2018. *Deutsches Ärzteblatt international* 116(35–36): 585–591. https://doi.org/10.3238/arztebl.2019.0585.

Sen, Amartya K. (2020): *Die Identitätsfalle: Warum es keinen Krieg der Kulturen gibt*. 4. Auflage, München, Verlag C. H. Beck

Siegel, Ronald K. (2000): *RauschDrogen: Sehnsucht nach dem künstlichen Paradies*. Reinbek bei Hamburg: Rowohlt-Taschenbuch-Verlag.

Silbereisen, Rainer K & Kastner, P. (1985): Jugend und Drogen: Entwicklung von Drogengebrauch – Drogengebrauch als Entwicklung. In: Oeter, R. (Hg.): *Lebensbewältigung im Jugendalter*. Weinheim: Edition Psychologie VCH. S. 192–219.

Sipp, Werner; Neumeier, Esther; Karachaliou, Krystallia; Friedrich, Maria & Schneider, Franziska (2021): *Rechtliche Rahmenbedingungen – Workbook Legal Framework*. DBDD. S. 44. https://www.dbdd.de/fileadmin/user_upload_dbdd/05_Publikationen/PDFs/REITOX_BERICHT_2021/REITOX_Bericht_2021_DE_Workbook_Rechtliche_Rahmenbedingungen.pdf.

Sobell (2006): *Das Phänomen der Selbstheilung*.Wiesbaden: VS Verlag für Sozialwissenschaften.

Spode, Hasso (1993): *Die Macht der Trunkenheit: Kultur- und Sozialgeschichte des Alkohols in Deutschland*. Opladen: Leske + Budrich.

Statistisches Bundesamt (Hg.) (2016): *Demographische Standards* (= Statistik und Wissenschaft). 6. überarbeitete Auflage. Wiesbaden: Statistisches Bundesamt.

Stein-Hilbers, Marlene (2007): Selbstreflexive Ansätze in der Drogenforschung. In: Dollinger, Bernd & Schmidt-Semisch, Henning (Hg.): *Sozialwissenschaftliche Suchtforschung*. Wiesbaden: VS Verlag für Sozialwissenschaften. S. 35–46.

Strauss, Anselm L. & Corbin, Juliet M. (2010): *Grounded theory: Grundlagen qualitativer Sozialforschung*. Unveränd. Nachdr. der letzten Auflage Weinheim: Beltz.

Strieder, Christoph (2001): *Kontrollierter Gebrauch illegalisierter Drogen: Funktionen und Bedeutung des Gebrauchs illegalisierter Drogen im gesellschaftlichen Kontext*. Berlin: VWB – Verlag für Wisschaft und Bildung.

TRACHSEL, DANIEL & RICHARD, NICOLAS (2000): *Psychedelische Chemie: Aspekte psychoaktiver Moleküle*. 2. Auflage. Solothurn: Nachtschatten.

TREECK, BERNHARD VAN (2000): *Das große Cannabis-Lexikon: alles über Hanf als Kulturpflanze und Droge*. Berlin: Lexikon Imprint Verlag.

UHL, ALFRED (2002): Schutzfaktoren und Risikofaktoren in der Suchtprophylaxe. In: RÖHRLE, B. (Hg.): *Prävention und Gesundheitsförderung*, Band II DGVT, Tübingen, S. 261–283.

——— (2005): Präventionsansätze und-theorien. *Wiener Zeitschrift für Suchtforschung* 28(3/4): 39–45.

VASKOVICS, LASZLO, A. (1989): Subkulturen – ein überholtes analytisches Konzept? In: Haller, M.; Hoffmann-Nowotny, H.-J. & Zapf W. (Hg.): *Kultur und Gesellschaft*. Verhandlungen des 24. Deutschen Soziologentags, des 11. Österreichischen Soziologentags und des 8. Kongresses der Schweizerischen Gesellschaft für Soziologie in Zürich 1988. Frankfurt am Main: Campus Verl. S. 587–599.

VESTER, MICHAEL (2004): Die sozialen Milieus und die gebremste Bildungsexpansion. In: DEWE, BERND (Hg.): *Milieus, Arbeit, Wissen: Realität in der Erwachsenenbildung* (Dokumentation der Jahrestagung … der Sektion Erwachsenenbildung der Deutschen Gesellschaft für Erziehungswissenschaft). Bielefeld: Bertelsmann. S. 15–36.

——— (2009): Milieuspezifische Lebensführung und Gesundheit. *Jahrbuch Kritische Medizin und Gesundheitswissenschaften*. S. 36–56.

——— (2012): Partizipation, sozialer Status und Milieu. In: ROSENBROCK, ROLF & HARTUNG, SUSANNE (Hg.): *Handbuch Partizipation und Gesundheit*. [s.l.]: Verlag Hans Huber. S. 40–56.

VÖGLER, GISELA (1982): Zum Materialband und zur Ausstellung. In: VÖGLER, GISELA & WELCK, KARIN VON (Hg.): *Rausch und Realität – Drogen im Kulturvergleich*. Band 1 3. Reinbeck bei Hamburg: Rowolt Taschenbuch Verlag. S. 37–44.

VÖGLER, GISELA & WELCK, KARIN VON (Hg.) (1982): *Rausch und Realität – Drogen im Kulturvergleich*. Reinbeck bei Hamburg: Rowolt Taschenbuch Verlag.

VOSS, BURKHARD (2020): *Psychopharmaka und Drogen: Fakten und Mythen in Frage und Antwort*. 1. Auflage. Stuttgart: Verlag W. Kohlhammer.

WATZLAWICK, PAUL (1988): *Münchhausens Zopf oder Psychotherapie und „Wirklichkeit"*. Bern [u. a.]: Huber.

WEBER, GEORG & SCHNEIDER, WOLFGANG (1997): *Herauswachsen aus der Sucht illegaler Drogen: Selbstausstieg, kontrollierter Gebrauch und therapiegestützter Ausstieg*. Berlin: VWB – Verlag für Wiss. und Bildung.

WEICHOLD, KARINA (2005): *Pubertät und der Konsum von Psychoaktiven Substanzen*. Windischgarsten.

——— & SILBEREISEN, RAINER K. (2007): Positive Jugendentwicklung und Prävention. In: RÖHRLE, BERND (Hg.): *Prävention und Gesundheitsförderung: Kinder und Jugendliche*. Dgvt-Verlag S. 25.

——— & ——— (2014): *Suchtprävention in der Schule: IPSY - ein Lebenskompetenzprogramm für die Klassenstufen 5–7*. Göttingen Bern Wien Paris Oxford Prag Toronto Boston Amsterdam Kopenhagen Stockholm Florenz Helsinki: Hogrefe.

WERSE, BERND (2007): *Cannabis in Jugendkulturen*. Berlin: Archiv-der-Jugendkulturen-Verlag.

——; KEMMESIES, UWE, E. & MÜLLER, OLIVER (2005): Kontrollierter Konsum illegaler Drogen. In: DOLLINGER, BERND & SCHNEIDER, WOLFGANG (Hg.): *Sucht als Prozess*. Berlin: VWB – Verlag für Wissenschaft und Bildung. S. 203–220.

WIENBERG, GÜNTHER & DRIESSEN, MARTIN (2001): *Auf dem Weg zur vergessenen Mehrheit.* Bonn: Psychiatrie-Verlag

WILLKE, HELMUT (1996): *Systemtheorie I.* Stuttgart: Lucius & Lucius.

WINICK, CHARLES (1962): Alcoholism: Clinical and Experimental Research 20. *Bulletin on Narcotics* 14: 1–7.

WITZEL, ANDREAS & REITER, HERWIG (2012): *The Problem-centred Interview. Principles and Practice*. Los Angeles: Sage Publication.

7 Anhang I

Im Anschluss werden weitere empirische Daten aus dem Kurzfragebogen der Befragung zusammenfassend dargestellt. Die Datendarstellung erfolgt in graphischen Abbildungen, die zur Visualisierung erstellt wurden und bei der Arbeit mit dem Datenmaterial verwendet wurden.

7.1 Diagramme Susi

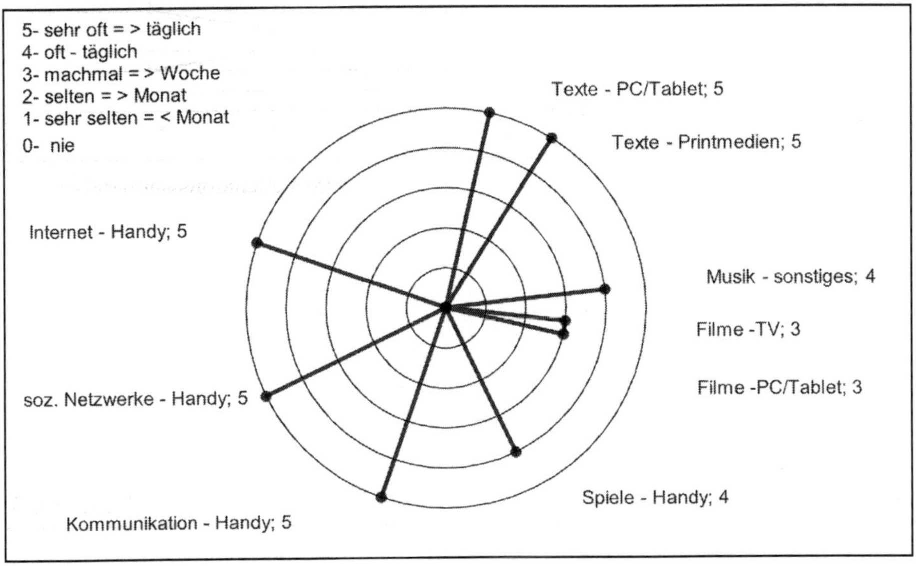

Mediennutzung Susi zum Zeitpunkt der Befragung

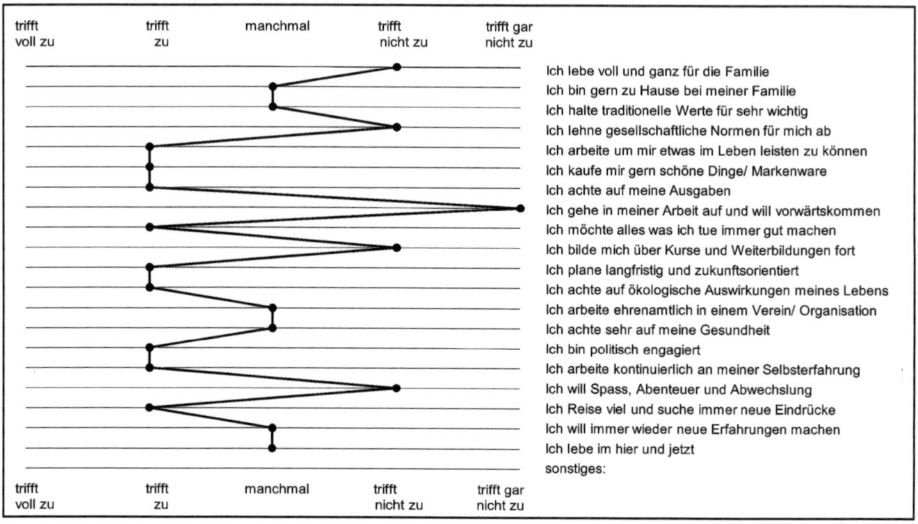

Lebenseinstellungen/-inhalte Susi

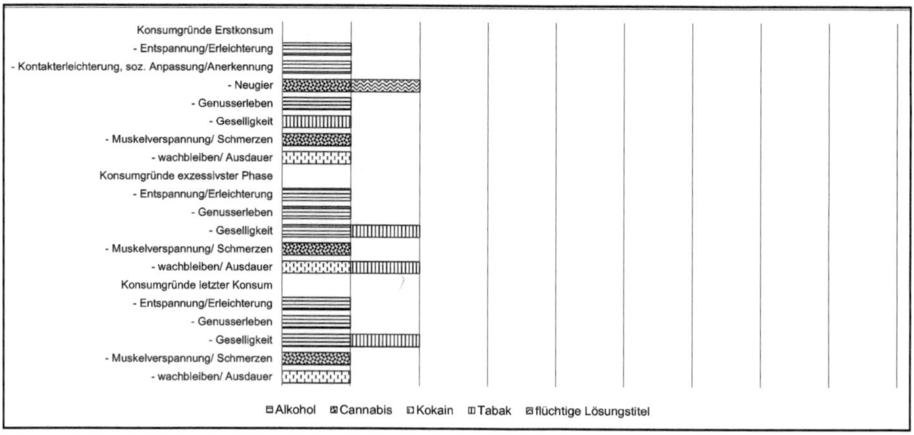

Konsummotivationen Susi

7.2 Diagramme Eumel

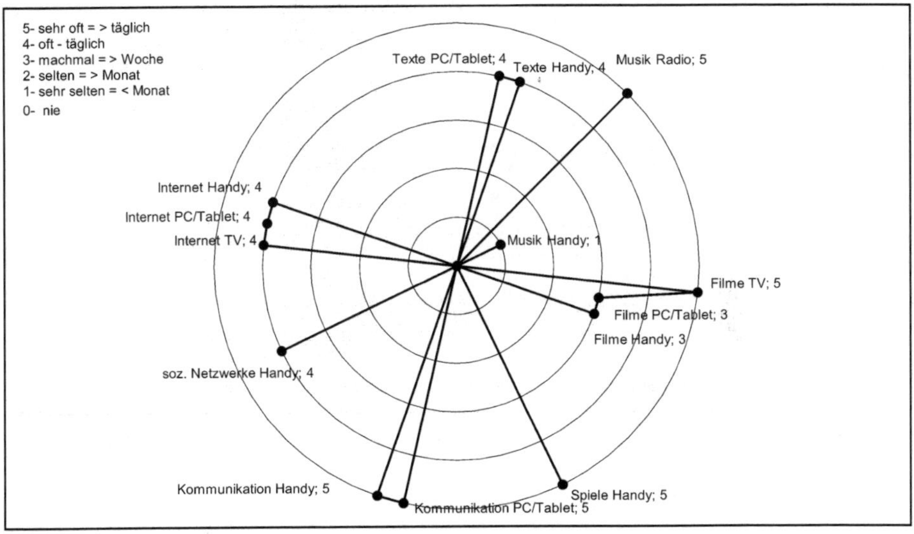

Mediennutzung Eumel zum Zeitpunkt der Befragung

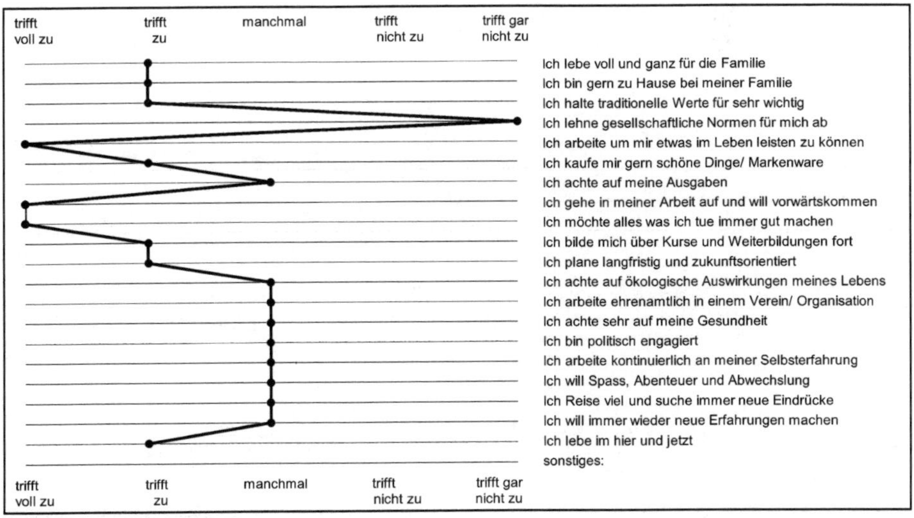

Lebenseinstellungen/-inhalte Eumel

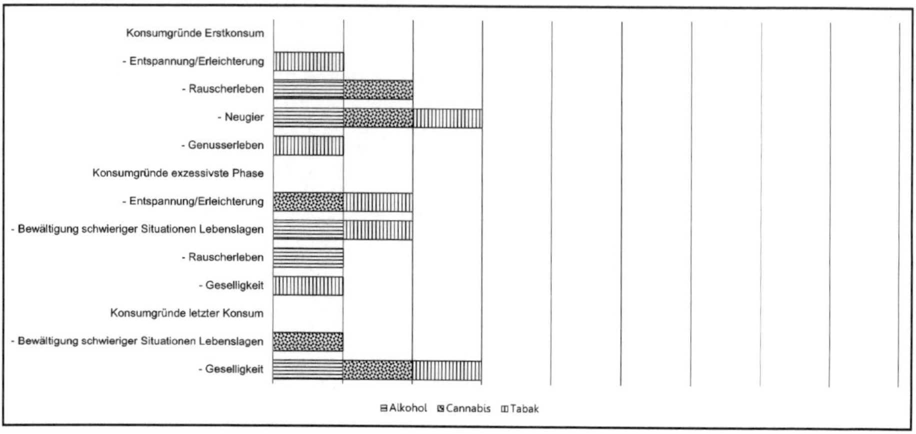

Freizeitbeschäftigung Eumel

7.3 Diagramme Clara

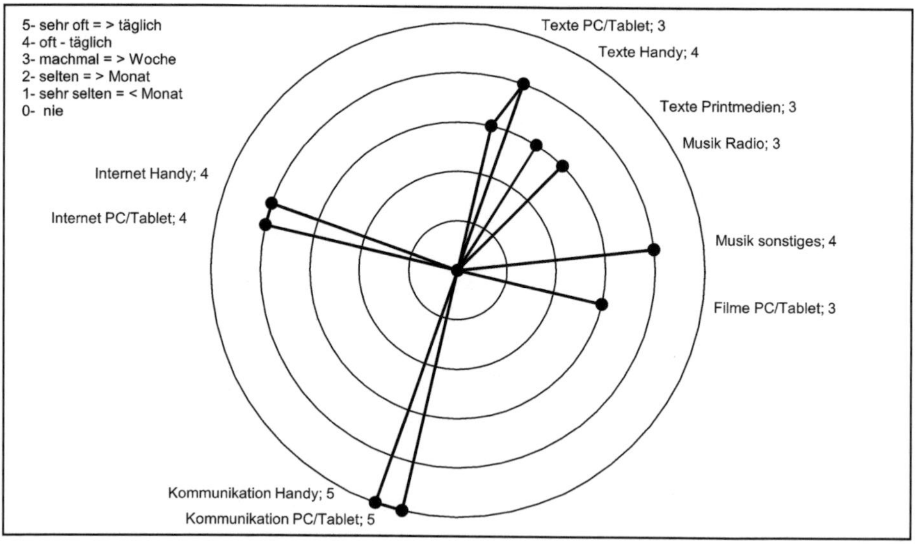

Mediennutzung Clara zum Zeitpunkt der Befragung

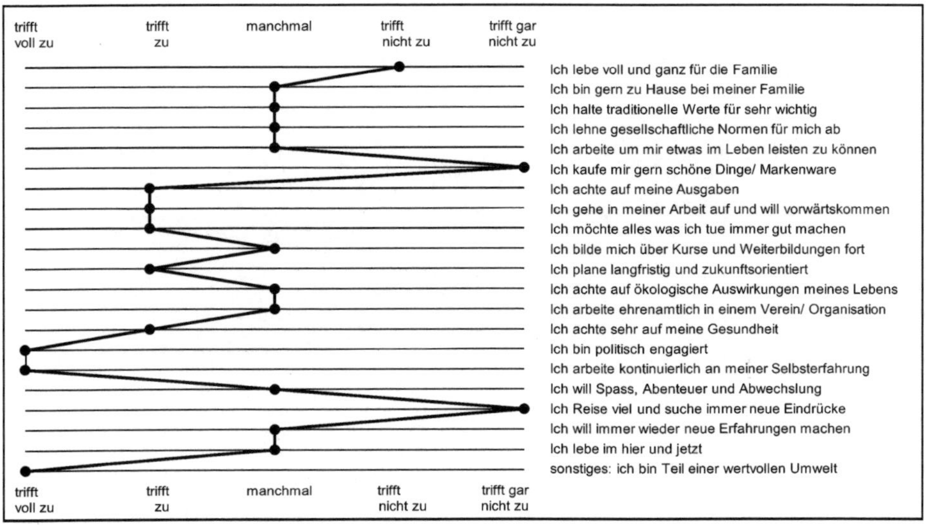

Lebenseinstellung/-inhalte Clara

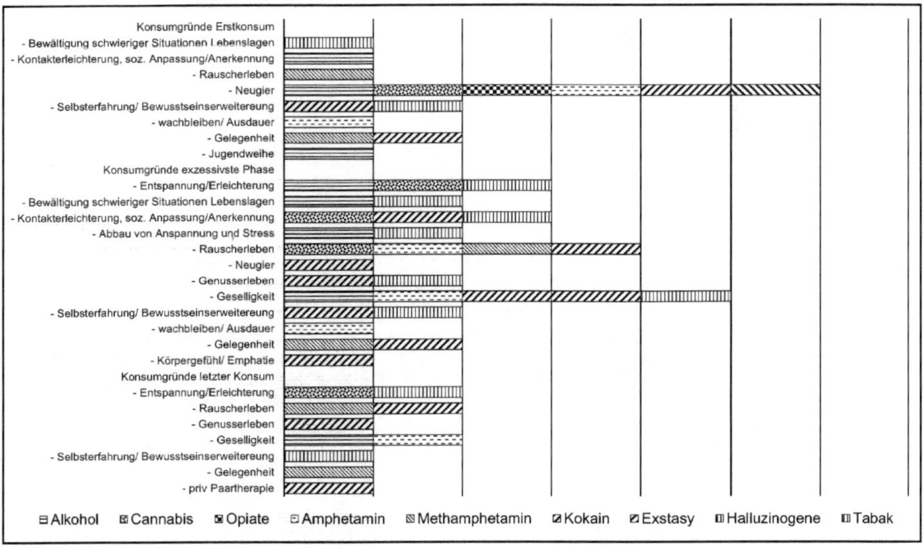

Konsummotivationen Clara

7.4 Diagramme Franz

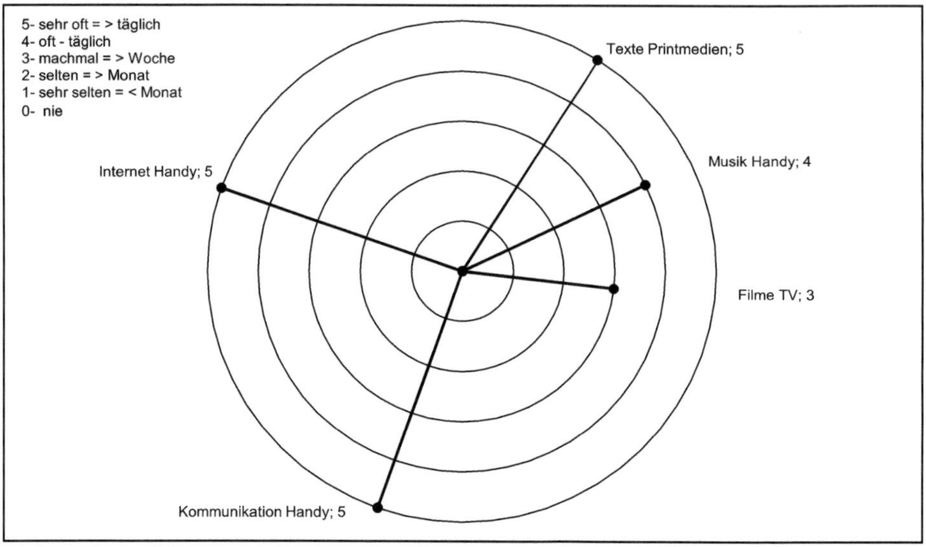

Mediennutzung Franz zum Zeitpunkt der Befragung

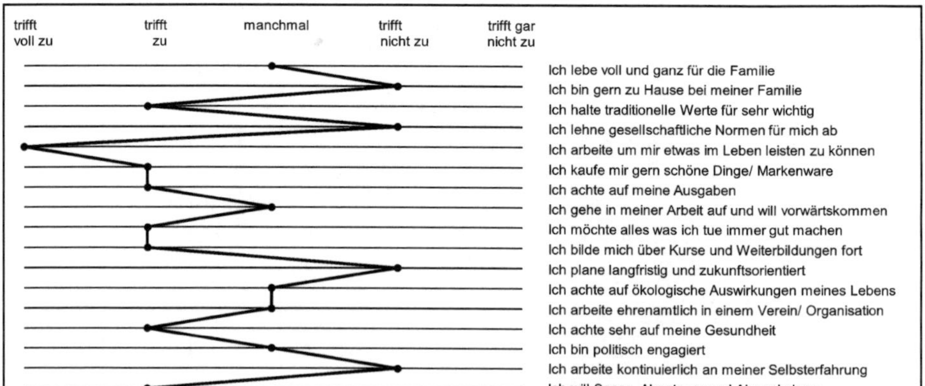

Lebenseinstellung/-inhalte Franz

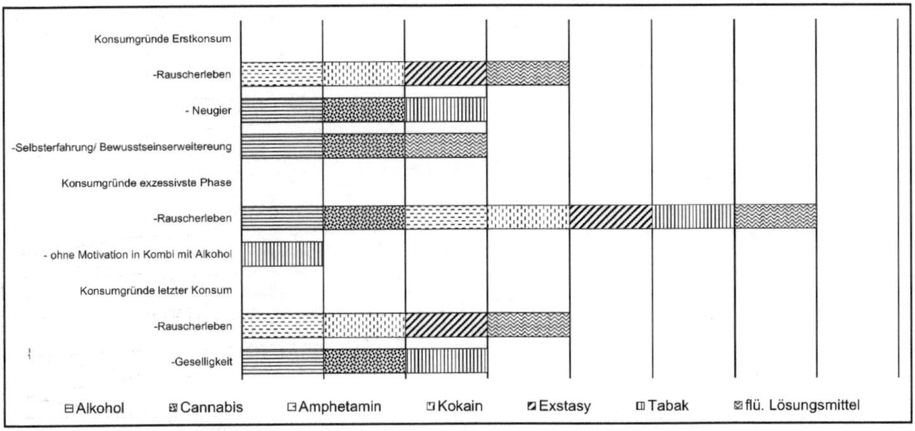

Konsummotivationen Franz

7.5 Diagramme Brix

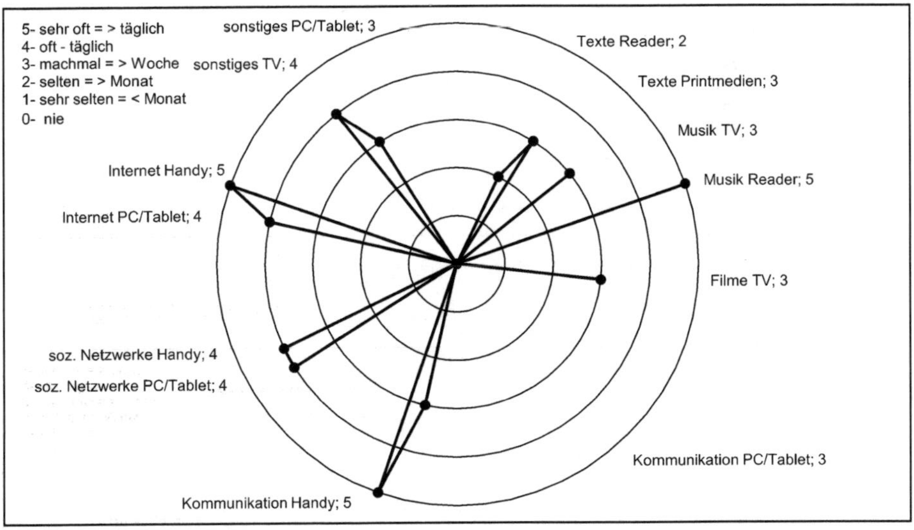

Mediennutzung Brix zum Zeitpunkt der Befragung

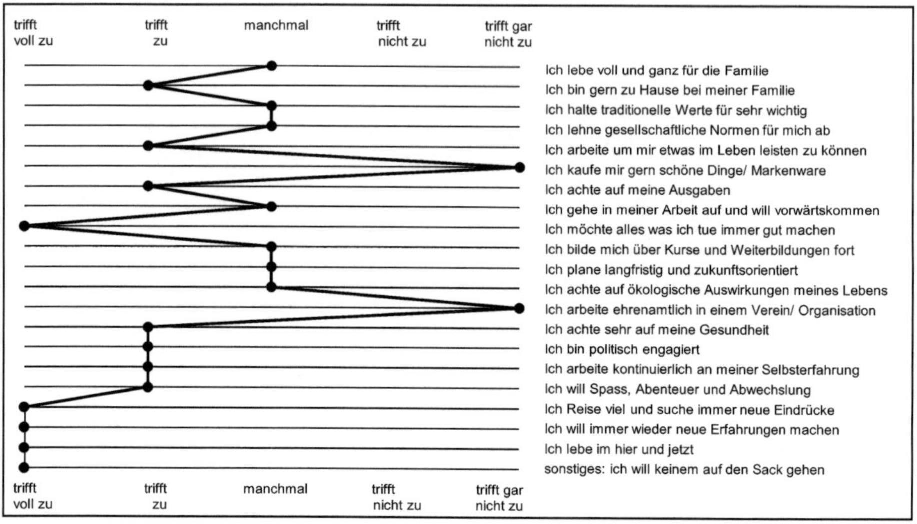

Lebenseinstellung/-inhalte Brix

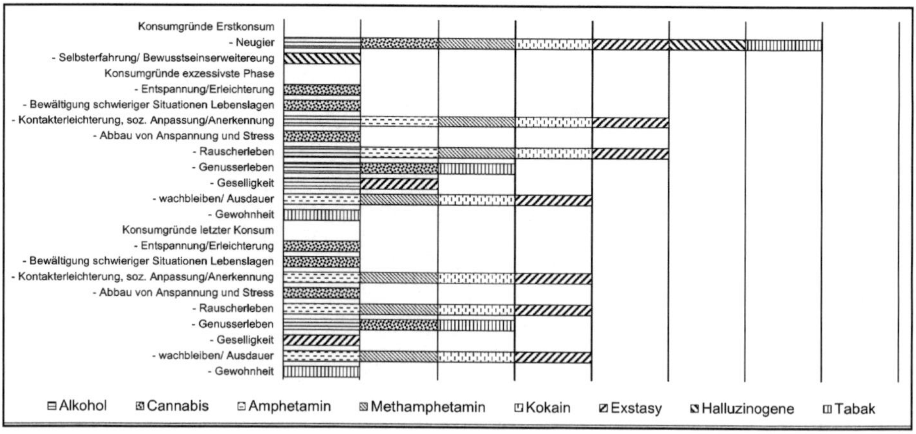

Konsummotivationen Brix

7.6 Diagramme Frank

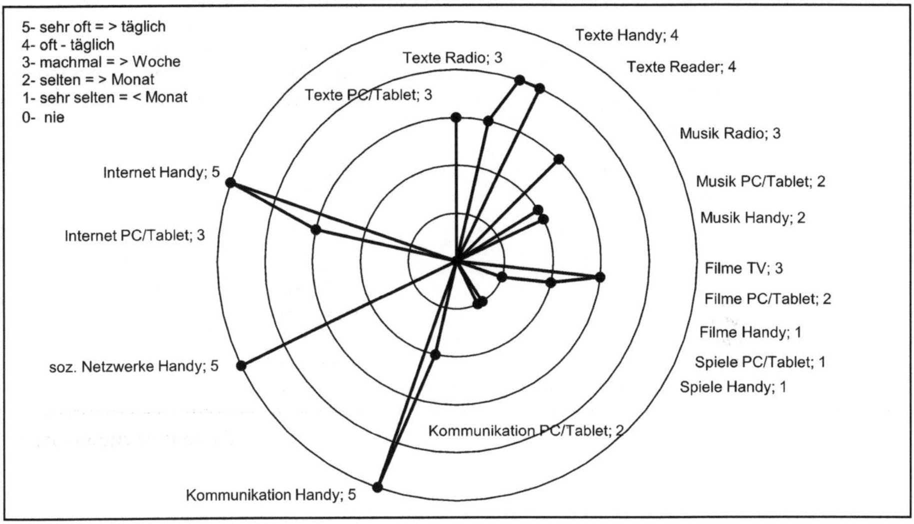

Mediennutzung Frank zum Zeitpunkt der Befragung

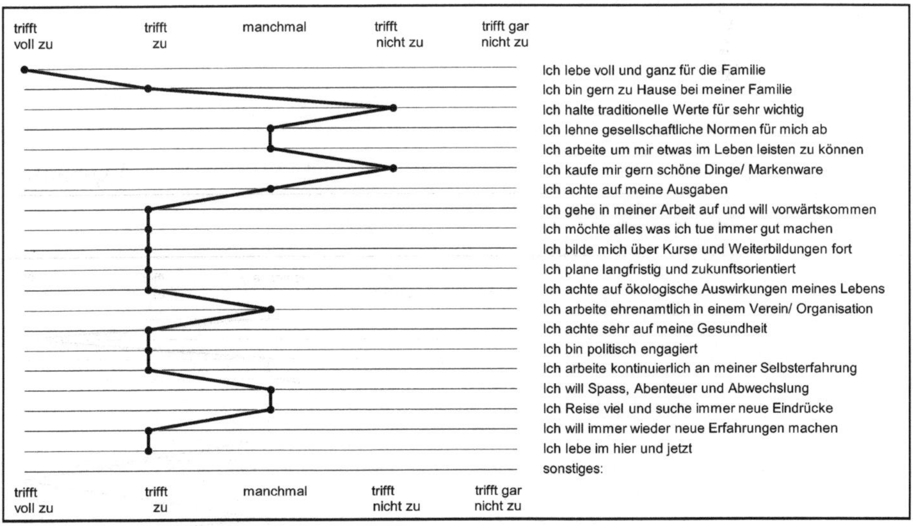

Lebenseinstellungen/-inhalte Frank

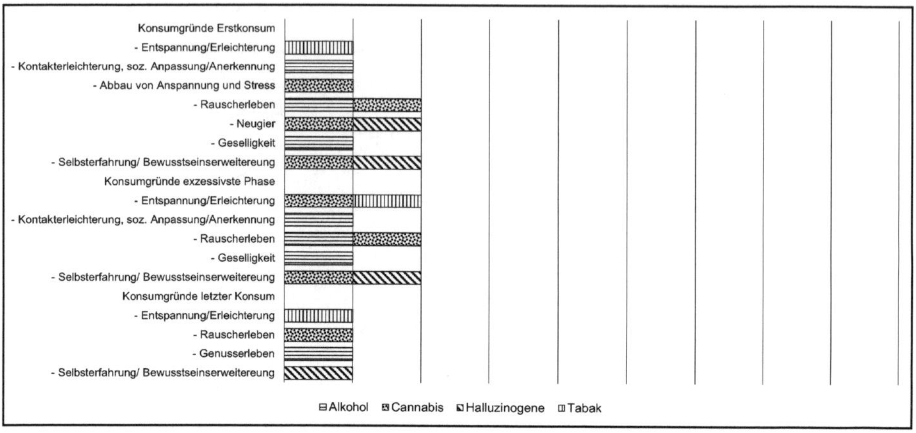

Konsummotivationen Frank

7.7 Diagramme Fritz

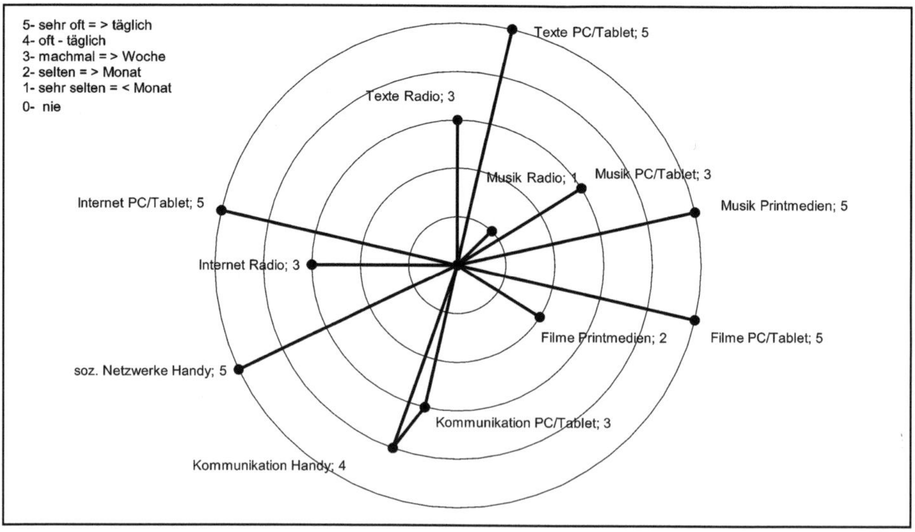

Mediennutzung Fritz zum Zeitpunkt der Befragung

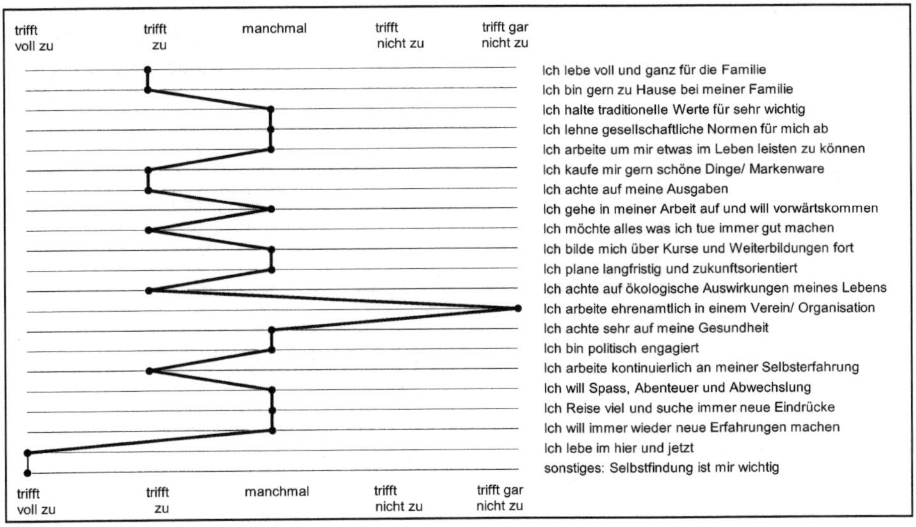

Lebenseinstellungen/-inhalte Fritz

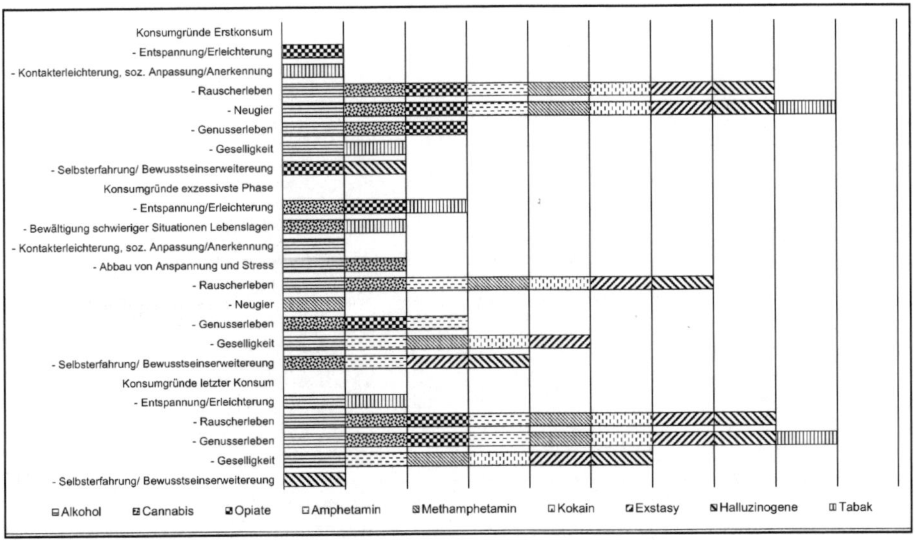

Konsummotivationen Fritz

7.8 Diagramme Yoserian

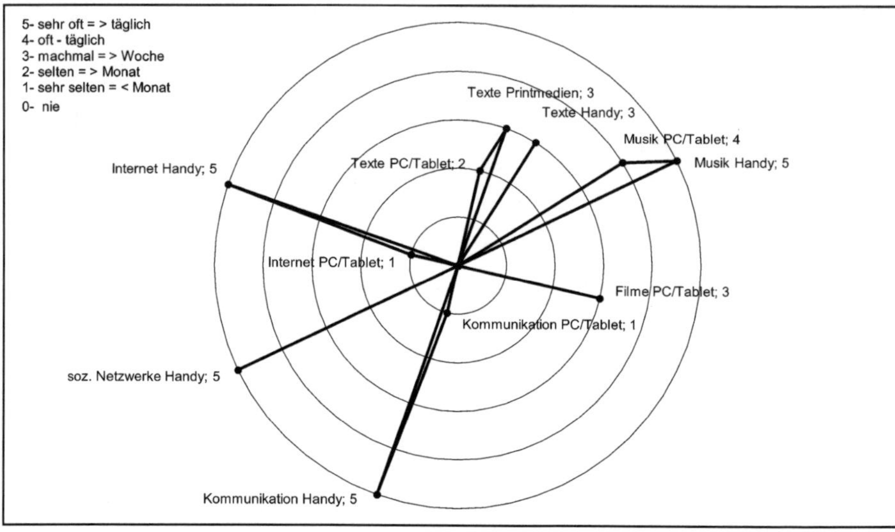

Mediennutzung Yoserian zum Zeitpunkt der Befragung

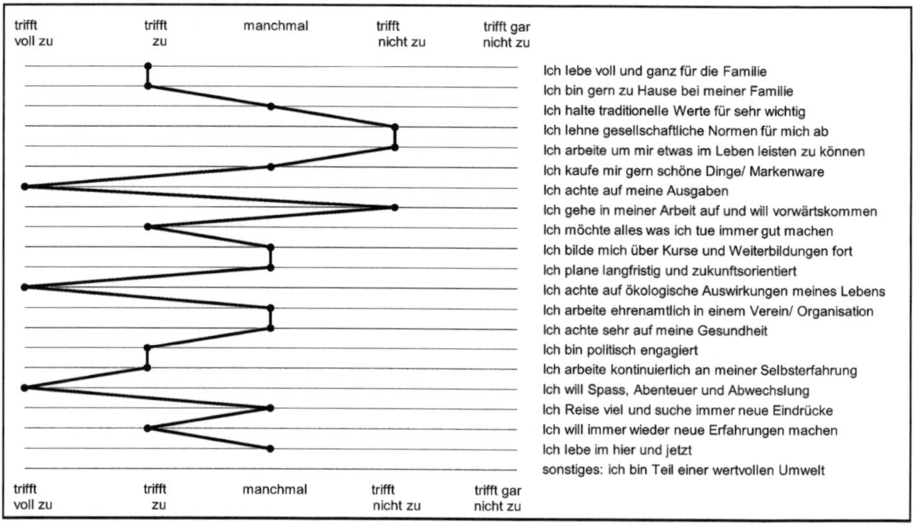

Lebenseinstellungen/-inhalte Yoserian

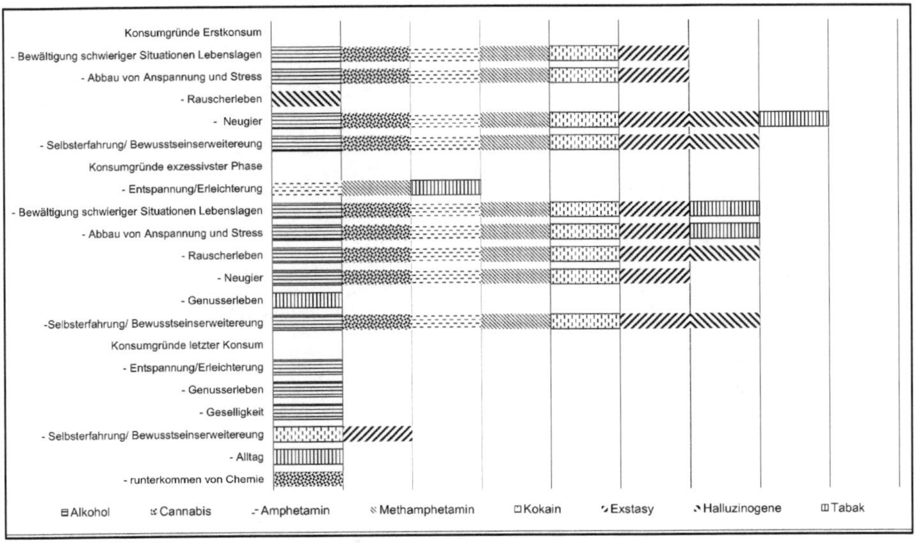

Konsummotivationen Yoserian

7.9 Diagramme Daniela

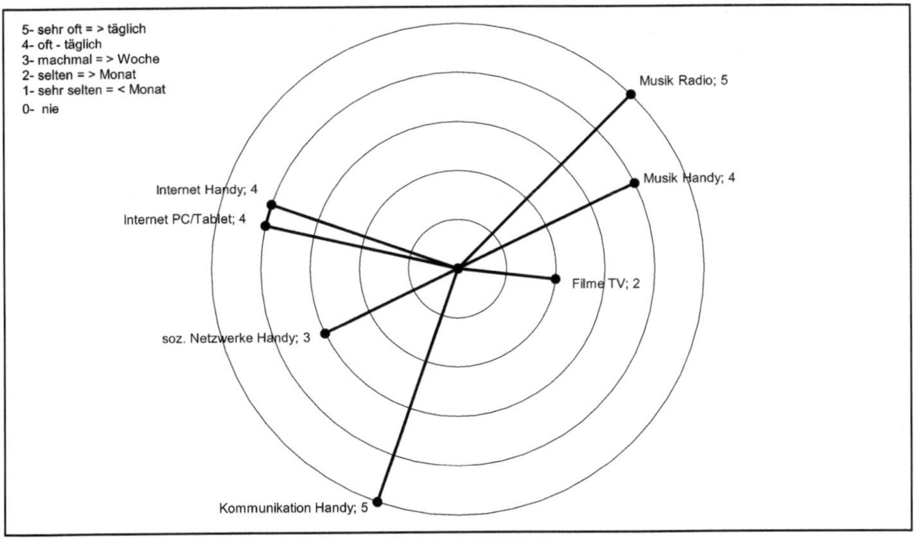

Mediennutzung Daniela zum Zeitpunkt der Befragung

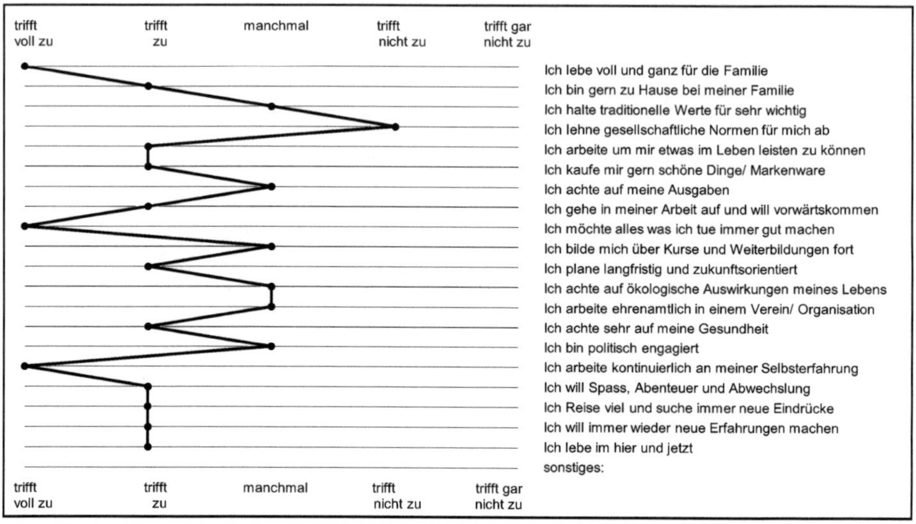

Lebenseinstellungen/-inhalte Daniela

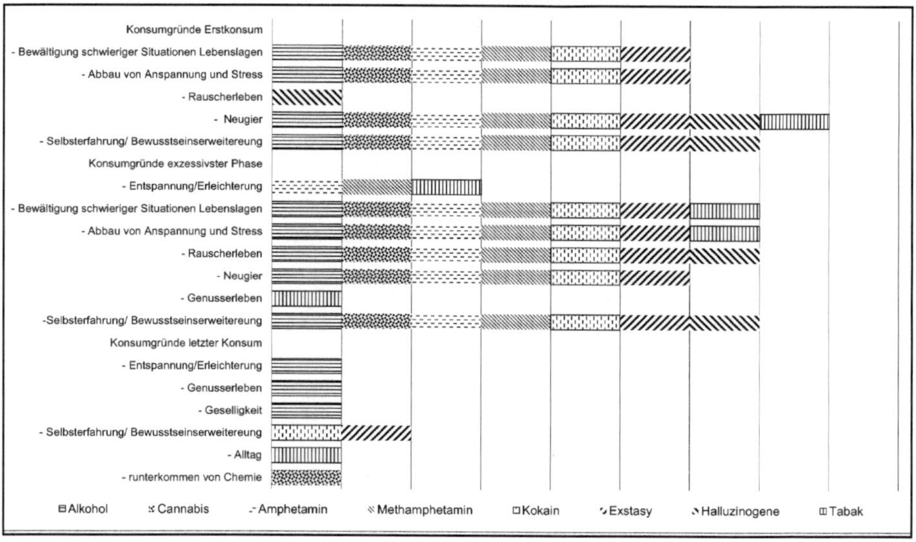

Konsummotivationen Daniela

7.10 Diagramme Yvonne

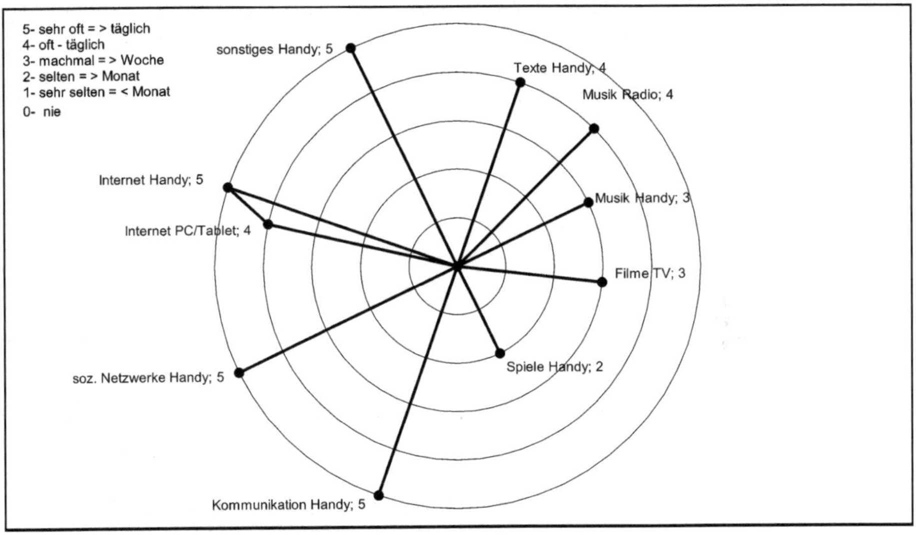

Mediennutzung Yvonne zum Zeitpunkt der Befragung

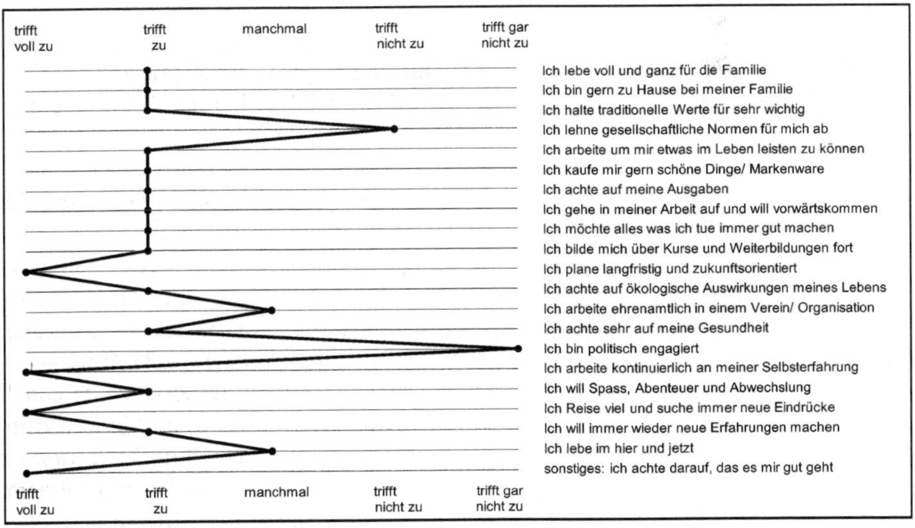

Lebenseinstellungen/-inhalte Yvonne

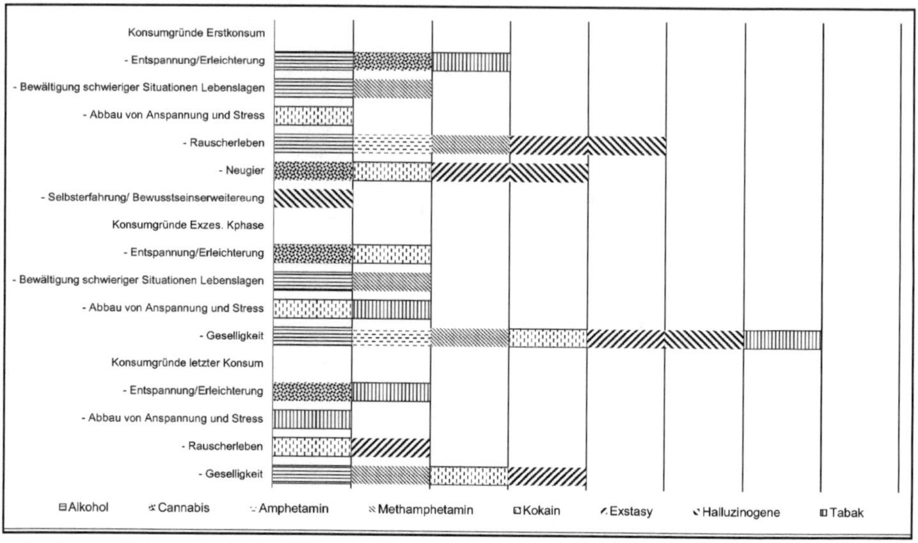

Konsummotivationen Yvonne

7.11 Diagramme Fairy

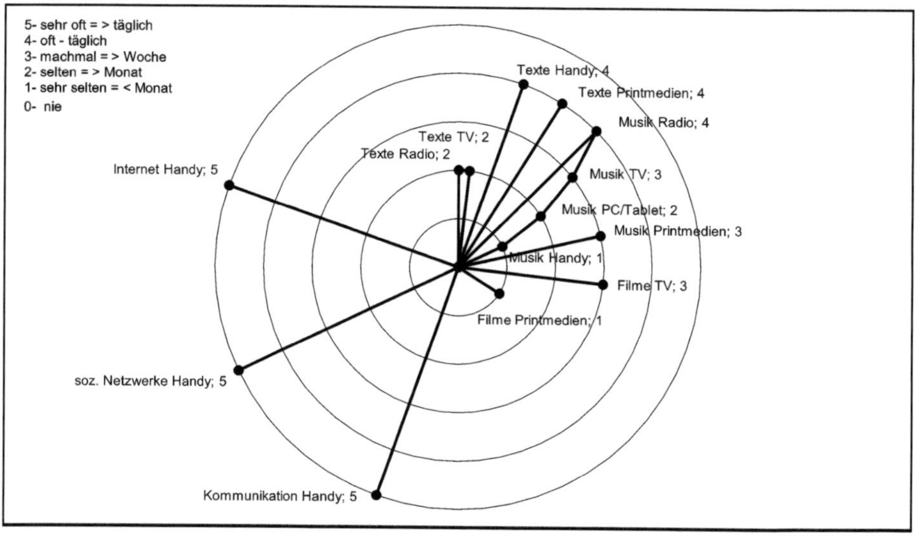

Mediennutzung Fairy zum Zeitpunkt der Befragung

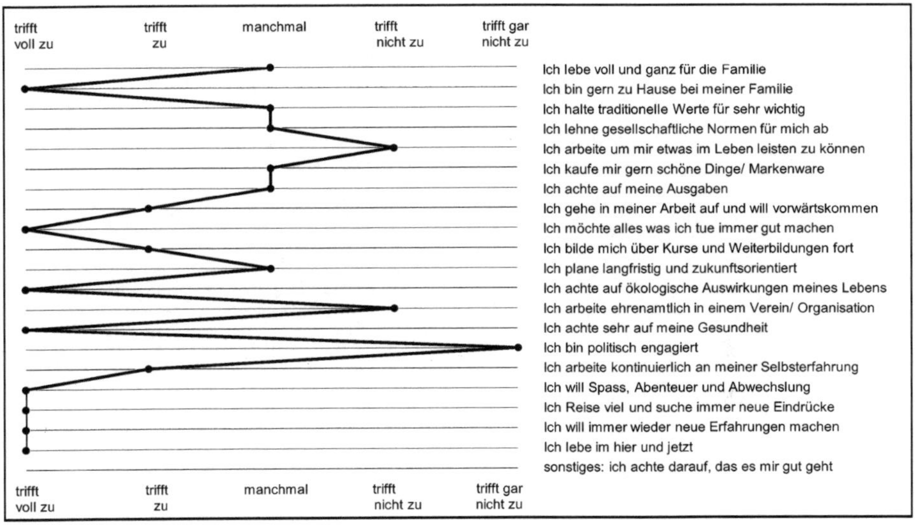

Lebenseinstellungen/-inhalte Fairy

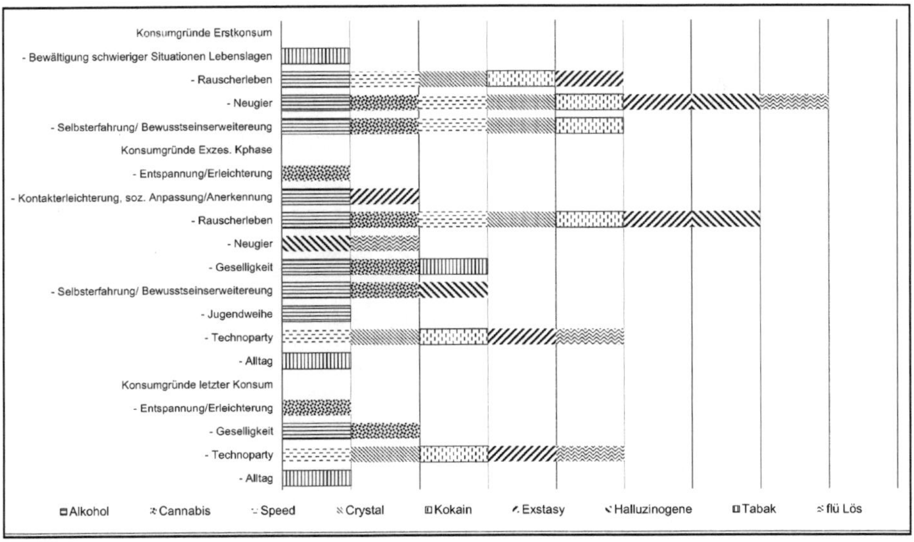

Konsummotivationen Fairy

8 Anhang II

Glossar

Für die hier vorgelegte Arbeit bedurfte es einer Festlegung von Substanzgruppen der psychotropen Substanzen, deren Bezeichnung neben einer fachlichen Strukturierung (Kap.3.1.4) den Befragten eine einfache Zuordnung ihrer eigenen Konsumerfahrungen ermöglichte. Aus diesem Grund wurde bei der Wahl der Substanzgruppenbezeichnung auf eine eher umgangssprachliche Bezeichnung zurückgegriffen. Im Folgenden werden die hier verwendeten Substanzgruppen kurz mit den subsumierten Substanzen dargestellt.

Es wird auf eine umfängliche Darstellung der einzelnen Substanzen/-gruppen, auf Grund der Umfänglichkeit, verzichtet. Verwiesen wird auf die umfangreichen Darstellungen über die Herkunft, chemische Struktur, Wirkspektrum etc. bei GESCHWINDE (2018), VOSS (2020), COUSTO (2012) und BERGER (2017).

Es ist an dieser Stelle anzumerken, dass aufgrund der rechtlichen Sanktionierung der im Betäubungsmittelgesetz aufgeführten Substanzen die Angaben und Zuordnungen der Befragten auf der jeweils beim Erwerb angegebenen Substanz sowie auf deren subjektiven Wirkerfahrungen und einem Abgleich mit verfügbaren Substanzinformationen beruhen. Es kann grundsätzlich angenommen werden, dass eine weitgehende Übereinstimmung mit den deklarierten Substanzklassen besteht. Allerdings ist zu berücksichtigen, dass mögliche Verunreinigungen oder Beimischungen der konsumierten Substanzen die Konsumerfahrungen in nicht genau bestimmbarer Weise beeinflusst haben können. Im Kontext der vorliegenden Fragestellung wird davon ausgegangen, dass diese Einschränkungen die Bewertung nur geringfügig beeinflussten. Aus sozialwissenschaftlicher Perspektive ist bedeutsam, das die Entwicklung von Kompetenzen im Umgang mit illegalisierten psychotropen Substanzen auch eine Handlungsbefähigung zur Risikoeinschätzung im Konsumkontext bzgl. der Vermeidung von falsch deklarierten bzw. stark verunreinigten Substanzen notwendig machen. Für den vorangestellten quantitativen Kurzfragebogen wurde die Konsumhäufigkeit (Kap. 3.1.4.3) abgebildet und beinhaltet keine Aussage über die Konsumintensität in Bezug auf Menge und Wirkstoffgehalt der konsumierten Substanz.

Es erfolgt eine Skizzierung der angewendeten Substanzgruppen über ihre vorrangige psychotrope Wirkweise.

Alkohol – in dieser Substanzgruppe wurden die Erfahrungen mit ethanol-/ethylalkoholhaltigen Getränken, u.a. Bier, Wein, Sekt, Schnaps, Likör und Mixgetränke berücksichtigt. Die Wirkeffekte reichen von zentral-anregend bis gereizt aggressiv (vgl. Geschwinde 2018: 19). „Alkohol ist eine umgangssprachliche Abkürzung für Äthylalkohol (Äthanol, Ethanol, Trinkalkohol. (...) Ethanol kann in geringen Dosierungen euphorisierend, in höheren Dosierungen halluzinogen und in ganz hohen Dosierungen dissoziativ und narkotisch" (Cousto 2012: 157).

Cannabis – wird in dieser Arbeit alle Darreichungsformen aus Blüten oder Fruchtständen der Cannabispflanze und die psychotrop wirksamen Cannabiszubreitungen verstanden (vgl. Geschwinde 2018: 19). Es kann davon ausgegangen werden, dass die Erfahrungen der Befragten sich vorrangig in der wahrgenommenen Hauptwirkung auf das Tetrahydrocannabinol (THC) in den Konsumerfahrungen richten. „Niedrig dosiert induziert THC eine sedative Wirkung, in größeren Mengen können Psychosen und Erregungszustände auftreten" (Berger 2004: 60).

Opioide – hier werden opiatartige Substanzen subsumiert (vgl. Geschwinde 2018: 1127), hierbei handelt es sich um Substanzen mit zentral-dämpfenden und gleichzeitig euphorisierenden Wirkanteilen (vgl. Geschwinde 2018: 16). „Die Opiate beziehungsweise Opioide binden an die Opioid-Rezeptoren und wirken auf diese Weise sedierend, euphorisierend und analgetisch" (Berger 2004: 96). In den Befragungen wird von Erfahrungen mit Heroin, hierbei handelt es sich um „Strassenheroin", einer im Straßenhandel erworbenen Heroin-Zubereitung mit schwankendem Wirkstoffanteil und Streckmitteln (vgl. Geschwinde 2018: 495).

Amphetamine/Speed – amphetaminartige Stimulanzien/Aufputschmittel werden ihrer Wirkweise nach anregend und leistungssteigernde Wirkungen (vgl. Geschwinde 2018: 287). „Amphetamin reduziert in normalen Dosierungen das Schlaf- und Hungerbedürfnis. Es steigert die Antriebskraft und Aktivität, indem es für eine erhöhte Dopamin- und Noradrenalinkonzentration in den synaptischen Spalten des Hirns sorgt" (Berger 2004: 116). Biogene Ephedrine (Alkaloid Meerträubelgewächse) und vollsynthetisches Ephedrin wirkt adrenerge, zentral erregend und wird auf Grund seiner amphetaminähnlich stimulierenden Wirkung in dieser Arbeit unter diese Substanzgruppe subsumiert (vgl. Geschwinde 2018: 287). „Ephedrin wirkt aphorisierend, euphorisierend, das Hungergefühl hemmend, stimulierend und stimmungsaufhellend" (Berger 2004: 116).

Methamphetamin/Crystal – Methamphetamin bzw. Crystal, als vollsynthetische Substanz wird in Pulver- bzw. farblos-kristalliner Form, das Wirkungsspektrum wird mit stimulierend und überwältigender Euphorie beschrieben. Die Wirkintensität wird mit 1,5-2mal stärker als Amphetamin angegeben und zeichnet sich durch eine längere Wirkdauer aus. (vgl. Geschwinde 2018: 726ff). „Die Wirkung von Methamphetamin ist stärker (etwa fünfmal so stark) und dauert länger als die von Amphetamin" (Cousto 2012: 35).

Kokain/Crack – bezeichnet hier das Pulverkokain (Cocain-HCL), als halbsynthetisches Alkaloidgemisch aus den Blättern des Cocastrauches, seit 1986 wird in Deutschland Crack als eine Konsumzubereitung beschrieben. Innerhalb der Befragung spielte Crack keine Rolle, die Konsumierenden berichten von nasalem Konsum von ‚Strassen-Pulver-Kokain' (vgl. Geschwinde 2018, S. 575 ff.). Das Wirkspektrum wird als zentral-erregend beschrieben mit einem zeitlich begrenzten physiologischen Effekt: „unerträgliches erträglich macht" (ebd., S.610). „Kokain mindert Müdigkeit, Hunger und Durst und verleiht ein Gefühl der Euphorie und Stärke." (Cousto 2012, S. 43).

Halluzinogene – werden in dieser Arbeit Substanzen zusammengefasst, deren Wirkeffekt sich neben der Beeinträchtigung der Stimmungslage mit einer Veränderung der Wahrnehmung (visuell, auditiv, taktil, olfaktorisch, gustatorisch und kinästhetisch und einer Veränderung der Zeit-Raum-Wahrnehmung) einhergehen. Einzelne Substanzen, die in dieser Gruppe subsumiert wurden, waren:

– **LSD-25** – „Es kommt zu veränderten Geistes- und Empfindungszuständen. Unter anderem scheint das Raum-Zeit-Gefühl zu zerfließen. Es können visuelle, auditive, olfaktorische Halluzinationen und ungewohnte Körpergefühle wie Kribbeln, motorische Unruhe, Gliederschwere oder Koordinationsprobleme auftreten. Oftmals manifestiert sich ein visionäres, divinatorisches Bewusstsein" (Berger 2004: 82).

– **Zauberpilze/psilocybinhaltige Pilze** – „Psilocibin und Psilocin bewirken typische halluzinogene Effekte. Psilocibin-Trips werden oftmals als farbiger als LSD-Reisen erlebt (siehe ebd., Seite 82)" (Berger 2004: 85).

– **Ayahuasca** – „Der Konsument verschmilzt mit dem Kosmos, löst sich vollständig auf, durchlebt Geburt und Tod seiner selbst und des Universums. Erfolgt die Einnahme von DMT in Kombination mit MAO-Hemmer als Ayahuasca, sind die Wirkungen je nach Dosis nicht ganz so stark (vergleichbar mit LSD), aber dafür länger andauernd, etwa 3 bis vier Stunden" (Berger 2004: 73).

– **Zaubersalbei** (Salvinorin) – „Geraucht bewirkt es einen sehr kurzen, mitunter heftigen Trip, der oft als Psilocybin-ähnlich beschrieben wird. In der Regel trennt sich der Geist auf Salvinorin A zumeist von seinem Körper und begibt sich auf eine Art Astralreise" (Berger 2004: 52).

Exstasy/XTC – wird hier die vorrangig in Pillenform dargebotene Substanz Methylendioxyamfetamin (MDMA) verstanden, mit spannungslösendem, antriebssteigerndem und empathogenem Effekt (vgl. Geschwinde 2018: 323ff). „MDMA, MDE und MBDB wirken entaktogen, das heißt, sie verstärken die innere Empfindung und

Wahrnehmung ohne eigentliche Veränderung der Signale und Reize, die mit den Sinnesorganen registriert werden“ (Cousto 2012: 23).

Flüchtige Lösungsmittel – werden hier leichtflüchtige Stoffe verstanden, die über Inhalation ihre psychotrope Wirkspektrum entfalten (vgl. Geschwinde 2018: 996).
– Amylnitrit/Poppers – „Poppers“, einer konsumumgangs-/szenesprachlichen Bezeichnung für Amylnitrit (vgl. Geschwinde 2018: 1004ff). „Die Amylnitrite bewirken eine Gefäßerweiterung und Senkung des Blutdrucks“ (Berger 2004: 43).
– Nuth – ein Fleckenentferner mit chloriertem Kohlenwasserstoff (www.nuthchemie.de).

Tabak – Unter dem Tabakbegriff werden hier nikotinhaltige Rauchprodukte zusammengefasst, hierbei handelt es sich vorrangig um Zigaretten. Gering dosiert stimuliert Nicotin das Zentralnervensystem und erhöht die Konzentrationsfähigkeit mit gleichzeitiger beruhigend und schwach euphorisierenden Wirkung (vgl. Geschwinde 2018: 989f). Andere Konsumformen wie Tabakerhitzer, E-Zigaretten und Nikotinprodukte wurden bei den Befragungen nicht benannt und fanden daher keine Berücksichtigung.

Spice und Badesalz – wurde nach Erfahrungen mit Substanzen aus der Gruppe der „Neue psychoaktive Stoffe“- Klassifizierung gefragt (NPS).
– Spice – Kräutermischung mit synthetischen Cannabinoiden.
– Badesalze – synthetische Cathionen.

Eine weitere Differenzierung erwies sich als nicht notwendig, da innerhalb der Befragung nur ein einmaliger Probierkonsum mit einer Spice-Kräutermischung angegeben wurde.